社会研究方法评论

Social Research Methods Review Vol. 1

第1卷

主编　赵联飞　赵锋

重庆大学出版社

图书在版编目(CIP)数据

社会研究方法评论.第1卷/赵联飞,赵锋主编.--
重庆:重庆大学出版社,2023.7
(万卷方法)

ISBN 978-7-5689-3993-5
Ⅰ.①社…　Ⅱ.①赵…②赵…　Ⅲ.①社会学—研究
方法　Ⅳ.①C91-03

中国国家版本馆 CIP 数据核字(2023)第 109454 号

社会研究方法评论　第1卷
SHEHUI YANJIU FANGFA PINGLUN DIYIJUAN
主　编　赵联飞　赵　锋
策划编辑:林佳木
责任编辑:石　可　　版式设计:林佳木
责任校对:王　倩　　责任印制:张　策
*
重庆大学出版社出版发行
出版人:饶帮华
社址:重庆市沙坪坝区大学城西路 21 号
邮编:401331
电话:(023)88617190　　88617185(中小学)
传真:(023)88617186　　88617166
网址:http://www.cqup.com.cn
邮箱:fxk@cqup.com.cn(营销中心)
全国新华书店经销
重庆华林天美印务有限公司印刷
*
开本:890mm×1240mm　1/32　印张:9.625　字数:233 千
2023 年 7 月第 1 版　　2023 年 7 月第 1 次印刷
ISBN 978-7-5689-3993-5　定价:42.00 元

创刊词

学术刊物是学术交流平台之一，在中国社会科学的建设和发展中起着重要的推动作用。近年来，多种社会科学专业期刊（含集刊）创设面世，但学界一直没有一本专注于方法领域的出版物，这不能不说是一大遗憾。

社会研究方法是社会科学的重要基础。社会研究方法的发展和进步贯穿于社会科学发展的全部历史过程。当今，大数据、人工智能等科技的发展带来了深刻的社会影响，社会研究方法的发展也随之迎来了一个关键的历史时刻。

有鉴于此，中国社会科学院社会学研究所社会调查与方法研究室决定创办《社会研究方法评论》集刊。

办刊信念："社会有道，求道需术"

我们相信，社会的结成及发展变化有其内在的道理和原则；要想发现社会结成和发展的内在脉络，就不能不讲求"术"。这里的"术"是方法的统称：一是用以进行数据资料的收集、分析，以及理论的精炼和验证的具体程式（规范）、工具和技巧；二是关于各种研究方法之所以有效（包括效能和效率）和可能有效的理论；三是关于社会研究之一般可能性和可行性的认识和讨论。除此，社会研究方法自身发展的历史乃至其本身的社会学，也是我们关注的领域。

办刊宗旨："繁荣方法，精进研究"

研究方法的成熟是学科繁荣和成长的重要特征。中国的社会研究方法走过了四十多年的快速发展历程，但无论是从方法自身的体系建设还是方法的应用来说，都还有很大的提升空间。我们希望通过这一集刊的创办来推动方法研究的进一步繁荣，并为中国的社会研究贡献绵薄之力。

办刊原则："求实创新，有见则立"

反思社会调查方法运用中面临的各种实践难题，批评数据收集和处理过程中的种种不规范做法，以及数据分析过程中不问根由、模型和软件拿来就用的"拿来主义"，可能都会成为本集刊努力推动讨论的内容。创新是学术研究的本质。我们希望推动那些对具体方法有巧妙运用的研究者总结和分享他们的经验，也希望推动新工具的发明，以及在方法论领域中新观念的提出。一切对社会研究方法有真知灼见的文章，我们都热诚欢迎。

办刊方针："海纳百川，开放融通"

我们希望把本集刊办成一个从事社会研究方法发明、辩论、应用、反思、教学的所有实践者和研究者的共同家园，能够最广泛地把各种关于社会研究方法的议题包罗进来，把各种对立的见解都汇集起来，推动社会研究方法的讨论，促进相关共同体的成长。我们欢迎所有和方法有关的讨论，对不同的学术意见持欢迎态度。无论作者持有何种本体论、认识论和方法论的立场，只要言之成理，论之有据，都一视同仁。

常设栏目(拟)

1. 论文。主要刊发社会科学各学科的研究文章，不限主题，但要求论文应用新方法或者创新性地使用既有方法，即是说，论文既有对研究方法创新的观照，也有对方法本身的讨论。

2. 方法前沿。主题包括上面所说的"术"的全部领域，即具体方法、方法论、认识论、本体论及方法史。论文既可以是对已有方法或方法实践的总结和评论，也可以是对正在发展的方法的综述和推进，还包括那些对未来可能的方法的设想和探索。它们既可以是建设性的，也可以是批评性的，还可以是综述性的。

3. 回顾与反思。主要刊登研究者对自身研究实践，特别是研究实践中方法实践部分的回顾和反省。所谓"前事不忘，后事之师"，我们既可以回顾研究时所遭遇的各种实际困难，以及解决问题时的奇思妙想，也可以反观我们方法运用的失当或失误。这些都是方法学科极为宝贵的财富。这部分的文章既可以像论文一样比较严谨，也可带有更多的叙事风格。

4. 调查报告。主要刊登优秀的抽样调查或田野调查报告。社会调查是从事社会研究的基石。一份好的调查报告，是某个研究者或一个研究团队在理论和方法、设计和实施、事实和分析，以及公共问题和社会关怀诸方面综合素养的集中体现。从一份好的调查报告中，读者既可以了解某一研究领域的研究成果，又可以吸收其中的方法养分。

5. 田野与课堂。主要请具体方法的应用专家或一线的方法教学工作者来介绍一些具体研究技术的操作程式（规范），操作工具的使用，以及操作中可能遇到的困难和解决困难的方案、策略或步骤。它面向所有想学习和使用社会研究方法的学人。

6. 铸器坊。意在展示和讨论社会科学研究者已经成功发表的研究成果或待完成的研究成果的制作过程，特别是制作过程中面临的各种实际的方法上的问题。这部分的讨论将围绕着具体的“器”的制作，既有作者的陈述和论证，也会有评论者的批评和意见。

7. 新知与书评。意在向各界读者推介社会研究方法领域的新动向和新进展，当然也包括那些被学术潮流埋没而没有引起足够重视的成果。它的形式是书评或文评。

社会科学研究在中国已经有了很好的体系。我们已经引入了许多方法方面的著作，办了许多方法的学习班，也有国内学者写作的方法教材或著作，但是缺少一本方法刊物。在中国社会科学院社会学研究所的支持和推动下，这本集刊终于要同大家见面了。我们恳请来自四面八方、五湖四海的朋友们能不吝赐稿。我们也必将以十二万分的热诚，竭力办好《社会研究方法评论》。

中国社会科学院社会学研究所社会调查与方法研究室
社会调查与数据处理研究中心
2022 年 2 月

栏 目

2022年2月创刊　　总第1卷

新知与书评

目 录

创刊寄语

方法是评价一项研究的最基本的要素
——祝贺《社会研究方法评论》出版

欣闻《社会研究方法评论》即将出版，特此祝贺！

记得在20世纪80年代和90年代曾有一本叫《方法》的杂志，但它实际上是一本社会科学杂志，因此《社会研究方法评论》是国内有关社会科学方法研究的独一刊物，将为社会研究方法本身的讨论和研究提供重要的学术空间。

笔者经历了中国社会学恢复和重建过程中社会研究方法从萌发到逐步发展成熟的过程，并有幸参与其中。20世纪80年代初，我虽然参加了在北京举办的社会学第一届和第二届讲习班，但仅仅是入门而已，对于社会学和社会研究方法的认识还比较幼稚。我以当时的认识水平先后发表了《论社会调查研究方法的现代化》(《社会调查与研究》1985年第3期，《社会学研究》前身）和《论社会学理论研究与经验研究的结合》(《社会学研究》1988年第4期)。我在参加“五城市家庭婚姻研究”课题时通过手工计算完成了《我国城市家庭结构变动及其发展的模型研究》(《人口研究》1987年第5期，后又发表在该刊英文版)，这是我的第一个定量研究成果。

伴随着对研究方法的学习深入，历经八年断断续续地写作，我终于出版了《社会研究方法》(万卷方法丛书，重庆大学出版社，2008年)，也算是我长期以来在学习社会研究方法过程中所思所得的一个结果。此前还应邀撰写了《社会调查和社会统计》(合作完成)(《20世纪中国社会科学（社会学卷）》，上海人民出版社，

2005年)；发表的《社会研究与问题意识》(《江苏行政学院学报》2010年第1期；获《新华文摘》《中国社会科学文摘》《人大复印资料（社会学）》三刊全文转载）揭示了社会研究存在的重要问题。

因此，我个人的学习过程或许能够折射出中国社会学研究包括社会研究方法研究从“野蛮到规范”“幼稚到成熟”的过程。

在长期的教学和研究过程中，我深感方法是评价一项研究或学术论文的最基本的要素，也是评价一篇有质量的学术研究成果的重要指标。虽然这种观点或许被人说成是“唯方法论”，但是我始终认为一项研究成果无论结论如何具有现实意义，或者在理论上如何具有重大突破，凡是研究方法不规范、不适当的都应被否定。2021年公布的获得诺贝尔经济学奖的研究成果，“表彰的是教授们的研究方法”，即“怎么‘干净地’识别因果关系，就是这次诺奖得主得奖的原因”。

这次的诺奖成果也许会对社会研究方法的未来发展提供一种新的思路，即社会研究方法不仅仅在于建立复杂的数学模型，更重要的是探索建立变量之间因果性关系的指标，即能“干净地”识别因果关系的测量指标。

尽管国内社会研究方法已发展到相对成熟的阶段，留学归来的学子也使得社会研究方法基本上能与国际同步，但是无论是在教学上还是在经验研究中都还存在不少需要进一步讨论的问题：比如，在不少学术论文中经常会将文献研究与文献梳理混在一起；在田野研究中，理所当然地以为是在运用“参与观察”；量化研究中指标的适用性问题——指标能否成为理论和经验结合的表征；工业文化背景下与农耕文化背景下的测量指标是否具有相容性；质性研究（包括田野调查）和量化研究之间的相互关系以及学术分工；等等。这些问题有的是常识性问题，需要在教学实践中加以解决，有的还有待进一步讨论。

——仇立平[①]

①仇立平，上海大学教授（退休），上海大学社会学系原主任，《社会》原执行主编。

祝贺与期望

《社会研究方法评论》即将创刊了！这是中国社会学界乃至整个中国社会科学界一件值得热烈庆贺的喜事！

回想40年前，当我第一次接触社会研究、第一次实际做社会研究、在1982年第10期的《青年研究》上发表我基于这项研究的第一篇学术论文的时候，社会研究方法在我国学界的系统介绍、传播和引进还只是刚刚开始。我也只是懵懵懂懂地尝试着去做了。直到1985年我考进北京大学社会学系读研究生，才开始相对系统地学习了社会研究方法。从那时起，我一边认真地学习巴比教授的《社会研究方法》教材，一边参考贝利教授的《现代社会研究方法》教科书，一边结合当时国内社会学界的社会研究实践，写出并发表了自己的第一批社会研究方法的论文，出版了自己的第一本社会研究方法方面的学术著作。可以说，从我进入社会学的学术领域开始，对社会研究方法的研究、探索、评论、教学、传播，就一直伴随着我的学术生涯。在我目前发表的150余篇学术论文中，多达三分之一是有关社会研究方法的；我独立撰写的著作总共才6本，其中5本都是研究方法方面的。在大学从教的40年中，社会研究方法一直是我教授的主要课程之一。许多大学邀请我去给老师、研究生做讲座，讲的主题和内容基本上也都是关于社会研究方法的。

但长期以来，我也一直有一个遗憾，就是总觉得国内学术界缺少了一份专门探讨社会研究方法的学术期刊，导致许多社会研究方法方面的问题缺少学术交流。研究方法还没有引起学术界足够的重视，这也影响到许多实际社会研究项目和研究成果的质量。

现在，《社会研究方法评论》创刊了，这不仅仅是社会学类的期刊中又多了一个成员，更重要的是它弥补了中国社会学界，乃至整个中国社会科学界在社会研究方法期刊方面的一个重大空白！

一个学科的理论和方法，是推动这个学科不断前进的两个轮子。好的理论可以让人感受到大师深邃的目光和思想的光芒；而好的研究方法则会使人们感受到严密的逻辑、精巧的设计所带来的让人心服口服的力量。

我相信随着《社会研究方法评论》的发行，社会学界、社会科学界对社会研究方法的关注和重视程度会越来越高。广大研究人员和大学中的学生特别是研究生，从这个新的学习、交流、探讨社会研究方法的平台和窗口中得到的启发也会越来越多。我衷心祝愿《社会研究方法评论》越办越好，在帮助中国社会学对中国社会的研究中发挥越来越大的作用！

我期待着！

——风笑天[①]

①风笑天，北京大学社会学博士，南京大学特聘教授，广西师范大学讲席教授。

创刊寄语

2006年的一天，重庆大学出版社的编辑到我家约稿，征求对计划中的万卷方法丛书的出版意见。我听到了他们的计划，可谓喜忧交加。喜者遇到了同道知音，多年来我一直在努力进行社会研究方法的推介，终因无法筹集到巨额出版资助而作罢；而今天竟然有人找上门来，岂不喜从天降?！忧者，以我的经验，这样一个出版计划，需要一大笔资金，而且短时间难以盈利。出版社能否承受？我为出版计划的前途而忧虑。一晃，16年过去了，今天万卷方法丛书已出版140余种，成为国内社会研究方法出版的第一品牌。可以说是成绩斐然！更为可喜的是，今天中国社会科学院社会学研究所社会调查和方法研究室，又再一次与重庆大学出版社联手，推出了《社会研究方法评论》，将研究方法的推介工作又向前推进了一大步。

长期以来，中国社会科学界一直存在着重理论、轻方法的倾向。专业刊物既没有研究方法的版面，也没有专业的研究方法编辑，以致偶尔刊登的研究方法文章的质量也不尽人意。《社会研究方法评论》的问世当使这样的局面有所改观。

值此《社会研究方法评论》即将问世之际，评论的两位编辑，赵联飞和赵锋先生请我写一篇寄语。展纸走笔的时候不禁想起40年前，笔者奉费孝通先生之命，为创建社会学研究的前身《社会学通讯》进行的调研。为此我几乎访遍当时在京的社会学界前辈：李景汉、吴泽霖、史国衡、袁方和张之毅先生等。费老叮嘱一定要仔细聆听他们的意见。当时我刚刚踏进社会学的门槛，对社会学了解甚少，对于办刊物更是一无所知，但是我所访问的几位前辈，无不热情接待，毫无保留地谈了自己对办社会学刊物的意见。这次访谈使我受益匪浅，对办刊的宗旨方针有了一定的认识。回来后我将诸位先生的意见汇集成一个报告交到所里，费老和当时所里其他领导根据报告，讨论确定了办刊的方针。所以，我希望《社会研究方法评论》在创刊之初，也能充分调研，尽可能访问学界翘楚，仔细聆听他们的意见。

办好研究方法刊物，编辑首先要了解本学科的发展历史、现状和趋势，把握全局，这样才能了解刊物需要什么样的稿件，构建什么样的高质量的栏目，找到高质量的稿源。15年前，我在为万卷方法丛书组织《国外社会研究方法经典丛书》的翻译时，撰写了题为《社会研究方法的现状及其发展趋势》的总序。本人殷切期望，《社会研究方法评论》也能够适时组织撰写和刊发关于社会研究方法现状和发展趋势的续篇，相信通过这类讨论，一定能够进一步明晰刊物的方向，并吸引一大批有识之士参与刊物的建设。

好刊物都有自己有特色的栏目，要办好方法研究也应当有自己的特色栏目。为此，笔者给出几个建议：首先，关于调查的调查。近年来，动辄就有斥资数百万的调查项目立项，但这些调查的质量究竟怎样，不得而知。因此，似乎需要有这样一个专栏对这些调查做一些回望和评估。笔者正在对自己历年所做的抽样调查进行评估，第一个调查——中国五城市调查的评估报告即将完成。

其次，研究方法的发展和应用有赖于研究方法的教学，笔者认为十分有必要开辟一个高校社会研究方法教学情况研究的专栏，以推动高校的社会科学研究方法教学的完善和进步。有可能的话，应该再组织一次中外著名高校社会研究方法教学情况的调查。

最后，近年来，以万卷方法丛书为代表，国内译介出版了一大批高质量的研究方法著作。酒好不怕巷子深，但好书如果不下大力推广，也难免会被束之高阁无人问津。建议《社会研究方法评论》专门设立一个对它们进行评价和导读的栏目。

千里之行始于足下，祝《社会研究方法评论》越办越好，成为社会科学研究方法学习讨论的又一个重要平台。

——沈崇麟[①]

①沈崇麟，中国社会科学院社会学研究所研究员、社会学系教授（退休），曾任社会调查与方法研究室主任（1992—2004），社会调查与数据处理研究中心主任（1992—2017）。

中国大陆社会学之恢复重建迄今已有40余年，社会学这门学科亦取得了长足的发展。回想恢复之初，虽有如费先生、雷先生[①]等社会学前辈之支持指导，但当时我们这些社会学之新兵还是需要经过自己的努力学习和实践才能逐步进入社会学之门。因此，我们深切体会到，作为一门以经验研究为特色的学科，社会学之研究方法对于所有的社会学者来说都是不可或缺的本领。中国社会科学院社会学研究所历来重视方法研究，今又创办《社会研究方法评论》集刊，愿意为引领社会研究方法的前进方向以及促进关于社会研究方法的研究之深入做出自己的贡献，这是一件有利于社会学发展的好事，应该大力支持。我衷心希望《社会研究方法评论》能以开放的心态与海纳百川的胸怀包容社会研究方法的不同流派和见解，及时介绍国内外在社会学研究方法方面的新经验、新进展，以飨社会学人之需，助社会学研究水平再上一层楼。

——杨善华[②]

①即费孝通先生、雷洁琼先生。——编者注

②杨善华，北京大学社会学系博士，北京大学教授（退休）。

刘军.碾碎的整体网研究[M/OL]//赵联飞,赵锋.社会研究方法评论:第1卷.重庆:重庆大学出版社.

碾碎的整体网研究[①]

刘　军[②]

摘要：与其他经验研究一样，整体网研究关注的并非整体本身，实质是属性化、分裂的抽象研究。它预设了二分法，关注关系的形式，忽视了关系中的价值等内容；关注结构，无视个体能动性；关注普遍规律，忽视特殊个体；坚持还原论，忽视关系本身的涌现性。上述问题之所以存在，根源在于整体网（乃至一般社会科学）所坚守的同一律在生活世界中恰恰不成立，这意味着社会科学的基础不牢靠，根据律才最重要。对整体本身的探讨难在语言本身有局限，运用抽象概念，知性思维多意见，存在被忘再难现。在此复原之途中，应找回存在的意义，关心作为存在的关系，然而，因工具理性日益强盛，复原之途愈加艰难。

关键词：规律；真理；同一律；根据律；二分法；还原论；整体网

---

①本文受国家社会科学基金资助（18BSH009），感谢匿名评审专家提出细致的修改意见。

②作者简介：刘军，博士，哈尔滨工程大学社会学系教授，研究方向为关系社会学、社会学方法论，联系方式：liujunry@163.com。

Abstract: Like other empirical studies, whole network approach doesn't focus on the "subjects itself", i.e. "whole-network itself", it is fundamentally an abstract research which presuppose part-whole dichotomy. This dichotomy makes it focuses on the form of ties rather than its content; structure rather than agency; general laws rather than individual itself. Furthermore, it sticks to reductionism and neglects the emergence of ties themselves that cannot be reduced to parts of them. The reason of these problems is that the "law of identity" behind whole network study doesn't work in life-world at all, which also means that the foundations of social sciences are not solid, and law of ground is the most important one. Due to language limitation, abstract concepts used, understanding thinking, and forgotten Being, "whole network itself" is difficult to study. The significance of ties as Being should be examined in the end. However, the more instrumental rationality developed, the harder Being be pursued.

Key words: Law; Truth; The Law of Identity; The Law of Ground; Dichotomy; Reductionism; Whole Network

社会网分析是对社会关系结构进行量化研究的一门学科、视角或范式。该学科在国外已经有近90年的发展历史，在中国也有近40年的研究。社会网分析的技术发展迅速，然而其理论、方法论进展却缓慢，思辨分析更少见。辨析社会网研究的理论、方法论和哲学，对于该领域的深化更加重要。社会网研究包括个体网、局部网和整体网[①]三类（刘军，2019），整体网关注整体的形式，远离了整体本身，因此，本文主要结合整体网进行论述。笔者认为，现有的整体网研究只能把握整体本身的环节，它们与个体网研究一样见树不见林。

本文首先分析整体网研究中的问题，包括预设了二分法，因而是分裂的研究，表现在关注关系形式，忽视其蕴含的价值等内容；关注普遍规律，忽视特殊性个体，是缺乏人的研究；坚持还原论，忽视关系本身的涌现性。其次，探讨上述问题的根源在于，整体网乃至一般社会科学研究背后坚守形式逻辑的同一律，然而，同一律在社会生活中并不成立，它看不到常识背后的中介环节。关注存在的根据律才最根本。再次，为了破解此类分裂的研究，需要找回存在，即存在的意义，关注作为存在的关系本身。[②]然而，随着经验研究越来越失去切身意义，破解局限之途越难见生机。

---

①具体而言，整体网既可指作为整体的某人在不同时空中的全部（total）社会关联，也可指现实中边界固定的一群行动者（如某个班级）中各个成员及其间的一种或多种关系的集合（whole），即1-模网，还可以指两个不同集合（如某班级同学和某些课外团体）的要素及其间的关系（如哪些同学参加了哪些团体）集合，这是一种特殊的整体网，即隶属关系网（affiliation network）（彼得·V. 马斯登，2018：509）。整体及整体网既有建构的成分，又有实在的成分。为方便起见，本文主要对1-模网进行论述。

②出于如下考虑，本文标题中采用“碾碎的”而非“分裂的”或“不完备的”。首先，本文希望表明既有的整体网研究实质是碎片化研究。“碾碎的”可被视为动词、名词和动名词。作为动词或动名词，碾碎意味着研究者将整体碎片化为整体网，将整体网再碎片化为数学模型的过程（但研究者并不自知）。作为名词，碾碎指其结果是一个碎片。其次，整体网研究忽视作为整全（total）的整体网的内容、个体、能动性与生活世界，它不单是“分裂的”，更是“碎片的”。再次，本文关心作为存在（即意义总体）的整体网。现有的研究并不关心“整体网本身”，而是研究者依照自己的主观意愿从作为“意义总体”的整体网中抠下来的片段，这种研究的确不完备，但更是碎片。

一、分裂的整体网研究

现代性带来了分裂的世界，表现在国家、社会、生活世界的方方面面。例如，在整体网研究中，分裂表现为内容和形式的分裂、个体和整体的分裂、能动和结构的分裂、研究成果和生活世界的分裂等。

（一）数学的抽象性

整体网研究关注的只是整体本身的一个切面或属性，测量结果不是整体网本身。例如，一个班级同学之间有饭局网、朋友网、情感网等，其中任何一个网络都不是该班级同学之间的整体本身。其次，一群社会行动者之间往往同时存在多种关系网，任何测量只能得到一个或少数网络，这本身就是一种碾碎的研究。再次，从方法角度讲，整体网研究要用到图或矩阵，而矩阵等只能从抽象形式上把握生活世界（刘军，2019，第一章），实质上仍然碾碎了生活世界。用数学来研究社会网络，这实质上是形式化研究，脱离了生活世界。

具体而言，在计算两个关系矩阵的乘积时，考查的仅仅是二者在形式上的乘积关系，即便知道矩阵之积的含义是“关系的传递性”，但是更前提性的问题并未得到追问：我凭什么将你的信息传递给他？我们之间的关系性质如何？诸如此类的形式化研究得到的知识是在把握其他事情而非事情本身。

仅知道矩阵乘法的定义并计算出结果，这样的知识对于自然科学可谓足够，对于社会科学、社会生活则远远不足。诚然，虽然可以通过计算知道哪些行动者之间的距离是多少，但是这种计算结果本身并不能保证有现实合法性和意义，毋宁说是研究者自行加入行动者之间关系的事情，因而仅关乎与研究者的关系。计算结果外在于行动者，或者说与行动者本人根本没有切实的、切身的有意义的关联，所得到的所谓事实已经不是现实。“尽管在进行审查时所使用的工具，以及作图和证明都包含着真命题，但我们仍然应该说内容是虚假的”（黑格尔，1997：27），因为数学计算是在表面上进行的，不触及社会行动者的“事情本身”。在算数中，数字被当作无概念的东西，除了相等或不相等以外，即除了全然外在的关系以外，是没有意义的，它本身和它的关系都不是思想（黑格尔，2015：35）。

又如，在讨论和计算中间人时（刘军，2019，第九章第二节），网络学者洞见不到，社会行动者正是通过中介才成为行动者的。或者说，认识你自己的过程必须经历诸多中介环节，不可能一步到位。例如，一个人必须在生命历程中经过诸多中介环节才社会化为自身。例如，他可能说“我是男大学生”，但是这无非仅仅在两个属性（性别、学生身份）上规定了一下他自身，但是“他”是“谁”或不是“谁”仍然不清楚，或者说他的其他属性并没有在这句话中得到言说。例如，他没有说出自己是否爱面子、脾气差、有孝心、爱财、情商低、善良、感情不专一、没有正义感等等。从理论上讲，只有当他全面地思考众多属性的时候，才能深刻认知自己，才能深刻认识他人，而这是一个长时段的社会化过程。这是不断经过中介的否定之否定过程，即有差异的同一过程，唯其如此，一个人才能从自在的人转化为自在而自为的人。然而，所有此类中介环节都被社会网学者（以及多数学者）所遗忘。

常人也会算计。有的算计只关注局部，有的则会通盘考虑，但多数算计都受各种局限。例如，伯特（Burt，1992）基于高技术企业中的晋升提出了结构洞理论，认为会算计的中间人可以占据信息优势和控制优势。当然，随着时间推移，桥会出现衰变（Burt，2002）。这个命题在中国的一个表现是杀熟。杀熟通常是一次性现象，杀熟者可能聪明反被聪明误。常人通常不愿意与算计之人打交道，后者在很多情况下不会有更大或长期收益。这意味着，在探讨计算乃至算计时，研究者须考虑关系现象的社会文化基础。

社会网络研究是分裂的，还因为学者用形式-内容、个体-整体、结构-能动之类的二分语言。生活世界中的整体本身是包含诸多难以言说的维度的意义结构，更具有前后相继的过程性，整体的网络维度，即整体网研究的目的也不是僵死的共相或普遍性。学者通过问卷、实验、访谈等诸多手段得到的整体网是作为大全的整体在网络侧面的一个环节。尽管如何认识整体是可争辩的，但是这不排除人有全面认识整体事情的动力。

不过，这里特别强调指出，本文绝不否定任何单项整体网研究，因为任何研究都不可能涵盖研究对象的全部方面。毋宁说，前文是从存在论角度对整体进行诠释和说明，旨在提醒研究者注意事情本身、整体的存在，不要以为研究的是整体本身，而更要反思研究的意义。

（二）形式大于内容

整体网研究注重的形式是抽象的形式，而非西方形而上学中的形式。在西方哲学传统中，形式与质料（内容）不能脱离，且引领事物的发展。从道理上讲，内容不同的整体网对应着不同的形式。

然而在线性或知性研究中，形式可以脱离内容而存在，这样的研究因而是旧形而上学的抽象研究，它表现在诸多方面。例如，在探讨结构洞的功用时，学者会不假思索地认为它会给中间人带来收益。且不说该论断要想成立就必须有很多预设（如每个人都同质，比如都追名逐利、性别相同、只考虑短期收益不顾可能的后果，例如脚踩两只船的人被人瞧不起），单单这个带来的过程本身就不是结构洞自身内在的动作，毋宁说就是研究者设想并加入的一种外在动作，这里没有了结构洞中三个行动者的感性认识、各自的视域、综合考量等，有的只是个人的算计。再如，中国是一个重视关系的国家，社会网研究对于富含意义的关系并不特别关注，不理解面子、人情、策略、计谋等可意会难言传的内容（翟学伟，2005，2014），更没有关注作为存在即“存在的意义世界”的关系本身。这不是生活世界之网。生活之网本质上是整全性存在，它是第一性的，不隶属于学科界限，更不能用专业的分野或视角来割裂。

整体网研究的前沿领域（如社会影响研究、指数随机图模型及动态网研究等）（鲁谢尔、科斯基宁、罗宾斯，2016）在抽象形式上是前沿的，从实质、价值、意义等角度说并不算前沿。这些模型坚守形式思维，不关心生活世界（当然它们志不在此），坚持符合论真理观，认为只要模型符合了现实，就得到了真理，岂不知符合论真理观是不符合现实的（黑格尔，1997：56；黑格尔，2015：24；张汝伦等，2017：21–53）。形式化研究不可能洞察到，“它以前以为是自在之物的那种东西实际上并不是自在的，或者说，它发现自在之物本来就仅只是对它（意识）而言的自在”（黑格尔，1997：60），缘由就在于学者在研究中大都预设了主–客二分，研究者和现实是分开的。研究者通过观察（问卷、访谈、实验等）可以描述现实，正如眼睛可以看见颜色。“但是，如果没有一种自然而特别适合这一目的的第三种东西存在，那么你知道，人的视觉就会什么也看不见，颜色也不能被看见……我说的就是你叫作光的那种东西。”（柏拉图，2002：265）光来自太阳，太阳是善或好(good)。“虽然知识的对象不仅从善得到它们的可知性，而且从善得到它们自己的‘是者’，虽然善本身不是‘是者’，而是在地位和能力上都高于‘是者’的东西。”（柏拉图，2002：266，译文有所改动）类比地说，在整体网模型和整体网现实之上还有更高的“是”或“存在”或“有”存在着。不探讨这个更根本的“是”，整体网研究的结论就远离整体或大全。实际上，顾名思义，整体网研究这个词已经预设了与个体的分立，因而先天注定是分裂的、无关内容的研究。

（三）无人的整体网

有学者认为，社会网络分析有三个基础假设。首先，当理解所观察的行为时，结构性的关系要比年龄、性别、价值和意识形态等个体特征更重要；其次，社会网络通过实体之间的关系所建立的各种结构机制影响实体的观念、信仰和行动；再次，应该将结构关系视为动态关系（诺克、杨松，2015：9-11）。这样的预设在社会网学者中相当普遍。其实，第一个假设无非是一个不加深究的预设罢了，并没有实质的依据，换言之，任何人都不能说价值、观念等个体因素不影响人的行为，没有任何道理或证据可以证明结构性的关系比它们更重要，也不可能有这样的证据。第二个假设也是一种霸权，没有实质的道理和根据，这种说法忽视了个体的能动性。至于第三个假设也无需假设，因为结构当然是动态演变的。另外，实体的原初含义充满了深刻的哲学洞见，是对“是”的表达，有学者建议翻译为“首是者”（张汝伦，2008：39-86），是蕴含着本源性的根本问题，也与人生息息相关，因而是有价值意涵的。可惜的是，实体一词的深刻含义已经被国内外社会科学学者所遗忘。从这方面讲，社会网研究往往落入结构主义的窠臼，大都关注结构，难以洞察关系背后的意涵、价值等，忽视了能动者及其间的交互主体性的意义，更不关心行动者的生命意义。因此，社会网络研究即便有理论和方法论贡献，也仍然远远不足以探究关系世界的真理，因为其预设缺乏根基，是有问题的，况且什么是理论（Abend，2008），社会网络分析有没有理论？这一点也没有形成共识。

在笔者看来，至少经典的网络研究还是关心人的。例如，整体网分析的数学基础是社会计量学，其创始人莫雷诺本人实际上是关怀人或人类整体的。他特别关注对人的精神治疗，在《谁将生存?》（*Who Shall Survive?*）一书开篇就说：“治疗的真正过程除了关注人类整体别无其他……人是一种社会的和有机的统一体。”（Moreno，1934：3）笔者希望从这句话中解读出这样的思想：他之所以开创社会计量学，是将它作为工具，强调其实用性或价值性，即用于治疗，并且将人看成是整体而不是单独的个体。由于莫雷诺将人看成是统一体，而关照作为统一体的人的过程离不开基督教，因为基督教的目标从一开始就关照人类整体，而不是此个体或彼个体、此群体或彼群体（Moreno，1934：4），他在人格上因而表现出先知性质。他在大学期间甚至自恋地说，“我开始相信我非凡人，我来到这个星球是为了完成一项特殊的使命。……他还声称经历了‘与上帝的直接对话’”（弗里曼，2008：36），并坚持认为科学和宗教无需互斥，恰恰相反，科学的未来要与上帝的哲学统一起来，因为每个人都在创造着，都是创造者（Marineau，1989：114）。他从20世纪40年代末开始放弃了社会计量学研究，将全部精力转向各种形式的治疗，以至于他对于治疗程序的日渐痴迷让许多早期的支持者离他而去。那些对以经验为基础的结构性研究感兴趣的人认为，由于莫雷诺强调社会计量学不是结构性研究，而是与上帝和心理疗法有着暧昧关系，因而削弱了社会计量学范式的吸引力。同时他不断增长的狂妄自大，也令人厌恶（弗里曼，2008：37）。甚至社会网名家弗里曼也与大多数人一样认为，莫雷诺对神秘主义的痴迷、言过其实的个人风格和妄自尊大，赶走了大部分的早期支持者，也认为虽然莫雷诺的戏剧示范也许能够提供乐趣，但是“它们对我而言似乎缺乏严谨的知识内容——它们未能阐明社会学问题”（弗里曼，2008：37），以至于莫雷诺的研究吸引的社会学追随者越来越少。但是，莫雷诺对人的关怀难能可贵，他开创的心理剧、社会计量学以及群体心理治疗具有实践性，更加接地气。例如，1933年，他在纽约用社群图描述了女孩们之间的关系互动。在休斯敦，他更进一步在海伦（Helen H. Jennings）的帮助下，开始利用角色扮演和心理剧来改变女孩们的不当态度和自我惩罚行为（Marineau，1989：113）。在笔者看来，相对于社会网学者很少致力于改善人来说，他早就将社会计量学应用于改善人，这种做法是相当超前和关注价值的。我们认为，他的有人文关怀的整体性思维与现代的计算理性精神相背离，因此得不到多数人的待见。这是可以理解的，因为他个人独有的特征不适应一般的学术界，因为追随者大部分已经没有了整体思维，他们的研究更是抽象化、碎片化的经验研究，缺失了对人的关怀。

当然，当局者迷。现实行动者未必知道整个网络的结构和自己所处的位置。首先，人们通常没有自知之明，即便在边界固定的群体（如一个学习小组）中，每个行动者也只能明确自己在某个项目上的位置，只能明确某类网络结构的一部分。其次，每个行动者除了是“小组”成员，同时是其家庭、同学、朋友、同事等多类网的成员，更未必了解自身在其他类网络中的位置和网络结构。再次，人们总是在动态网络中进行动态的言行，研究者调查得到的任何“整体网”都是僵死之网。即便沿着“网络结构与能动者相互形塑”的研究路数，也预设了结构和能动的二分，更基础的问题未得到追问：焦虑的能动者依据何种力量安顿自己的生活？外力还是内力？抑或二者的有机结合？如果完全遵照外力，行动者可能失去自身的生活，完全遵照内力，可能失去自身的生存。总之，如果不考虑这些更有思想、更能启蒙个体的议题，整体网研究所得之“网”就是无人之网，不会助益个人安顿其自身。当然，这不再是理论或方法问题，而是实践或自由问题。

(四) 普遍盖过特殊

学者可能追问：用什么方法、模型能确切地认识整体？姑且不论该问题本身就有问题，我们要追问的问题是：对整体的认识难道必须用形式模型吗？仅从结构、方法角度进行研究足够认识规律吗？再追问的问题是：整体是什么？规律是什么？能被认识吗？如何认识？大多数社会网学者并不思索此类问题。但是，这类问题实际上不能回避。如果认为整体网之类的结构、模型研究会认识实际的整体，认识到其规律（一旦论及实际，又在方法论上关乎建构论和实在论的争论，这里不论），那么它事实上会成为躲避事情本身的一种巧计（黑格尔，1997：2），它外表上装出一副认真分析、建模、调查的所谓致力于探究普遍、规律、事情本身的样子，实际上未必认清事情本身。

随着时间的推移，先前的社会网研究内容或规律逐渐成为后来者的共识，先前的规律性知识后来降格为常识性认识，而不知原初之物为何物。随着时间的推进和模型的进化，因研究方式越来越抽象和精致而使得大道愈益被遗忘。在传统时代甚至在20世纪初，社会网学者都可以详尽地考察生活细节，可以接地气，当代社会网学人却能直接找到或利用现成的模型或抽象形式进行规律性研究，也越来越飘空。

经验研究得到的规律基本是缺少现实性的空洞之物，“实际上都是它所意谓的这两个方面之间的一些关系，因而本身只不过是一种空的意谓罢了……有规定的具体存在都是一种与精神莫不相干的偶然性，所发现的规律什么也没有说，只是一些纯粹的空谈，或者说，只是说出了关于自己的一种意见罢了……就内容来说，这些观察结果跟下述两种意见在价值上不能有任何差别：小贩说，‘我们每逢年会都下雨’；家庭妇女说，‘这不也是，每次我晾晒衣服都下雨’”（黑格尔，1997：212-213）。“规律只是一种在现成化、离析化的观察模式下，在对事物进行某种封闭性整体设定的前提下，由具备某种初步自主性的事物在机械性层面上所呈现出来的规则性现象，以及人对此种现象的归纳性描述，而不是对事物的根本性解释和对事物根据的通透揭示。”（庄振华，2017：186）

例如，从“关系”的功用上讲，有学者借鉴格兰诺维特的名篇（Granovetter，1973），认为存在着一种规律，即弱关系的优势在欧美等地得到了经验支持（比如美国人找工作主要利用弱关系），强关系的力量在亚洲文化圈中不容小觑（比如中国人找工作主要利用强关系）。实际上，此类规律性命题并不是对“求职结果”的真正解释，也不是格氏名篇的原意（尽管格氏也做过求职研究），他提出的“弱关系的强度”命题的核心是：弱关系的优势在于它能**将不同群体凝聚在一起**，强关系则没有这种优势。这个命题本身在中西方大致都成立，不因文化差异而变。但是，该命题本身并不是真理，因为能够起凝聚作用的力量不限于“关系”，例如观念系统就有凝聚之功。另外，该命题要想成立需要有前提条件，格氏却没有指出来。他本来希望论证的核心观点是，“对社会网中互动过程的分析提供了一个最有效的微观-宏观桥梁”（Granovetter，1973：1160）。实际上，学者几乎都未认识到，格式并没有真正证明该命题，因为他没有论证关系如何是桥，如何有效，如何最有效。[①]如此看来，格兰诺维特所揭示的规律没有什么普遍必然性。

（五）关系的涌现性

从道理上讲，网络、关系模型理应从不可还原的关系（而非个体或结构）角度探讨网络现象，可惜的是，多数模型没有认识到“整体大于或小于部分之和”，看不到现实世界中的关系现象本身具有涌现性（emergence）而非因果性特征。所谓涌现，指事物的发生与影响其发生的诸多要素之间具有非线性关联，换言之，诸要素非线性地相互作用，促成现象（包括关系现象、网络现象）的涌现，这个过程不遵循线性因果律。涌现与因果的性质有别。如果因与果之间有非线性交互作用或反馈作用，二者之间毋宁说不再有因果关系了。考察网络的涌现，有助于认清不同网络的异质性。不同类网络有不同的涌现机制，这与发生学解释不完全相同，后者往往

①参见拙作《弱关系何以强弱——批判格兰诺维特》，待发。

忽视涌现性，无论制度发生学、文化发生学，还是结构发生学，都有还原论色彩。

如果说关系现象、网络现象是诸要素交互作用涌现的而非因果作用的结果，不能还原到任何要素，即不能用还原论来解释，那么有学者可能追问：网络现状会带来怎样的结果，这是否为一个因果问题？实际上，本文恰恰要批判这种“是-否”“不是……就是……”之类的二元思维或知性思维，因为现实世界并不是二元的，不符合排中律，而恰恰可能“既是A又是B”“既是A又不是A”“非A……且非非A”（张祥龙，2019：198）等。当然，即便按照二元思维，也应考查几个问题。首先，学者对因果性的常规分类（如一因一果、一因多果、多因一果、多因多果）都属于线性因果，它遮蔽了事物本身内在的非线性时间。例如，作为有自我意识者，人们一般先希望得到“高收入”职业这个结果，然后才去动用关系，这恰恰“倒果为因”，且有很多预设条件。又如，在指数随机图等模型中，学者用行动者属性及各种网络构形解释二方关系的发生，这里的因果关系不关心行动者本身具有的统觉能力及二方关系内在发生的逻辑。其次，更重要的是，这些分类都属于外因，忽视了内因或自因自果这种最重要的因果性。因此，即便认为网络的过去影响其当下功能（Borgatti & Halgin 2011），研究网络的结果离不开其历史，也应先探讨网络本身如何按照其内在逻辑演变，而非如何受到外因影响而变。

我们看到，当线性因果面对内生性的挑战（Mouw，2003）时，大多数学者试图通过统计学技巧“排除掉”内生性来捍卫线性因果结论。实际上，无需深思即可发现，世界如果完全遵循线性因果律，自由将无处容身，世界也无生机活力。可见，追求普遍因果律的研究注定有偏。世界是人们建构的结果，但非任意地建构，普遍因果律只是学者为了方便而进行的设定，它本身并不存在。然而，社会科学家很少认识到这一点，却简单地模仿自然科学，从事物属性的角度研究社会现象，将本来处于各种关系中的事物抽出来单独进行因果研究。岂不知，现代自然科学早已突破了实体论，进入了关系论（刘军、杨辉，2012）。顾名思义，社会网研究研究的是关系之网，但是社会网研究成果更多关注抽象的关系，很少按照关系论来思考。例如，在求职过程中，经典的研究关注关系强弱对求职的影响。实际上，常人无需深思即可知道，求职的过程和结果与众多要素（个人素质、职业观念、关系网络、单位性质、个人与职位的匹配度、家庭、地域、劳动力市场竞争程度等）都有复杂关联，并不是简单的线性关联，不是一个因果性（causality）问题。个人的求职是一个动态、非线性、多因素“交互作用”（transaction）、不可还原的“涌现”过程，求职结果无非只是该过程的一个环节，这个结果作为一个整体是由诸多要素非线性的交互作用涌现出来的，不能还原到诸多原因中的任何一个来进行因果解释。简言之，求职结果等诸多网络现象本身都有涌现性，不可还原到其构成要素，尽管研究求职需要坚持还原的思路。还原的路数无可厚非，还原主义却有问题，因为它把要研究的现象本身还原到其要素来解释。这里强调的是，涌现出来的现象本身不能还原到要素，尽管在复杂网研究中可以用多主体仿真建模来研究，但是研究结果本身并不能还原到其构成要素，即使建模离不开这些要素。可见，看待问题的视角或路数不同，研究的发现或结论亦有别。正如康德（2016：16）所说，**“所谓的研究发现，基本上是研究者将自己的视角加入事物后的结果，因而并不是不以人的意志为转移的客观物，**

也不是对客观物质世界的反映”。

既然不同的研究路数会带来不同的发现，不存在完全客观的事物，这是否意味着研究会陷入绝对建构主义甚至相对主义？并非如此。动用关系要有前提预设，包括要有求职者、求职的单位、职业系统、社会经济政治环境等。即便说关系“在其他条件不变的情况下”是有用的，也并不能证明关系的重要性。揭示发现固然重要，发现对于社会行动者的意义更不可忽视。如果仅关注关系要素的单独作用，也相当于将关系从其他关系情境中抽离出来，看不到各个要素之间的综合的、系统的、交互作用的关系，这本质上仍然是一种线性的、知性的思维，忘记了求职是交互作用的结果。

为什么整体网研究乃至一般经验研究多数存在上述问题？我们认为原因在于它们背后坚持形式逻辑思维，而形式逻辑预设的第一定律是同一律（law of identity）。形式逻辑学家很难想到，这个最基础的同一律恰恰是无根据的，根据律才是最根本的定律。

二、同一律与根据律

整体网研究会给出关系性命题，如“占据结构洞位置之人有信息优势和控制优势”（伯特，2009/1992：30）。不过，它们固然说出了一定内容，但都是僵死的命题，达不到社会行动者及其网络各个中介环节的内在运动和辩证过渡。数学只考查量而非质，不关心依靠概念来分析行动者之间及行动者与网络结构之间的切身关联。推而广之，社会科学如果不反思地借鉴数学、统计学模型，它们由定义、分类、判断、推论等构成，就会将有机的社会行动者降低为图表，丢弃了事情自身，表达出来的也不是内在生命和实存的自身运动。社会科学中流行的知性思维方式通过一种力量将相隔遥远的两个要素（如结构洞位置和晋升、收入和主观幸福感、家庭社会经济地位和子女的职业地位等）捏在一起，得到的图和表抛弃了社会网络活生生的本质，最终得到的只是外在知识罢了，可以认识表面现象，但无法深入事情本身，对具体人的生活帮助也不大。

为何如此？关键在于多数学者坚持形式思维，而非辩证思维。形式思维预设了形式逻辑第一定律即同一律（law of identity）。同一律指的是“A是A”或“A=A”（如果A，那么A），即研究对象A就是A，不能是B，否则在常识看来根本无法研究对象了。

在哲学中，同一性有多义：（1）个人意识的统一性，‘我’在我的所有经验中都是一个，即康德的“始终伴随着我的表象的我思”；（2）在所有理性存在者那里都同样合法的东西——作为逻辑普遍性的思想；（3）每个思维对象的自我同一性，即A=A；（4）认识上的主体和客体的协调一致，不管如何被中介（阿多尔诺，1993：139）。由于混淆了同一性概念的不同含义，思维便具有了超个人的逻辑普遍性，一切个别性、特殊性都没有了地位。阿多尔诺认为，事物自身恰恰包含着多种不同于他物的特征，因而是异质性的，不是同一性的。将不同事物贬为它们的类，这是人为操作的结果。

同一律符合常识，在常识中无可反驳。例如，在截面调查中，抽样到的“某人”就是“某人”，“这一组人”就是“这一组人”，“关系”就是“关系”，“矩阵A”就是“矩阵A”。不过，熟知非真知，深究会发现，同一律恰恰有问题。首先，坚持知性思维的学者往往有常识思维，自然认为“A=A”（比如白=白）是成立的。科学研究亦然，它必须首先确定“研究对象”就是“研究对象”。“对于科学来说，如果不首先确保其对象的同一性，它就不能成为它所是的东西。通过这种保证，研究才确保它的工作的可能性。但关于对象的同一性的主导概念绝不为科学带来立等可取的结果。”（海德格尔，1996：649）例如，如果没有黑的存在，就根本说不出来白，没有男的存在，说女是没有意义的。换言之，只有知道了黑，才可能知道白的含义，“白=白”才成立，对白的理解离不开黑这个中介。抽象地说“A=A”是意义不大的，必须经历诸多“非A”的“否定之否定”的中介环节，才能深刻地理解“A”的含义，才能达到真正肯定。然而，同一律遗忘了否定的环节，因而只是一个抽象的规律罢了。常人认为它必然成立，无需反思，实际上并非如此。

其次，常人和学者一旦给出研究假设或命题，就必然违反同一律，即必然说出了“A是B”。例如，结构洞理论有四个标志性特征。第一，竞争是一个关系问题，并非玩家自身之间的竞争。第二，竞争是一种突现的关系，是不可见的。第三，竞争是一个过程，而非结果。第四，不完全竞争是一个自由的问题，而不仅仅是权力的问题（伯特，2008/1992：3）。如果令“竞争”等于“A”，那么“A”是“关系问题”（B），是“一种突现的关系”（C），是“一个过程”（D）。同理，在调查问卷中，研究者会得到有关“被调查者（A）是男（B）、大学文化（C）、中产（D）、有房（E）、有车（F）、网络规模（G）、网络同质性（H）、结构洞（I）等”众多“答案”，任何一个答案说出来的都是“A是B”“A是C”“A是D”等，都不会说出“A=A”。可见，**同一律**固然表述为“一切东西和它自身同一”，但是，这个表述本身就直接违反了同一律，因为按照同一律，我们只能说“同一律是同一律”，而不能说其他。可见，“这个**命题的形式**自身就陷入矛盾，因为一个命题总须得说出主词与谓词的区别，然而这个命题就没有做到它的形式所要求于它的”（黑格尔，2009：236）。同一律只是形式逻辑教材中不被反思的所谓经验，常人不知道它与普遍的经验相反。“照普遍经验看来，没有意识会按照同一律思维或想象，没有人按照同一律说话，没有任何种存在按照同一律存在。如果人们说话都遵照这种自命为真理的规律（星球是星球，磁力是磁力，精神是精神），简直应说是笨拙可笑。”（黑格尔，2009：236；2015：16）可是，“从思辨唯心主义时代起，思想就不准把同一性的统一性表象为纯粹的千篇一律，也不准忽视在统一性中起作用的中介。如果发生了这样的情况，那就只是抽象的表象同一性”（海德格尔，1996：648）。我们可惜地看到，这种抽象的表象同一性已成主流学术的预设，学者甚至不知自己的研究也有此预设。

海德格尔认识到同一律的深刻内容，即它真正说的是“A**是**A”中这个“是”，即“说出每一存在者如何是（存在），也即：它本身与其自身同一”（海德格尔，2014b：34）。不过，同一律仍然不是根本定律，根据律比同一律更根本，因而被海德格尔看重。所谓根据律，指的是“没有什么东西是没有根据的”（nothing is without ground）。海德格尔认为，知性在理解根据律方面是没有作为的。根据律沉睡了2300多年，无人追问其“根据”。这个命题指出了“一切存在者都有根据”，但是，“根据的根据”又有何根据？追问下去会发现，“根据律”才是比同一律、不矛盾律、排中律都重要的第一定律（海德格尔，2016：14-15），“它应是一切定律之定律”（海德格尔，2016：26）。

但是，根据律是什么？一直以来并不清晰。一般认为，根据律是这样表述的：某物的存在，必有其充分的**根据**。也就是说，某物的真正本质，不在于说某物是自身同一或异于对方，也不仅在于说某物是肯定的或否定的，而在于表明一物的存在即在他物之内，这个他物即是与它自身同一的，即是它的本质。根据就是内在存在着本质，而本质实质上即是根据（黑格尔，2015：245）。海德格尔更进一步，他指出“没有什么东西是没有根据的”，其主语是“每一种存在着的东西”，谓语是“有根据”。如此看来，根据律不是什么对“根据”的断言，而是对存在着的东西的断言，只要它每每总是一种存在着的东西。因此，根据律是对存在者断言了某种东西，而对于什么是“根据”，并没有给出任何阐明（海德格尔，2016：96-98）。但是，如果对“没有什么东西是没有根据的”中的“是”和“根据”进行强调，就会发现，“根据律不只是对存在者的断言”了，我们看到，根据律是就存在着的存在而说的，“根据律说：像根据这样的东西归属于存在”（海德格尔，2016：105）。

因此，海德格尔分别从“存在者之真理”和“存在自身之真理”这两个向度探讨“根据律”，前者代表着过去，后者代表着未来。在前一向度中，从根据律的严格表述出发，“**没有什么**是**没有**根据的”（**nothing** is **without** ground），强调的是“没有什么”和“没有”，那个“是”（is）却被遗忘了，这种根据律就是严格的主体性原理，是近代哲学的决定性原理。在后一向度中，基于对根据律之“通常表述”的重新阐释，“没有什么**是**没有**根据**的”（nothing **is** without **ground**），那么“根据”就是“是”，即“根据就是存在”“存在与根据现在在一种和谐共奏中发声”（海德格尔，2016：265）。这样的“根据”意指位于更深处的东西。这样的根据律就规定着未来思想的任务，它道说着存在与根据的共属性乃是存在之定律。两种真理向度之间的差异必然带来跳跃，但对这种跳跃之意义的追问却显示出某种植根于“同一与差异”问题域中的复杂态势，敦促人们重新思考传统的幽深意义（张柯，2013；Kees de Kuyer，1983）。“关键在于我们是否是看护者和看守者，这样的人看护着这样一种事情，即：存在之言语中的道予之寂静，战胜了作为一切表象活动之原理的根据律之要求中的发生。”（海德格尔，2016：273）

形式推理看不见在自身肯定中有否定，“它不居于事物之内，而总是漂浮于其上；它因此就自以为它只做空无内容的断言总比一种带有内容的看法更深远一层。与此相反，在概念的思维中，否定本身就是内容的一部分，否定就是肯定”（黑格尔，1997：40）。当然，辩证思维要以知性思维为基础，只不过知性的形式推理所寻求的证明不属于辩证的运动，而是一种外在的认识。基于形式推理的社会科学如果没有哲学的引领，就不能有生命、精神和真理，它们创作出来的只能是淡而无味的散文或者狂言呓语的任意拼凑（黑格尔，1997：46–47）。我们赞同黑格尔的洞见，即真理是全体，是达到“一”的圆圈的过程，“实体正在重建其自身的同一性或在他物中的自身反映”（黑格尔，1997：11）。专业的经验研究，如社会网研究会有诸多事实的发现，它们多数是孤立的、片面的、静止的和抽象经验主义的发现，看不到整体性的视野和价值性的关怀，真理不翼而飞。

这种情形是可以理解的，因为现代性创造了分裂的学术世界，不允许专家求真悟道，因为“世界精神太忙碌于现实，太驰骛于外界，而不遑回到内心，转回自身，以徜徉自怡于自己原有的家园中”（黑格尔，2009：50）。因此，除了在形式上刻画网络结构之外，还应自我批判地强调备受忽视的网络的人文意义和生命价值。

在探讨整体网的模型、技术和方法等形式之外，还应批判整体网研究，尽可能找回社会网对于个体的生命意义等内容，这种做法在很大程度上是对整体网的形式结构研究的扬弃而非否定。

三、“整体网”“复原”之难

整体是一个概念，不是看得见、摸得着、现成的、有待去发现的客观物，不存在于现实世界。任何现实整体都不是整体这个概念，尽管整体可指代任何现实的整体（如单细胞、鼠标、班级、共同体等）。整体的存在必有其理由，即其各部分之间有机地结合在一起的某种内聚力，否则将变成一盘散沙，不成其为整体。同理，整体网也是一个概念而非客观物，严格地讲不存在复原它这种论题，因为一旦论及复原，就意味着原先就有一个“它”存在在那里。当然，对整体内聚力的分析并不体现在整体网研究中。

但是，研究对象本身毕竟是整体，碎片式整体网研究毕竟不令人满意，对作为真理的整体网本身的追求或复原因而可以被视为一项事业。然而，这项事业作为一个无止境的过程是异常困难的，有如下几点相互关联的理由。

首先，语言本身蕴含一种分裂之势。在“风在吼，马在叫，黄河在咆哮”中，似乎存在着一种作为“实体”的东西叫作“风”“黄河”等，它有其属性或性质，如“吼”“咆哮”等，这样的语言预设了实体与属性的二分，将本来动态的“事情本身”，说成了静态的事物。

其次，现代研究方式固有其抽象性。正如黑格尔所说，“古代人的研究方式跟近代的研究很不同，古代人的研究是真正的自然意识的教养和形成。古代的研究者通过对它的生活的每一细节都作详尽的考察，对呈现于其面前的一切事物都作哲学的思考，才给自己创造出了一种渗透于事物中的普遍性。但现代人则不同，他能找到现成的抽象形式；他掌握并吸收这些形式，可以说只是不假中介地将内在的东西外化出来并隔离地将普遍的东西（共相）制造出来，而不是从具体事物中和现实存在的形形色色之中把内在和普遍的东西产生出来”（黑格尔，1997：72）。作为统计学的基础模型，线性回归背后的思维就是形式思维，它实质上就是在“不假中介地制造普遍的共相”，自变量和因变量之间难以有内在关联。

再次，学者大都坚持常识的、线性的、分析的知性思维方式。“知性的特点仅在于认识到范畴或概念的**抽象性**，亦即片面性和有限性。”（黑格尔，2009：34）知性思维固然有其优势，但是它不适合研究“整体本身”，因为“整体本身”是大全性的、不可分解的“物自体”。数学方法属于纯粹感性和知性，归纳分析、因果性、形式逻辑的推理都属于知性。当今所有社会科学都使用感性和知性方法，研究对象都属于黑格尔所说的客观精神，其本性属于无限的精神东西。就此而言，甚至有学者极端地说所有此类社会科学都走错了路，“严格说来都是废话和胡扯”（卿文光，2018：83）。

最后，最重要的存在被遗忘。存在已经被遗忘两千多年，直到黑格尔和海德格尔才被重新拾起，但是随着现代性日益兴隆，存在问题更被遗忘得无影无踪，复原到存在基本上无力回天了。

在笔者看来，对作为存在论范畴的整体网本身的研究是一个过程，应破除实体论的研究方式，倡导关系论的研究方式。前者将社会现象看成是实体，从可见“实体”[①]的现象出发进行研究。关系论思维则考虑到关系的“存在”而非“存在者”（海德格尔，2014a/1927：5），即考虑关系的意义结构而不简单考虑关系的表象，更不会不加反思地测量关系的属性等。不过，社会网学者一般忘记了关系或网络的“存在”，仅从作为“存在者”的网络结构角度来研究关系现象。这种科学意义上的关系论视角得到了广泛应用，也在权力、平等、自由、能动等方面得到了一定体现，但是关

①某些社会网专家使用了实体（substance）概念。例如，韦尔曼（Wellman，1988）的“结构分析：从方法和隐喻到理论和实质”（Structural analysis: From method and metaphor to theory and substance）。又如，宋丽君、孙俊莫、林南（2018：163）指出：“从不同视角尝试对社会支持的实质进行概念化的努力很快就有了跟进”（More attempts to conceptualize the substance of social support from different perspectives quickly followed）。至于“物质滥用”（substance abuse）等词更常见。但是，社会网专家乃至多数学者只是按照字面意思，基于常识理解实体一词，未必深究其的深刻哲学意义。不理解实体的哲学含义，社会科学研究中最常见的实体-属性分析路数背后存在的“存在”疑难就不能得到深刻的揭示。实体一词与ontology联系在一起，通常将ontology翻译为“本体论”很不得当。ontology的研究主题一直是“存在”（being），相当于古希腊语的系动词esti/esnai/on（esti的分词形式），英语的系动词to be。亚里士多德没有使用ontology，但他提出了专门研究作为“是”的“是”的科学，即所谓的本体论，该词被翻译成“是论”“存在论”甚至“有论”也比“本体论”好。各门特殊科学研究的是特殊的“是的东西”，研究的是“是什么”中的那个“什么”，不研究“是什么”中的那个作为是的“是”。社会资本可以“是”很多东西，比如可以“是”提升个人素质、规范，可以“是”培育社会资本，“是”幸福之源。这么多社会资本的“是”必须有一个起点，这就是ousia，恰恰这个词被翻译为substance，又被翻译为本体或实体。然而，ousia是希腊文动词“是”（eimi）的阴性分词ousa变来的，亚里士多德把它改写为ousia，并赋予它以特殊意义，即ousia是其他范畴的载体。可见，如果说社会资本是一种ousia，那么它是对其各种定义的载体。但是，本体、实体、载体都无法表示ousia一词的原意，即“是”。因此，有学者建议把它翻译为“首是者”，它不表述其他东西而其他东西都表述它（张汝伦，2008：45）。亚里士多德认为，真正的首是者是“怎是”，对它的定义就是对“怎是”的说明。亚里士多德在《形而上学》中，最终将“怎是”归结为“形式”，即事物存在的首要原因。因此，“首是者”并不是中文字面意义上所说的可以看得见摸得着的实体，而是事物的作为是的是，这就必然是一个真理问题（张汝伦，2008：47）。

系本身是什么，如何"是"，却一直被遮蔽或遗忘。例如，社会行动者之间有一种此在与此在之间的存在关系。移情论者会说，这种关系对于此在来说已经是根本的，这是一种自我关系，他把他人视为另一个自我。但是，在海德格尔看来，这里的他人被理解成一个现成的人形物，即被理解成为存在者状态上的存在者，这是有问题的。他认为，此在与他人的关系实际上建立在共在基础上，是鲜活的"相互认识自我"，这不是一种认识关系，而是以共在为基础的存在关系。这种关系对于坚守对象性思维的学者（包括社会网学者）来说是不可理解的，但却是人类存在的事实（张汝伦，2014：368-372）。可见，关系本身是什么，如何是或存在，此类存在论问题是在进行社会网（乃至社会科学）研究之前应该追问但未追问的问题，以致其研究成果缺失源始意义，因为"与实证科学的存在者层次上的发问相比，存在论上的发问要更加源始"（海德格尔，2014a/1927：13）。"这个存在者没有而且绝不会有只是作为在世界范围之内的现成东西的存在方式，因而也不应采用发现现成东西的方式来使它成为课题。"（海德格尔，2014a/1927：51）

在社会网研究中，当论及人这种存在者的本质规定的时候，也都遗忘了这种存在者的存在问题，学者把存在理解为不言而喻的现成存在者或实存，并给出相应的研究假设。然而，"事后从经验材料中得出的假说绝不可能开展出这些学科的存在论基础。……实证研究看不见这种基础，把这种基础当作不言而喻的"（海德格尔，2014a/1927：59）。受限于研究的主题，本文也只能点到为止。

忽视存在，缺失了内容的整体网研究也较少关心人，它最多可信而不可爱。可爱的问题不单单是理论性问题，更是关乎伦理、道德、天道等实践问题，这些都关乎整体网本身的内容。换言之，整体网内容的研究既应包括理论维度（行动者的属性；行动者对关系、网络的整全性认知和无知；纽带本身的涌现性等），也应包含实践方面（关系、网络中的道德、伦理等意义面相）。无论如何，理论性的与实践性的整体网已经分离开来。

整体网本身本来可以帮助人关注智慧（小智慧如在得到结构洞位置时，要思考失去了什么，大智慧如悟出关系、生命之道），让人们再思自己的生存、生活、生命问题，助益自己的美好人生。但是，参照国内外整体网路数是达不到这些目的的。当然，借用形而上学思维批判整体网研究在内的形式研究有些错位，看似批评短跑运动员不会游泳，实际并非如此，这里只是在反思研究成果的意义究竟何在。

总之，能否走出整体网研究的碎片性，将学者在研究中碾碎的整体网复原，走向作为整全的研究？这是过程性、理想型的重大实践哲学问题。这里涉及对作为整全、大全的真理的认识，这已不再是理论性、实证性或方法论问题，毋宁说是存在论问题（黑格尔，2009，2015；海德格尔，2014a/1927）。不深究此类被遗忘的问题，片面的知性研究就会缺乏思想、价值甚至意义，越来越抽象、不接地气。存在是时代的重大问题，需要有实践和论辩的土壤，然而其前景并不乐观，一个原因在于理性化已然大获全胜，基于机器生产的现代经济秩序早已决定着所有人的生活方式（韦伯，2012：117）。

本文只是借用整体网来批判知性思维带来的碾碎的研究，并不否定知性思维的力量。恰恰相反，知性是伟大的力量。本文并不坚持方法论多元主义，因为如果将方法外在地套用在事情本身上，是不可能把握其实质的。按照黑格尔的辩证法，方法与事情本身是一体的。当然，本文只是提醒社会网学者注意更深层次的问题，而无意批判短跑运动员不会游泳。如果提建议，那么在整体网研究中可以考虑纳入时间、行动者的意义、理解、诠释、机制等视角或维度，这样会更加接近整体网本身。这些议题以及更复杂的问题（包括什么是意义、机制、整体网本身的是其所是等）绝非单篇论文可以论及，只能留待将来探讨。不过，鉴于分解式研究不关注对象本身，因此，本文借用辩证逻辑的辨析对其他研究应该有启发价值。

参考文献

阿多尔诺，1993，《否定的辩证法》，张峰译，重庆：重庆出版社。

柏拉图，2002，《理想国》，郭斌和、张竹明译，北京：商务印书馆。

彼得·V. 马斯登，2018，《网络数据的调查方法》，约翰·斯科特、彼得·J. 卡林顿著《社会网络分析手册：下卷》，刘军、刘辉等译，重庆：重庆大学出版社。

戴维·诺克、杨松，2015，《社会网络分析》，李兰译，上海：上海人民出版社。

迪安·鲁谢尔、约翰·科斯基宁、加里·罗宾斯，2016，《社会网络指数随机图模型：理论、方法与应用》，杜海峰、仁义科、杜巍、张楠译，北京：社会科学文献出版社。

费孝通，1997，《乡土中国生育制度》，北京：北京大学出版社。

弗里德里希·黑格尔，1997，《精神现象学:上》，贺麟、王玖兴译，北京：商务印书馆。

—2009，《小逻辑》，贺麟译，上海：上海人民出版社。

—2013，《精神现象学》，先刚译，北京：人民出版社。

—2015，《逻辑学:上卷》，杨一之译，北京：商务印书馆。

康德，2016，《纯粹理性批判》，邓晓芒译,杨祖陶校，北京：人民出版社。

梁漱溟，2003，《中国文化要义》，上海：上海人民出版社。

林顿·L. 弗里曼，2008，《社会网络分析发展史》，张文宏、刘军、王卫东译，北京：中国人民大学出版社。

刘军，杨辉，2012，《从实体论到关系论——关系社会学的认识论》，《北方论丛》第6期。

刘军，2019，《整体网分析——UCINET软件实用指南》，上海：上海人民出版社。

马丁·海德格尔，1996，《同一律》，陈小文译，孙周兴,校，孙周兴编《海德格尔选集:上卷》，上海：上海三联书店。

—2014a/1927，《存在与时间》，陈嘉映、王庆节译，熊伟校，陈嘉映修订，北京：生活·读书·新知三联书店。

—2014b，《同一与差异》，孙周兴、陈小文、余明峰译，北京：商务印书馆。

—2016，《根据律》，张柯译，北京：商务印书馆。

马克斯·韦伯，2012，《新教伦理与资本主义精神》，斯蒂芬·卡尔伯格英译，苏国勋、覃方明、赵立玮等译，北京：社会科学文献出版社。

卿文光，2017，《黑格尔<小逻辑>解说》，北京：人民日报出版社。

宋丽君、孙俊莫、林南，2018，《社会支持》，约翰·斯科特、彼得·J.卡林顿著《社会网络分析手册：上卷》，刘军、刘辉等译，重庆：重庆大学出版社。

托克维尔，1992/1835，《旧制度与大革命》，冯棠译，北京：商务印书馆。

翟学伟，2005，《人情、面子与权力的再生产》，北京：北京大学出版社。

翟学伟，2014，《关系与谋略：中国人的日常计谋》，《社会学研究》第1期。

张柯，2013，《真理与跳跃——论后期海德格尔思想中的“根据律”问题》，《江苏行政学院学报》第5期。

张汝伦，2008，《中西哲学十五章》，上海：上海人民出版社。

—2014，《<存在与时间>释义》，上海：上海人民出版社。

张汝伦等，2017，《黑格尔与我们同在》，上海：上海人民出版社。

张祥龙，2019，《拒秦兴汉和应对佛教的儒家哲学》，北京：商务印书馆。

庄振华，2017，《黑格尔论规律》，张汝伦等著《黑格尔与我们同在》，上海：上海人民出版社。

Abend, Gabriel 2008, “The meaning of ‘theory’.” *Sociological Theory*(26).

Borgatti, Stephen P. & Daniel S. Halgin 2011, “ On Network Theory.” *Organization Science* 22(5).

Burt, Ronald S. 1992, *Structural Holes: The Social Structure of Competition*. London: Harvard University Press.

—2002," Bridge decay."*Social networks* 24(4).

Granovetter, Mark S. 1973,"The Strength of Weak Ties." *American Journal of Sociology* 78(6).

Kees de Kuyer 1983, "The Problem of Ground in the Philosophy of Martin Heidegger."*The Thomist: A Speculative Quarterly Review* 47(1).

Marineau, Rene 1989,*Jacob Levy Moreno, 1889–1974: Father of Psychodrama, Sociometry, and Group Psychotherapy*.New York: Tavistock/Routledge.

Moreno, Jacob L. 1934,*Who Shall Survive? A New Approach to the Problem of Human Interrelations*. Washington, D.C.: Nervous and Mental Disease Publishing Company.

Mouw, Ted 2003,"Social Capital and Finding a Job: Do Contacts Matter? "*American Sociological Review* 68(6).

Wellman, Barry 1988,*Structural analysis: From method and metaphor to theory and substance.*in Barry Wellman and S.D. Berkowitz. (ed.,) Social Structures: A Network Approach. Cambridge: Cambridge University Press.

刘成斌,黎姗．由“理想类型”论概念的建构原则[M/OL]//赵联飞,赵锋．社会研究方法评论:第1卷．重庆:重庆大学出版社．

由“理想类型”论概念的建构原则

刘成斌　黎　姗[1]

摘要：从韦伯的“理想类型”出发，概念建构应当至少满足三大原则：其一，有效性选择原则，选择即是对经验的离析与概括，离析出来的成分既能够把握、再现经验，又能够承载研究对象的社会意义；其二，纯粹性独立原则，思想建构物不仅是面向经验的独立建构物，还应该保持面向研究者价值取向与判断的独立性；其三，逻辑性推理原则，作为“概念”出现的思想建构物应用到对经验本质的认识及认识过程中对“恰如其分的因果关系”进行推理便形成了理论，理论的主要功能在于映射、反观现象，进行具有改造意义上的理解与诠释。此外，概念的建构应当避免唯心主义的心理动机或自然主义、直觉主义的概念化陷阱。

关键词：理想类型；有效选择；纯粹独立；逻辑推理；概念化陷阱

①作者简介：刘成斌，博士，华中科技大学社会学院教授，研究方向主要为人口社会学以及发展社会学领域的经验研究，同时对社会学研究方法论有所涉猎，联系方式：shlpinshehuiliu@163.com；黎珊，华中科技大学社会学院社会学硕士生。

Abstract: Following Weber's "ideal type", conceptual construction should satisfy at least three principles. First, the principle of effective selection. Selection is the isolation and generalization of experience. The isolated components can not only grasp and reproduce experience, but also carry the social significance of the research subject. Second, the principle of pure independence. Thought constructs are not only independent construction oriented to experience, but should also maintain independence of the researcher's value orientation and judgment. Third, the principle of logical reasoning. A theory is formed when ideological constructs, which appear as "concepts", are applied to the process both of understanding the essence of experience and reasoning about "appropriate causality". The main function of the theory is to map and reflect on phenomena, and to understand and interpret in a transformative sense. In addition, the construction of concepts should avoid the psychological motivation of idealism or the conceptualization trap of naturalism and intuitionism.

Key words: Ideal Type; Effective Choice; Pure Independence; Logical Reasoning; Conceptual Trap

一、问题的提出

在经典社会学家当中，韦伯的理想类型与价值中立等方法论问题尤为学界广泛引用，韦伯的方法论问题研究是从“澄清历史学与国民经济学的方法论之关联”这一命题开始的（韦伯，2009a：37）。

方法是人们用来研究理解或解释社会现象时所运用的程序，方法论则是对方法的理论研究；方法论提供“关于人们在从事研究时会做些什么的理论”（米尔斯，2012：62）。米尔斯既反对空洞的宏大理论，也反对被方法论抑制的抽象经验主义，他批评流行的抽象经验主义把简单的“文献综述”当作理论“修润”去“概括经验研究并赋予其意义”，其实就是编出个“像样点的故事”(米尔斯，2012：73)。但米尔斯批评的研究套路在今天的经验研究中仍然大行其道，尤其是对经验的概念化提炼或实证分析中的理论往往呈现“个案满地跑、框架满天飞”的局面，或者是“想当然”地将西方理论奉为“圭臬”来裁剪中国经验的盆景。

这种混乱源于方法论问题，很少受到研究者尤其是经验研究者的重视，因而，大多数研究缺乏理论建构的逻辑性，即使是在理论研究领域，也存在因忽视概念建构的基本原则问题而走向了自得其乐的文字游戏。概念建构随意化导致的“个案满天飞”与“全盘用西方理论套中国经验”两类最常见的误区，其实分别代表了过度个体化与过度普遍化的两种极端，而韦伯的理想类型当初正是为了克服德国人文主义过度个体化倾向而提出的，并有效缓和了实证主义倡导的普遍化与历史主义推崇的特殊化之间的冲突（周晓虹，2002：94–95）。由此，本文意图从韦伯的经典方法论“理想类型”出发，来探讨概念建构过程中应当遵循的基本原则，以期对于如何避免陷入理论误区能有所启发。

二、概念的建构原则

理论分析的使命主要是依据概念建构来完成。李凯尔特在论述概念与现实之间的关系时提出，“我们的专门科学的认识局限于直接所与的、内在的感性世界”，认识无法像镜子一样完全一致地反映现实世界，而必定经历了一个借助概念对直接所与材料进行改造的过程。这种改造使得认识成为现实的简化（Vereinfachen），需要从概念上将现实的异质性（Heterogeneität）与连续性（Kontinuität）分离①，要求科学具有一种选择原则以避免改造过程的主观随意性，从而将所与材料中的本质成分与非本质成分区分开来（李凯尔特，2007：36–43；Rickert，1926：28–38）。因而概念建构是以建立独立有效的学术概念为目标，凝练一套从经验事实元素中抽离“本质成分”的准则。韦伯“理想类型”的方法论主要源于李凯尔特的观点。但如何建构一般化的概念，将本质成分挑选出来，李凯尔特并没有解决，韦伯接替并完成了这一使命。

（一）有效性选择原则

韦伯将理想类型理解为对个体进行衡量和系统性特征化的思想建构物，关注的是个体间独特的有意义的相互联系（Weber，1922a：201），概念化其实就是想象意义联系的逻辑推理过程的建

①现实的异质性指现实中的每一物体都具有个体独有的特征，即世界上没有两片完全相同的树叶；现实的连续性是指物体之间具有流动性和联系性，并非完全被割裂而存在。物体处在这样一种差异性的连续中，使得概念难以精确把握现实，只有在同质的连续性和异质的间断性中才能实现现实的理性，数学即是在排除异质性中展开的（李凯尔特，2007: 38–41）。

构。这种推理建构既包括从经验中抽离出一般性的“纯粹思维物”，也包括对经验实在加以“理想化”类型或元素的夸张（帕森斯，2012：678）。如果没有抽象的一般化，概念可能仅仅适用于单个的历史情况；如果没有理想类型的夸张，概念就萎缩成“共相”或“均值”。

概念的“有效”是指被建构的概念能够“再现性把握经验”，但并非复制或复原具有意义承载或价值承载的经验对象。简单来说，概念的有效性就是“对经验的把握性再现”与“意义体现”两个方面的“有效”。因此，所谓“选择”必须是“离析”与“概括”而非“照相”，这一原则要求我们对经验的把握需要将经历的经验现象进行分离与分析，而不能像照相一样地原样照搬照套或复制经验本身。

怎么选择“有效”的经验成分呢？“从整体现实当中显现出对我们具有特殊意义或重要性的一定数量的事物或事件，而在它们之中我们不仅看到‘自然’还看到其他东西。”（李凯尔特，2007：26）李凯尔特据此将科学划分为自然科学与文化科学：自然科学强调“自然”的描述，文化科学强调文化特质的意义之承载。这种特殊意义应当是“生活的元气”，显现特殊意义就是显现出生活的元气。韦伯以新教伦理为例，讲解了生活元气，例如禁欲、天职观等支撑上帝的选民入世“意义”品格，从禁欲伦理到天职观的逻辑推理就是为了突出宗教在入世修行方面的“意义”。帕森斯将这种在经验事实当中抽离“心灵”性生活元气的方法原则称为“价值关联原则”（帕森斯，2012：658，663-664）。

以“新教伦理”这一概念为例，韦伯在“新教伦理”的切题伊始，就将1895年巴登地区资本收益税课税对象的资本额度进行了比较性“离析”：每1000名基督新教徒课税资本额度为95万，而每1000名天主教徒则为58万（韦伯，2007：10），紧接着韦伯又“离析”了1895年巴登地区人口比例只占37%的新教教徒人群在高等学校等各级教育中所占的比例为43%~69%，而人口比例达到61.3%的天主教徒在各级学校中所占比例为31%~46%。就平均值的比较而言，占人口37%的新教信徒在各级教育中平均占48%的比例，而占人口61.3%的天主教徒在各级教育中平均只占42%（韦伯，2007：12）。由此，韦伯提出从“教育及精神特性”的角度分析这一经济现象：来自教育的精神特性（geistige Eigenart）[①]，以及尤其是这里受故乡与双亲家庭的宗教气氛所制约的教育方向，决定了职业的选择和往后的职业命运（韦伯，2007：13；Weber, 2016：32）。

基于“有效”而进行的“离析”（选择）肯定是某方面的或某些方面的，因此，概念的“有效”再现不是“复制”或“复原”。“对于研究来说，理想类型的概念可以培训归属判断（Zurechnungsurteil shulen）[②]：它不是假设，但它可为假设的形成指明方向；它不是对现实的描述，但它要为描述提供清晰的表达手段”（韦伯，

①Eigenart意为特质、特性、特点，geistig的名词geist最初意为激动、兴奋、强烈的情绪，后来发展出精神、灵魂、心情的意思，在宗教上指圣灵、灵魂、神，在哲学上指精神、心灵，这里geistig与上文李凯尔特提到的“自然”相对，指精神上的、心灵上的，属于文化层面的意义承载。

②Zurechnungsurteil由Zurechnung和Urteil复合而成。Zurechnung由拉丁语imputatio转化而来，最早在宗教上指通过上帝的评价判定信仰有罪的理由，今在法律上指个人对其行为担责的归属判定，一般意义上有归于、被列入的意思。Urteil起初是和动词erteilen连用，表示人被给予的东西，一般用于被法官授予的判决，直到近代发展出评价、判断、鉴定的意思。动词schulen的名词是学校Schule，即能力培养的场所。这里的“培训归属判断”既包含“方向”归属上的培训也包含“意义”表达判断上的培训。

2009b：32；Weber，1920：190）。所以，韦伯对资本主义发展进程中各类人群经济成分的比较是为了“超越个案”来寻求“整个集体或集团”意义上的“独树一格”的文化特征，“在方法上，其目的并不是要把历史真实嵌插在抽象的类型概念里，而是要在往往且无可避免各具独特个别色彩的具体发生关联里，致力整理出历史真实的面目”（韦伯，2007：24）。由此可以看出，韦伯“离析”资本主义现象中各种“经济成分”，是想“探寻一种带有伦理色彩的生活样式准则（Maxime）之性格”(韦伯，2007：27)，而并非想描述“为利扬帆赴地狱，哪怕炼火灼尽帆”的欲望冲动。所以，在阐述新教伦理与资本主义精神的关联时，韦伯落脚于“人只不过是因神的恩宠而被托付以财货的管事”，“人对神托付给自己的财产负有义务的思想”（韦伯，2007：172），财产不仅作为神对人的奖赏，也作为一种责任和义务，在人的心理层面施加压力督促人们以孜孜不倦的劳动来匹配这份荣耀。正如托尼所评价的，“新教伦理对经济美德的认可，对经济效率产生了及时的刺激”，“强调个人需对自己负责，宗教的本质就是用自己的灵魂跟上帝接触”（托尼，2013：180–181）。在这种意义上，韦伯认为“禁欲的基督新教伦理”为资本主义精神提供了“首尾一贯的伦理基础”（韦伯，2007：172；Weber，2016：163）。

经过韦伯对新教伦理这一概念的建构过程与意义归属来看，理想类型的概念建构之有效不在于“复制”经验，而在于理解、解释经验的“方向”把握有效或演绎“意义”（Sinn）的“表达手段”有效。“尽管有规律性认识与历史性认识这种原则上的、方法上的划分，而该理论的创造者就是第一个并且是唯一一个实行了此一区分的人，他现在却要求，抽象理论的那些定理在从规律演绎出现实这一意义上具有经验有效性①”（Weber，1922a：187），“所有这些抽象理论就必然一起在自身包含着事物真正的实在性（Realität），即现实（Wirklichkeit）②中值得认识的元素”（韦伯，2009b：30；Weber，1920：188），韦伯不仅强调了概念必须是对于认识论的意义上“有效”（Geltung），同时也强调了演绎经验或再现经验的“有效”。在方法论的分析中，韦伯将“意义体现”的“有效”（Geltung）原则提高到“经验把握”之上甚至是视为唯一的建构原则：

> 事实上，究竟此处（理想建构）所涉及的是纯粹的思想游戏还是一种科学上富有有效的概念形成，这决不能先验地做出决定；这里也只有一个标准，即能否成功地认识具体的文化现象以及它们的联系，它们因果上的受制约性（Bedingtheit）和它们的意义（Bedeutung）。（韦伯，2009b：33）

正是基于这种概念分析在因果上的受制约性与概念的意义探寻，韦伯在《新教伦理与资本主义精神》第一卷第三章“路德的职业观——研究的课题”中并不以路德的宗教伦理为切入点，而是提出“在研究早期新教伦理与资本主义精神之间有何关联时，我们要以卡尔文、卡尔文教派与其他‘清教’的成就为出发点”（韦伯，

①经验有效性empirische Geltung，empirisch为形容词，发源于希腊语ém-peiros，指基于经验和观察的；Geltung为名词，是有效、起作用的意思，对应英文词validity。对于Geltung的具体含义，社会学界和法学界都有诸多争论。若按照法学上的定义，“有效性”被认为是建立在主体间相互承认的基础上，主要讲参与者的“可接受性”，与旁观者观察到的社会事实性相对，详细可参见戚渊《论Geltung》，载《中国法学》2009年第3期。

②Realität实在性是用来描述本体论层次的不以人的意志为转移的实实在在存在的物质；Wirklichkeit现实性既可以指物质现象，也可以指精神、意识现象，即由大脑建构出来的所相信的真实。在Realität中需要区分可能性和必要性，而在Wirklichkeit这里可能性和必要性是混在一起的，详细可参阅Bergmann & Gustav（2007）。

2007：67)。但实际上路德的“新教伦理”是一个整体的“新型伦理”，这也是路德成为宗教改革开创人物的重要依据。路德宗教革命中新教伦理的“革新”处是一个包括诸如婚姻、家庭、政府等诸多“天职”阐述的体系性伦理思想。例如，路德基于当时“寡妇”人群已经成为一个严重的社会问题——当时有40%的女性是单身，其中一半是老处女，约一半是寡妇……在当时危害社会的巫术与魔法从业人群中大部分都是寡妇和老处女——他明确提出反对“单身”和“独身主义”，视“婚姻是神圣之事，因为所有人类皆由妇女的孕育、生育和抚育而来。所有的人间律法都应该鼓励这种家庭的繁衍行为”(路德，2013：309)，并认为“婚姻是尘世中仅次于宗教事务的另外一件大事”；再如，路德针对罗马教会规定的守贞誓言、犯错、性无能等婚姻障碍的免除赎金问题，主张婚姻“属灵”也“属世”的双重属性，并基于当时社会上混乱的婚外性行为与通奸等现象提出独身与婚外性行为其实是“撒旦”的意志，违反上帝的意志，“因此，人要在婚姻的天职中进行属灵操练，抵御撒旦的侵犯”(林纯洁，2013：138)。路德本人在倡导基督徒神圣婚姻秩序的同时，自己与一位普通的修女凯特琳·冯·波拉（Katherine Von Bora）结婚，并“勤劳养家、尊敬妻子，并让妻子勤于操持家务，照顾子女”，亲自践行了他的婚姻与家庭伦理观。正是路德这种个人的垂范践行和家庭道德让很多教徒信奉路德的宗教观念，并且追随路德派。但路德的这整套伦理体系与历史贡献跟韦伯想分析的西方何以出现资本主义、如何理解资本主义精神的宗教基础这一命题关联度不大，因果上的受制约性也不直观。所以，韦伯只选择了卡尔文的“新教”伦理部分进行“天职”阐述。这正如托尼所评价的“马丁·路德是社会保守主义，恭从既定的政治权威，提倡一种个人的近乎于清净无为的虔诚”，而“卡尔文则是一种积极的、激进的力量，他的纲领不仅仅是净化个人，而且要让宗教的影响渗透到生活的各个方面，重建教会与国家，更新社会”（托尼，2013：73）。

同理，韦伯在《经济通史》中分析中世纪的城市经济时，认为中世纪“所形成的‘城市经济’概念并不是在所有被考察的城市中事实上存在的经济原则的一个平均值”，“它是通过单方面地提高一个或者一些观点、通过把散乱和不明显的、此处多一些彼处少一些、有些地方不存在的那种符合上述单方面地强调的观点的个别现象都综合成为一个自身统一的理想画卷而获得的”（韦伯，2009b：32）。理想类型在本质上“是为衡量和系统地说明个体性的，即就其独特性而言重要的联系所做出的构思”（韦伯，2009b：39），所以，理想类型就是“通过对某些对它们来说具有概念本质的因素的抽象和升华”，这是理想类型建构的常见、重要的情形，“每个具体性的理想类型都是由合乎类的、被塑造成理想类型的概念要素组合而成的”（韦伯，2009b：40）。

韦伯以“手工业”这一概念为例，人们还可以尝试描绘这样一个社会，在那里，所有经济活动，甚至精神活动的领域都受到一些准则的支配。在我们看来，这些准则就是被提高为理想类型的“手工业”所特有的同一种原则的运用……人们还可以把从现代大工业的某些特征中抽象出来的资本主义经营体制的理想类型作为反题，与手工业的那种理想类型对立起来，据此描绘一种资本主义文化，即仅仅由私人资本的投资兴趣支配的文化的乌托邦。它可以把现代物质文化生活与精神文化生活个别散乱地存在着的特征在其特殊性方面加以提高，综合成一个与我们的考察相一致的理想类型。（韦

伯，2009b：32）

综合考量以上论述中提到的概念建构中要求的经验把握的有效性与意义体现的有效性，笔者从四个方面总结了经验实存与概念建构的区别。

表1　经验实存与概念建构的区别

	经验实存	概念建构
时间上	没有明确的开端与终结	相对一个阶段甚至是一个时间点，纵向史也是若干阶段的划分
空间上	没有清晰的边界	空间上必须是有边界、有区域范围的
事件过程	可以无限切割与分解	事件过程是一种有限梳理，以呈现事件发生的逻辑、因果为归属
构成与结构	构成要素与内涵蕴藏无限繁多	内涵与要素必须操作化（界定）为“变量”（概念）

对时间与空间的界定体现出对经验的把握是有限定的，由于经验实践的混沌性、无界性、连续性等特征，我们无法把经验本身给完整地呈现出来；而事件过程的因果制约与结构要素的界定则要求意义体现的有效性，只要我们想要对经验进行“有效的”描述与理解，就必须使用概念。

概念的有效性不但对于建构者认识“经验”与理解“意义”是有效的，而且对于所有的他者，也应当是“有效”认识与理解的工具。即概念建构能够实现“意义”的传播与共享。例如，对于一块石头，如果没有价值赋予，钻石也是石头，但在价值赋予的情形下，石头就成为“财富”。财富对于所有人至少对于绝大多数人来讲都是可以理解与共享的——不但在横向传播的意义上共享，在不同时代的纵向维度上也是可以传递共享的。

凡是理论的概念建构，都面临从具体的经验事实中选择“哪些”要素进入概念分析的情境。韦伯认为，应当选择经验案例中具有一般化概念逻辑“推理”所需要的构造元素。所以，具有普遍概念、一般概念逻辑推理“构造”元素的案例就是“典型”案例。并且，在对典型案例进行逻辑元素抽取的时候还可以进行选择（取舍）、夸张。

（二）纯粹性独立原则

韦伯认为，学术概念的分析应当不依赖于任何一个具体经验，理想类型的概念建构应当独立于经验而存在，同时还要独立于应然的价值取向，即不受研究者及其他第三方主体价值判断或偏好的影响。因此，概念建构应当是一种相对于经验和价值偏好均独立的“纯粹性”存在。

概念的独立性源于“一般化元素”产生的独特而唯一的系统建构，是超越任何具体经验的类型归纳的“思想纯粹物”或“思想乌托邦”，这种乌托邦的“纯粹”是说其不是一种真实的存在，因为“共同性的东西都不是实体”（亚里士多德，2005：235），但从认识论的意义上讲，“普遍的东西比特殊的东西更具有实体性”（亚里士多德，2005：241）。然而这种普遍性或者说共同性并不易捕捉，在对经济与历史支配类型的分析中，韦伯通过“正当性”这一概念划分支配“理想类型”的目的在于“从本质上提高对源自实践的支配形式的认识。但即使如此，对每一个有关支配的经验历史现象而言，它并非一本装饰得精美的书"[①]（Weber，1922b：124），只有通过概念的纯粹化提炼与建构才能更清晰地讨论和分析历史与经验中的支配现象。韦伯以经济理论为例，指出概念化"在内容上讲，这种建构本身就具有某种通过对现实的特定要素进行思想上的提升而获得的乌托邦的特质"，它与生活的经验给定的事实的关系仅仅在于，在那种构思中被抽象地描述的那类联系能够用"理想类型"来说明或解释其独特性（Eigenart）（Weber，1922a：190；韦伯，1999：31）。

"就其概念上的纯粹性（Reinheit）而言，这一理想画卷不能经验地在现实中的任何地方被完全发现，它是一个乌托邦"（韦伯，2009b：32)。韦伯在分析资本主义精神时提出：

> 如果有人问他们，这样不眠不休地奔走追逐，到底"意义"何在？毕竟，整日奔走而无眠享用财富，对于纯粹（rein）此世的生活取向而言岂不是显得毫无意义吗？他们偶尔会给这么个答案，如果有的话："为了子孙后代"；可是这显然并不是他们独有的动机，"传统主义的"人们也是这么想的。（韦伯，2007：44）

由此表明，韦伯认为新教伦理的意义并不能从教徒自己的思考或回答中找到答案，学者的使命在于突破具体的个人理解而建构一套"普遍的逻辑理解"，因此，"概念在逻辑意义上成为理想类型"，也就是说，"它使自己离开了能够同它相比较、相联系的经验现实"（韦伯，2009b：40）。

①广西师范大学版本的中译本为"增进我们对各种实际的支配形式的了解。但即使如此，我们仍然可以说每一个有关支配的历史现象并非如'一本摊开的书'那样清楚"（韦伯，2004：305），采取意译的形式，本文在此处参考原文选择直译。

由此可以看出，韦伯认为的概念建构是面向经验解释但同时又离开经验现象而独立存在的新生物，这种新生因为离开了经验并独立于经验而具有抽象性。反过来，也正是由于具有这种独立于经验、具体现象的抽象性，概念才具有超越个体、解释一般性的普遍适用能力与逻辑价值。正如伯格（2009：55）所说："个体进行分离的活动，在自我反省的意义上这些互不相干的活动并不是孤立的，而是有意义的宇宙的一部分。它的意义并不为个体所独有，而是社会的宣称和共享。"因此建构这种"意义的共享"并理解其历史关联是概念建构的使命所在。从这种纯粹性的使命来讲，理想类型概念与表示经验"共相"的类概念存在本质区别，其核心区别就在于理想类型是"意义"的典型（Typus），但"没有一个类概念（Gattungsbegriff）自身具有'典型的'性质，也不存在一种纯粹合乎类的'平均'（Durchschnitt）典型"[①]（韦伯，2009b：40）。在韦伯看来，理想类型的目的不在于进行分类或是平均，而在于意识到文化现象的独特性（Dieckmann，1967：29），所以，韦伯认为，即使统计学当中的"理想值"也不仅仅是一种单纯的平均，而是具有意义塑造、再现文化特性及其联系的使命："无论在什么地方——例如在统计学中——谈到的理想的量，都不仅仅是一种单纯的平均。要对大量出现在现实之中的事件做简单的分类，就会涉及类概念（Gattungsbegriff）；与此相反，复杂的就历史联系特殊的文化意义引以为基础的那些成分而言，这些历史联系越是在概念上得到塑造，概念——或者概念体系就越具有理想类型的特征"（韦伯，

① "Idealtypus"一词虽通常被译为"理想类型"，但是其所强调的内容上所涉及的某种"就其个体性的独特性而有意义的现象"并不能用类概念（Gattungsbegriff）来加以界定，它强调的是现象的典型（Typus），而不是会让人有分类联想的类型（Gattung），详细可参见韦伯《韦伯方法论文集》，张旺山译，台北：联经出版社2013年版，第54–56页。

2009b：40）。以《新教伦理与资本主义精神》为例，在涉及宗教信仰从心理层面推动人们选择某种生活方式时，理想类型的方法驱使韦伯仅仅去考察这些信仰之间最前后一致的形式，尽管这种连贯形态在历史现实中很少出现，但人们正是在这里遭受了他们的特殊影响（Albert，2009：542）。从这种意义承载与联系塑造的角度讲，理想类型的概念“是一种理想画卷，但它并不是历史现实，也根本不是‘真正的’现实，它也根本不适宜于把现实作为样本归入其中的图式，而是只具有纯理想的界限概念的意义”（韦伯，2009b：32）。

因此，虽然研究的对象——单个的经验是“真实”的普遍化理解性存在，经验相对于科学而言，如果没有进入科学的研究领域成为研究对象，就不是研究者认知到的“有意义”的存在，即不是“科学研究中的真实存在”。科学概念是作为知识意义上的“理想类型”而存在，这种存在是超越个案经验的、具有普遍性、恒常性的理念存在。正如李凯尔特所说：“个别的东西不是真实的，只有‘一般化’的东西、反映理念的映照才是真实的。”（李凯尔特，2007：36）科学概念没有穷尽具体的实存，而是经过了选择，所以在这个意义上讲，概念是不真实的或者说不是实存物（帕森斯，2012：674）；如果历史个体能够进行因果分析，那必定是简化的。必须把这种具体的历史个体简化为“最本质”“最基本”的概念化元素而略去不重要的东西（帕森斯，2012：677）。

独立性原则不但强调概念独立于经验而存在，还强调理想类型的概念应当独立于“应然”价值取向而存在。在资本主义精神的命题之初，韦伯就针对伦理革命的意义，“就我们此一研究的特殊观点来看，恐怕是大部分的观点是改革者的事业未曾想见，甚或正非自己所愿见的结果"，但在新教伦理与资本主义精神的研究中，"我们绝无企图——这点尤其是要清楚声明的——对于宗教改革的思想内容加以价值判断，无论是从社会政策方面或是从宗教方面"（韦伯，2007：68）。所以，韦伯在方法论的著作中谈及理想类型对于经验科学的意义时认为"首先应当强调，这里必须首先细心地使应当存在的、应然的思想远离这些在纯逻辑意义上的'理想'思想产物"（韦伯，2009b：33）。概念的价值意义仅仅在于教会我们怎么去理解，"理解那些通信的精神内容，展开我们朦胧不确定地'感觉'到的东西，并把它提高到清晰的'评价'的层次。为了这一目的，诠释决不迫使自己提出或者'诱导'一种价值判断"（韦伯，2009b：72）。

由此，概念的第二重独立性的功能就在于把概念的诠释功能与人们的主观想象或取向隔离开来。概念的诠释功能在于呈现人们生活中的元气，扩展人们的精神视野，"使他们能够把握和透彻思考生活风格的可能性与细微差别，在理智上、审美上、道德上以不同的方式发展自我，使自己的'心灵'变得'对价值更为敏感'"（韦伯，1999：73），从而达到对经验事物的思维整理的能力。只要考虑到概念的形成问题，文化价值问题就或多或少地都会出现，有的人清醒地意识到了，有的人则茫然不知，有的人以文化价值为引导，有的人则迷入歪门邪道，每个人考虑概念抽离经验的行为、意义理解都是不同的。

（三）逻辑性推理原则

在经验研究的因果分析中，"作为一种不可或缺的准备，这种因果说明需要离析（抽取）事件过程的个别构成成分，并以经验规则和清晰的概念为取向处理每个构成成分，非如此就根本不可能确定因果关系”（韦伯，2010：12）。

逻辑性推理原则是强调概念建构必须符合逻辑推理，并在理论命题的阐述中遵循逻辑制约原则，但不是可以直接从经验中归纳出来的“心理制约”。逻辑概括的经验联系越广泛，文化意义越多，就越接近理想类型。在比较衡量现实的手段方面，就对研究具有更高的启发价值，也对描述经验具有更高的系统价值，进而概念的体系性也就越强（韦伯，2009b：38）。

> 为了廓清现实的经验内容的某些重要的成分，人们借助这一概念对现实作出衡量，把它与现实作出对比。这样的概念是思想的产物，我们借助它们，通过运用客观可能性的范畴，来构思各种联系，我们依据现实定向的、受过训练的想象力对它们做出判断，认为它们是适当的。（韦伯，2009b：34）

韦伯这段话的含义包括三点：

首先，我们借助思想建构物即抽象的概念去建立理论命题的“逻辑关联”。如韦伯在新教伦理与资本主义精神分析中基于新教教徒与天主教教徒纳税资本额而提出的教育的精神特性之间的关联。

其次，这种逻辑关联必然是面向经验事实的，或者是为了解释经验中存在的事实逻辑，或者是“理解”事实逻辑蕴含的“意义”。如韦伯正是基于解释新教伦理面向资本主义发展的经验效用，而建构了一套以禁欲为主题的“系统的生活样式”，也正是基于这个逻辑，韦伯选择了超越路德的卡尔文教派作为禁欲的提纲主体，“在16—17世纪的荷兰、英国与法国等资本主义最发达的国家里，引发大规模政治与文化斗争的宗教信仰，非卡尔文教派莫属，所以，我们首先从这个教派研究起”（韦伯，2007：77）。

第三，这种逻辑建构的关联是“推理”的结果，其推理本身带有“虚构”的成分，需要用经验中训练的科学想象力来判断其是否适当，即推理逻辑成立的可能性。所以，韦伯认为“在逻辑上对个人行为进行因果分析，与借助分析、概括和建构可能性来判断对马拉松战役的‘历史意义’作出的因果阐发相比，使用的是完全相同的方式”（韦伯，1999：96）。因此，对于行动意义的回答，是以“概念”的方式进行的，因为只有运用抽象的“离析”出来的概念才能提高到可证明的、理智的推理水平。正如韦伯在分析“入世禁欲的宗教基础”时所阐述的，“洞察那些由宗教信仰与宗教生活的实践而产生出来的心理动力，此种心理动力为生活样式指定了方向……只有当我们洞悉教理与实际宗教关怀之间的关联（Zusammenhang）时，才得以明白”（韦伯，2007：76）。

所以，我们建构并非经验实存的理想类型之概念，终极目的就是将其作为逻辑框架或模型进行推理，并在逻辑推理演绎的过程当中将经验实在作为“样本”或“案例”填入其中。

在新教伦理与精神主义精神的研究中，韦伯试以“教会”和“教派”的概念为例来说明不同逻辑推理结构下对概念内容理解的区别，“纯粹在分类上，它们可以分解为若干特征的集合体；但此时，不仅二者之间的界限，而且概念的内容也都必定始终是变动不居的。但是，如果我在发生学上，例如在‘教派精神’对于现代文化所具有的意义上理解‘教派’的概念，二者的某些特征就成为本质性的，因为它们都与那些结果有相应的因果联系”，“我们知识的推理本性，即我们只有通过一连串的概念改变去把握实在状况”（韦伯，2009b：34–35）。所以，韦伯在研究“入世禁欲的宗教基础”时，“除了卡尔文派，基督新教的禁欲还有一个独立的提纲者，那就是再洗礼派，以及从这运动直接分支出来，或通过采取其他宗教思考形式，而于十六七世纪间成立的诸教派，亦即洗礼派、门诺派尤其是教友派”（韦伯，2007：134-135）。韦伯特别提出，教派在性质上与简单的都会团体并不相同，教派一定是特定的再生者信徒的共同体，而且具有排他性，仅仅包括那些再生者信徒成员，确认一个教会团体是否教派，最根本的依据不是国家与教会分离，也不是成员与教会的契约，而是“排他性”（韦伯，2007：135-136）。

帕森斯认为，韦伯的贡献就在于将系统的概念之逻辑结构与被抽象的经验实在本身直接可以给予我们的经验联系区别开来（帕森斯，2012：661）。前面提到，就纯粹性而言，概念建构其实就是一种乌托邦，所以，逻辑结构的制约由于概念的简化而相对简单，基本一个或几个易于用公式把握的理论原理——例如预定论——可以清晰地表述成支配人们思想并产生历史效果的道德公设。由此，我们把理想类型概念在逻辑上分解为依据推理而展开的种种思想理念构成的多层系统。韦伯在新教伦理与资本主义精神的逻辑推理中，先是离析了禁欲的概念，进而搜索到禁欲的提纲主体——教派，然后切入到“入世理性”的命题中，从预先说之“自觉成为神的战斗工具”之义证思想，“以孜孜不倦的职业劳动来作为获得那种自我确认（Selbstgewißheit）的最佳手段”（Weber，2013：94）。天职观让新教教徒达到净化信仰之除魅的同时达致了一种教派这一道德警察制约下的“自愿服从”“因信称义”的理性化生活样式，这种禁欲教派达成的生活样式是一种承载内在之光的发展推动力，因而韦伯称之为“入世禁欲的宗教基础”（即第二卷第一章的标题）。

逻辑制约即使说服力强大并产生巨大的社会效应——例如马克

思主义——但人们头脑中的经验联系仍然是“心理制约”而非理论分析的逻辑制约。但是，当心理制约已经烟消云散或其制约结果广为传播，那些基本的指导原则与公设不再存在于那些凭借联想从其中得出思想支配的个人头脑之中时，那逻辑制约的理想类型就会变得更为明显。

如果心理制约不完整或根本没有被认识到，那逻辑制约的概念推理也会表现得更为明显。

理想类型不但在逻辑上被当作典型，在实践中也被当作本质典型。在此种情况下，这些理想类型不再单纯是逻辑分析的辅助手段，不再单纯是衡量、比较经验的分析概念，而是变成对经验进行评价的“判断”及由这些判断形成的理念。

由此，形成的结果是“经验科学的基础已经离开，呈现的只是个人的认识，而非理想类型的建构物”（韦伯，2009b：39），所以严格地区分以下二者是科学自我监控的基本任务——虽然在实践中可能出现二者相互渗透的现象：一个是从逻辑上以比较方式把现实与理想类型建立联系，另一个是从经验的应然理想出发做出评价判断。简单地说，理想类型只是为经验提供意义解释的逻辑，并提供前进的把握方向，但不能降为心理制约的经验成分。否则，就会出现直觉主义的危险（帕森斯，2012：657）。直觉主义的知识归纳主要依据洞察力的“闪光”而非逻辑演绎，其实质是心理制约的主观方式。而逻辑推理是不受心理因素制约的客观的科学。

三、总结与讨论

概念是科学研究不可或缺的准备。正如京特·罗特所说，《经济与社会》作为韦伯教学式论著，提供一个入门的也是严苛的课本，其旨在于提供某些关于现代世界的由来与可能发展方向的大问题建立的一个社会学的脚手架（韦伯，2010）。在这套脚手架当中，韦伯反对进化论、丛林法则或单一的因果论思想，反对恩格斯那种寻求历史终极决定因素的想法，所以，从1903年《罗雪尔与克尼斯》开始，韦伯先后撰写了6篇论文谈方法论问题。

本文以韦伯的“理想类型”方法论为切入点探讨了概念建构的三大原则，这三大原则并非彼此孤立，而是形成了由经验到概念，由概念到理论，再以理论反观经验的依次衔接的闭环逻辑关系。然而此文提出的概念建构原则仅仅是初步回答了如何建构的问题，对概念建构的探讨还有极广阔的空间。在遵循原则的同时，避免陷入理解误区与深刻认识概念化的功能也是合理建构概念的重要前提。本文在讨论部分简要概述，抛砖引玉，供后来者参考。

（一）概念化的三原则之关系

选择即是对经验的离析与概括，有效性选择原则指在概念化进程中这种概括必须遵循离析出来的成分既能够有效把握、再现经验，又能够有效承载研究对象的社会意义。满足此两种有效性离析出来的抽象物即为思想建构意义上的“乌托邦”，纯粹性独立原则要求既独立于特定经验又独立于价值判断：这种思想建构物既是从经验中“成分抽取”而来，又是面向经验的独立建构物，它不依赖于任何一个特定的经验现象而存在；同时，这种思想建构物还应该保持面向研究者价值取向与判断的独立性，即不受研究者个人价值偏好的影响。基于此，在逻辑性推理原则的指导下，作为“概念”出现的思想建构物应用到对经验本质的认识及认识过程中对“恰如其分的因果关系”推理便形成了理论。理论的主要功能在于映射、反观经验现象，但这种反观不是“照相”，而是具有改造意义上的理解与诠释。概念建构的这三个原则之间的关系可简要表述为图1。

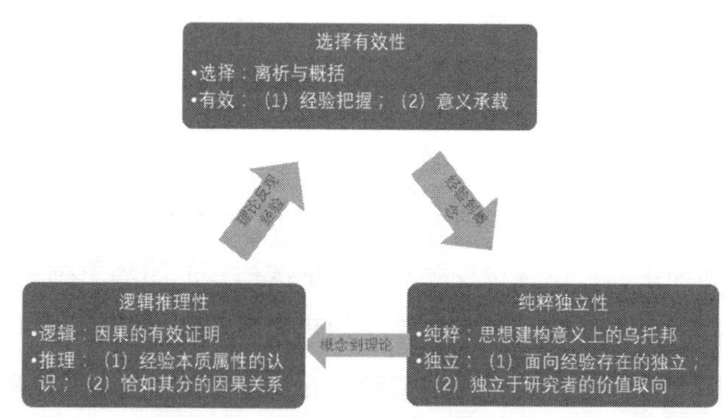

图1　概念建构三原则的关系

（二）概念化的陷阱

“韦伯把理解作为科学的基本方法论前提，这就要涉及观念、价值等主观因素，这进而容易让读者把他的观点与唯心主义混同起来。”（帕森斯，2012：674）事实上，韦伯自己也意识到了这一点，因此他特别强调自己的方法论与其他非科学方法论之间的区别。韦伯列举了几种可能的唯心主义或自然主义、直觉主义的概念化陷阱：

1.将概念图像当作历史现象的本质内容混淆起来。韦伯把依据价值关联原则对经验材料进行选择、加工组织的操作过程导致一个建构的具体现象称之为历史的个体。但历史的个体之归纳就不唯一，有多少种价值关联就有多少种历史的个体。“科学认知就是对个体经验抓取（grasp）并进行思维加工（a mental ordering mastery）

的过程，所以必定是有选择的，而不能是未分化的原始直觉（brute and undifferentiated immediate sensations，Burger，1987：61-63）。历史的个体尽管是作为单个结果出现的，但对其的阐述却要从普遍意义上来进行理解，因为在因果法则下通过行动指导的价值理念加深事件之间的联系，意味着对事件的阐释是将其视为行动序列的，对个体的理解要在统一性的意义下进行”（Hadorn, 1997: 292）。“一般化”概念是在分析历史个体与其他历史个体进行比较的过程中建构出来的，所以，一般概念是对个体历史概念的超越、比较。也正是这种“比较”与超越意义的不同，不同的经验存在之抽取会建构出不一样的一般化概念。也是在这种意义上，不会有一个普遍正确的一般化理论体系。简单地讲，理念都是相对有效的。

2. 将概念教条化，当作普罗克拉斯提斯之床，削足适履。

3. 将理想类型当作现象之流背后的真正实存，并实体化为在历史中发挥作用的“实在”力量。将某一时期的理论概念当作现象之流背后的真正经验，进行实体化的错误在于：把一个时代的理论理解为支配过那个时代的人群或历史上起重要作用的人群本身，并由此将理论作为那个时代文化特性的组成部分，这就犯了“误置具体性的经验主义谬误”（帕森斯，2012：660）。

（三）概念化的功能

贯穿韦伯方法论的一项主要观点，就是概念化的理论建构对于指导理性行动有重要作用，即概念图式起着一种照射社会改造方向的理念意义。新教伦理也就是要说明社会发展的宗教动因在社会经济变迁过程当中，能够为社会前进与秩序整合提供精神方向，这一点对我们反思科层制的理性化牢笼具有重要的能动性意义。理论的说服力就在于概念“已经变成社会中标准的、被视作理当如此的知识这一意义上来说”（伯格，2009：98-99）。

启发

“对于研究来说，理想类型的概念可以培训归属判断：它不是假设，但它可为假设的形成指明方向；它不是对现实的描述，但它要为描述提供清晰的表达手段”（韦伯，2009b：32），理论中被设想而抽取出来的“元素”，只有凭借清晰的概念，才能予以明白地澄清。在找到更好的研究工具之前，必须承认这一点，“至少对经济生活的基本现象来说，按照与精密自然科学的类比构思一个抽象的、从而是纯粹形式（rein formal）的概念体系，是精神上把握社会经验多样性的唯一手段”（韦伯，2009b：30）。例如，“生计保护”就是一个实践中追求的理想之例，“经济价值”就是影响实践中价格形成、调节人们交换关系的一种准则。

概念的启发功能不但对经验把握及其改造是有效的，而且对于时代思想观念也是有效的。支配人们头脑的思想观念与可以从中抽取出理想类型的概念化元素之间有一定的因果关系。但二者根本不能混同。理想类型的概念之功能在于——社会存在与历史进程本身存在许许多多复杂的思想产物，无论形式还是内容，都存在无限的杂多，其清晰性也被掩盖，意义也容易混淆，而理想类型可以把握其中显著的、对研究具有意义赋值的“成分”。

韦伯以中世纪的基督教来举例说明理想类型对这种意义赋值成分的抓取：“如果现在有人提一个问题：在这种混乱中，究竟什么才是让人们必须始终作为一个固定概念来使用的中世纪的基督教，我们在中世纪的制度中发现的‘基督性’到底在哪里，那么马上就会显示出，这里的任何一种个别情况，也都将要运用一种由我们所创造的纯粹的思想产物。这是由信条、教会规范和道德规范、生活的准则以及无数我们结合成一个‘理念’的单个关系的结合体，我们不运用理想典型的概念就根本不能毫无矛盾地达到的综合。”[①]（Weber，1922：197）

映照

韦伯在“以学术为业”的演讲中提及学术天职时，认为柏拉图的洞穴幻象是没有灵气的派生物。哲学家应当追求真实和真理，但今天还有谁这样对待科学家？今天年轻人的感受恰恰相反，科学思想的形成是一个人为抽象的冥冥世界，这种抽象抓不住生活的元气（韦伯，2008：17）。

本质上抛弃理想类型的人，必然局限在文化现象的形式方面，例如局限在它的法律史方面（韦伯，2009b：35），就实际存在的情况而言，不少研究者是在“跟着感觉走”的状态下进行所谓的研究。然而概念化应当是源于生活，并能反观、映照生活的，而非仅仅在抽象感觉层面建立起空中楼阁，这种映照功能是贯穿在有效性选择原则、纯粹性独立原则与逻辑性推理原则之中的。

动态地推进改造现实

韦伯认为，正是理论概念的建构相对性：

（1）概念与理论都是暂时的，理论与概念是可以日益更新的。

①李秋零译本的翻译为：“什么是中世纪的宗教，宗教在实际存在中有信条、教会规范、道德规范、生活准则等无数相关因素的组合体，如果不借助于理想类型，就不能达到协调综合地理解、把握。”（韦伯，2009b：36-37）

在使用这些概念的时候，要始终谨慎地记住它们作为思想产物的特性，理想类型与历史不可混淆。由于指导性价值理念不可避免地变迁，真正确定的历史概念并不被视为一般的终极目标，他将会相信，正是由于个别的，在某个时候起指导作用的观点形成了清晰的、明确的概念，才有可能清晰地意识（Bewusstsein）到它们的有效性（Geltung）之界限（韦伯，2009b：45）。

（2）经验的无限性与概念的相对性，也需要概念的建构不断地逼近真实，从而是动态的。因为前述的选择性，我们对经验现实的“成分”选择是某方面或某些方面的，简化一定是有限的而不是无限丰富的。

（3）思想机制的动态性。

柏拉图的认识论是一种“反映论”，认为“理念”就是“现实”，“在这种情况下，认识的使命就在于用直接所与的材料形成一些与那个超验世界相一致的表象或概念”，反映论认为个别的东西是不真实的，只有一般的东西、理念化的概念才是真实的。由此，概念的任务就是建构概念的本质。但李凯尔特并不认为如此：如果这样的话，知识的进步就完全依赖于或取决于“再现”经验实在方面达到的逼真程度。而逼真是没有边界的，无论如何详尽，“纳入”分析的元素相对于“存在本身”或遗漏的世界都是挂一漏万的，因此，把科学概念等同于“如实”地描述经验是没有意义的。李凯尔特提出“科学概念”都是一种简化，目的在于认知与改造（李凯尔特，2007：36-38）。

相对于动态的实践历史进程，文化科学工作的任务就是不断地认识与改造我们力图把握现实所用的概念之生命力与周延性。由此，达到在“思想上整理现实”的功效，但当时的思想成果肯定都是暂时的“以概念储存”。所以，概念建构的意义仅仅是“暂时”划定“意义的界限”。

参考文献

彼得·伯格，托马斯·卢克曼，2009，《现实的社会建构》，汪涌译，北京：北京大学出版社。

C.赖特·米尔斯，2005，《社会学的想象力》，北京:生活·读书·新知三联书店。

亨里希·李凯尔特，2007，《李凯尔特的历史哲学》，涂纪亮译，北京：北京大学出版社。

林纯洁，2013，《马丁·路德天职观研究》，北京：人民出版社。

马丁·路德，2013，《马丁·路德桌边谈话录》，林纯洁等译，北京：经济科学出版社。

马克斯·韦伯，2007，《新教伦理与资本主义精神》，康乐等译，桂林：广西师范大学出版社。

—2008，《伦理之业：马克斯·韦伯的两篇哲学演讲》，荣芬译，桂林：广西师范大学出版社。

—2009a，《罗雪尔与克尼斯：历史经济学的逻辑问题》，李荣山译，上海：上海人民出版社。

—2009b，《社会科学方法论》，李秋零、田薇译，北京：中国人民大学出版社。

—2010，《经济与社会》，阎克文译，上海：上海人民出版社。

R. H. 托尼，2013，《宗教与资本主义的兴起》，赵月瑟、夏镇平译，上海：上海译文出版社。

塔尔科特·帕森斯，2008，《社会行动的结构》，张明德等译，南京：译林出版社。

亚里士多德，2005，《形而上学》，李真译，上海：上海人民出版社。

周晓虹，2002，《理想类型与经典社会学的分析范式》，《江海学刊》第2期.

Albert, G. 2009, *Weber-Paradigma*. Wiesbaden : VS Verlag für Sozialwissenschaften.

Burger, T. 1987, *Max Weber's Theory of Concept Formation: History, Laws and Ideal*

Types. Durham: Duke University Press.

Dieckmann, J. 1967, "Die Rationalität des Weberschen Idealtypus." *Soziale Welt* 18(1).

Hadorn, G. H.1997, "Webers Idealtypus als Methode zur Bestimmung des Begriffsinhaltes theoretischer Begriffe in den Kulturwissenschaften." *Journal for General Philosophy of Science* 28(2).

Rickert, Heinrich 1926, *Kulturwissenschaft und Naturwissenschaft*. Tübingen: Mohr (Siebeck).

Weber, Max 1920, *Gesammelte Aufsätze zur Religionssoziologie*. Tübingen: Mohr (Siebeck).

—1922a, *Gesammelte Aufsätze zur Wissenschaftslehre*. Tübingen: Mohr (Siebeck).

—1922b, *Wirtschaft und Gesellschaft*. Tübingen: Mohr (Siebeck).

—2016, *Die protestantische Ethik und der "Geist" des Kapitalismus. Herausgegeben und eingeleitete von Klaus Lichtblau und Johannes Weiß*. Wiebaden: Springer Fachmedien.

徐法寅.结构与行动的互构机制分析——再论“社会学方法的准则”[M/OL]//赵联飞,赵锋.社会研究方法评论:第1卷.重庆:重庆大学出版社.

结构与行动的互构机制分析
——再论“社会学方法的准则”

徐法寅①

摘要：社会与个人、结构与行动之间的关系问题是社会学方法论的根本问题，很大程度上决定了社会学的研究问题、理论发展、方法选择和学科地位。为了确定社会学的研究对象从而确立社会学的学科地位，涂尔干和韦伯分别针对社会结构和社会行动提出了不同的社会学方法准则；但是，他们也都持有“结构-行动”二元论，虽然没有系统地考察结构与行动之间的关系机制。针对客观结构主义和主观建构主义两种决定论的不足，吉登斯和布尔迪厄更加关注结构与行动之间的关系机制；但是，由于关心的问题是结构再生产，走向了“结构-行动”一元论，不能解释结构变迁问题。为了更好地解释结构再生产和结构变迁的性质和发生机制，我们需要重回“结构-行动”二元论的本体论立场，并重构“结构-行动”一元论对结构和行动之间关系机制的分析，从而建立“结构-行动”互构论，强调结构的多样性和结构变迁的绝对性，具体说明行动者的能动性及其对结构变迁和结构再生产的影响机制。

关键词：社会结构；社会行动；二元论；一元论；互构论

---

①作者简介：徐法寅，博士，中国社会科学院社会学研究所助理研究员，研究方向主要为社会科学方法论、政治社会学和知识社会学。联系方式：xufy@cass.org.cn。

Abstract: The relationships between society and individuals and between structure and action are fundamental questions to sociological methodology in particular and social sciences in general. Classical sociologist, including Marx, Weber, and Durkheim, hold the stance of structure-action dualism, though not elaborating the mechanisms between structure and action. However, Giddens' and Bourdieu's methodologies are essentially structure-action monism, though analyzing the mechanisms between structure and action. As Giddens' and Bourdieu's monism cannot explain structural changes, it needs to return to dualism and reconstruct the mechanisms specified by monism, which will result in a structure-action mutualism elaborating the mutual constituting mechanisms between structure and action.

Key words: Social Structure; Social Action; Dualism; Monism; Mutualism

社会与个人、结构与行动的概念及其关系这个社会本体论问题是社会学方法的根本问题。一方面，从社会学方法论的角度来看，这个社会本体论问题很大程度上决定了社会学的研究问题、研究方法和理论内容。另一方面，从社会研究的社会功用来看，这个问题对开展具体的社会研究、发展具体的社会学理论、解释具体的社会现象、解决具体的社会问题具有根本影响。像布尔迪厄等人（Bourdieu et al.，1991：13）所说，任何本体论假设都会影响观察者在认识论上的客体化过程，即研究对象和研究问题的提出是在本体论视角下进行的；因此他也指出任何研究者要通过客体化的客观化，保持一种“认识论警觉”。结构和行动的关系问题会直接导致理论建构中对结构条件和个体行动赋予的不同权重（Reed，1997）。

从社会学发展早期开始，围绕结构与行动的关系问题就产生了不同观点和相互争论。像张静（2000：9-10）所说，这个争论“关系到近半个世纪以来，虽以不同术语出现在不同学科，但内容十分近似的一场方法论争论的继续。这场争论的核心问题是，对于社会现象而言，结构（或制度）与行动（或个体行动者）何者更为基本，它们中何者能够更令人深入地理解人类群体社会的基本秩序问题”。总体而言，经典社会学家涂尔干和韦伯因为分别强调结构和行动的重要性而没有具体说明结构与行动之间的关系，但是也都持有“结构-行动”二元论观点，认为社会结构与个人行动虽然紧密联系，但是两种不同的存在。受不同社会学传统和哲学思潮的影响，后来的社会学者片面强调社会结构或社会行动的决定性作用，又产生了具有决定论色彩的客观结构主义和主观建构主义。围绕结构与行动的关系问题，针对客观结构主义和主观建构主义决定论的不足，吉登斯和布尔迪厄集中分析了结构与行动的关系问题，却走向了“结构-行动”一元论；这种一元论虽然能够解释社会结构的再生产，却不能解释社会结构的变迁问题。更好地解释结构再生产和结构变迁的性质和发生机制，需要重回“结构-行动”二元论的本体论立场，并重构“结构-行动”一元论对结构和行动之间关系机制的分析，从而建立“结构-行动”互构论，强调结构的多样性和结构变迁的绝对性，具体说明行动者的能动性及其对结构变迁和结构再生产的影响机制。

一、“旧准则”：“结构-行动”二元论

由于社会结构和社会行动的概念及其关系问题对于社会学研究对象的确定和独立学科地位的确立具有根本影响，在社会学发展早期，经典社会学家马克思、涂尔干和韦伯围绕“社会是什么?”“社会学的研究对象是什么?”等问题提出了不同的观点。[①]涂尔干和韦伯虽然分别强调社会结构和社会行动的重要性，并对社会学的研究对象和研究方法提出了不同的观点，但也都持有“结构-行动”二元论的本体论。

（一）涂尔干的“结构-行动”二元论

涂尔干认为社会学的研究对象是社会事实，而社会事实这个研究对象是社会学区别于其他学科的根本特征。在涂尔干（Durkheim，1982：59）看来，“一个社会事实是一种能够对个体施加外在约束的行为方式，这种行为方式可以是固定的，也可能是不固定的；或者，一个社会事实是普遍存在于某个社会中的行为方式，独立存在于它在个体上的表现”。涂尔干强调，相对于其他类型的事实，社会事实具有独立的、特殊的性质，因此需要一门专门

① 在经典社会学三大思想家——马克思、涂尔干和韦伯——中，涂尔干和韦伯致力于明确社会学的研究对象从而确立社会学的独立学科地位，也对社会本体论和社会学方法论进行过学科性的系统探讨。因此，本文将集中讨论涂尔干和韦伯的社会学方法论。需要说明的是，马克思对于社会本体论和方法论也在其著作中进行过讨论（尤其是他的《关于费尔巴哈的提纲》《〈政治经济学批判〉导言》和《德意志意识形态》中的论述），虽然他并没有特别追求确立社会学的独立学科地位。总体而言，马克思也持有“结构-行动”二元论的观点，既强调社会具有关系性和历史性特征，也强调人的类本质及其对社会结构的改变（Balibar，2007）。

的学科——社会学——进行研究。他说："在寻求适合研究社会事实的方法之前，弄清楚哪些事实是'社会性的'，非常重要……实际上，在任何社会中都存在一些确定的现象；这些现象因为其不同的特征而可以与其他的科学的研究对象区分开来。"（Durkheim，1982：50）在将社会学的研究对象设定为社会事实的基础上，涂尔干提出了用来研究社会事实的社会学方法准则，包括观察社会事实的准则、区分正常和病态社会事实的准则、划分社会类型的准则、解释社会事实的准则和呈现研究证据的准则等。

涂尔干对社会学方法论的讨论是为了确定社会学独特的研究对象；由于他将社会事实设定为社会学的研究对象，因此他的方法论是围绕社会结构发展起来的。但是，涂尔干对社会结构的强调主要是为了说明社会学独特的研究对象，而不是要提出客观结构决定论；相反，涂尔干在本体论上仍然持有"结构-行动"二元论。首先，从本体论上，涂尔干强调社会结构具有区别于个体的独立属性，但也没有反对个体层次区别于其他层次的独立属性。在涂尔干看来，社会事实的主要特征是相对于个人意识的客观性、外在性、强制性和普遍性。涂尔干（Durkheim，1982：52）说："由于（这些事实）由陈述和行动组成，它们不会与生理现象和心理现象相混淆，它们离开了个人意识是无法存在的。因此它们构成了一个新的事物类型，而且必须用'社会的'这个词语来表明其性质。"但是，涂尔干（Durkheim，1982：35）也承认不同层次上存在的不同事实："我们将社会世界中的事实加入外在世界事实的时候，必然让人困惑和震惊。但这误解了这种做法的意义和影响。这样做的目的并不是要将较高层次的存在还原为较低层次的存在；相反，这是主张，较高层次上的现实性至少与较低层次的现实性是相同的。"

其次，从对行动的解释意义上，涂尔干（Durkheim，1982：52）说："我们知道，所有的社会约束并不必然排除个人的个性。"因此，"社会事实是由某个群体集体拥有的信念、倾向和实践组成的。但是，这些集体状态通过个体'折射'出来时所具有的形式，是一种不同的事物。这种二元性无可辩驳地体现在：这两种事实通常是相互分离的"（Durkheim，1982：54）。面对被精神主义者指责为唯物主义的批评，涂尔干（Durkheim，1982：32-33）说："和精神主义者将心理领域从生理领域区分出来一样，我们也要将心理领域从社会领域中区分出来；和他们一样，我们反对用简单事物解释复杂的事物。"这不仅体现了涂尔干要为社会学划分出研究领域的目的，也表明他承认现实是复杂的，不能用生理因素、心理因素或者社会因素等某一种因素进行解释；而且"反对用简单的事物解释复杂的事物"成为将研究社会因素的社会学与研究其他因素的学科相提并论的依据。涂尔干（Durkheim，1982：55-56）明确地说："就（社会事实的）个体表现而言，这些表现的确具有社会因素，因为它们在一定程度上再生产集体模式。但是，在很大程度上每一个表现都依赖于个体的心理和生理构成，也依赖于个体所处的特定环境。"

（二）韦伯的"结构-行动"二元论

韦伯的社会学方法论也是以他对社会学研究对象的设定为前提的。在具体论述社会学方法论之前，韦伯（Weber，1978：4）就先对社会学的研究对象和研究方法进行了界定："社会学（就本书对这个词汇的使用而言，当然本书的使用也是非常模糊的）是对社会行动进行阐释性理解、从而对其过程和影响进行因果解释的科学。

当行动的个人对他的行为赋予了主观意义时——无论是隐含的还是公开的，遗漏的还是默许的——我们就把种行为称为行动。当行动的主观意义考虑到他人的行为，从而以此为行动取向时，我们就把这种行动称为‘社会’行动。”正是由于将社会学的研究对象设定为社会行动，而行动和社会行动的本质特征又是行动者赋予的主观意义，韦伯的社会学方法论也是围绕阐释行动者的主观意义而展开的。在韦伯（Weber，1978：5）看来，和其他的科学研究一样，意义阐释也力图得到明确而可靠的洞察和理解；阐释的确定性的基础“可以是理性的，也可以是情感上同情的或艺术上赏析的。其中，理性的理解又可以划分为逻辑的和数学的理性”。对于意义的理解，韦伯区分出了两种方法：直接观察和解释性理解。

涂尔干强调对社会事实的解释，是以他对社会学研究对象的设定为基础的；同样，韦伯的社会学方法论对理解社会行动主观意义的强调，也是以他对社会学研究对象的设定为基础的。涂尔干强调社会结构，但并不是主张客观结构决定论；同样，韦伯对社会行动的强调，并不是要提出主观建构决定论。相反，和涂尔干一样，韦伯也持有“结构-行动”二元论的本体论。首先，韦伯强调社会群体和社会制度的存在是以社会行动为基础的。韦伯（Weber，1978：13）说：“为了认知的目的——比如，司法的目的——或者实践的目的，将诸如国家、协会、经济组织、基金会等社会集体视为个人，是合适的，甚至是必需的……但是，从社会学对行动的主观阐释来看，这些社会集体必须仅仅被视为个人行动的结果或组织模式，因为只有个人才是主观上可理解的行动中的能动者。”其次，韦伯认为社会结构和社会制度对社会行动具有影响。就对社会行动的解释而言，韦伯也强调主观意义的理解是不充分的，因为“这个过程中，可理解的因素和不可理解的因素常常是相互交织、结合在一起的”（Weber，1978：5），而且“这些不可理解的因素也是同样重要的”（Weber，1978：12），因此，“无论一个阐释在主观意义方面显得多么明晰，我们也不能说这个阐释就是因果意义上的有效阐释……因此社会学的任务也是意识到驱使行动得以发生的情境，并对它进行描述和分析，虽然这些因素并不是行动者意识到的目的”（Weber，1978：9-10）。此外，韦伯也强调社会结构和制度对行动的作用，认为社会行动的意义是在社会关系或社会组织中确定的。这种“结构-行动”二元论尤其体现在韦伯对于“正当性秩序”的论述中。一方面，韦伯（Weber，1978：31）认为“正当性秩序”存在于行动者的“信念”中：“行动，尤其是社会关系中包含的社会行动，可能受到关于正当性秩序的信念的指引。这种信念能够指引行动的可能性可以称为秩序的‘有效性’。”另一方面，无论在习俗秩序中，还是在法律秩序中，都存在结构性的强制力。韦伯（Weber，1978：34）说，在习俗秩序中，“秩序的有效性外在地由这种可能性得到保证：在一个社会群体中发生的越轨行为会招致相对分散但却十分严重的不赞同”；而在法律秩序中，“秩序的有效性则外在地由这种可能性得到保证：为了保证遵从行为或避免违犯行为，特定的工作人员会实施生理上或心理上的强制”。

言而总之，在社会学发展早期，经典社会学家涂尔干和韦伯明确而系统地讨论了社会学方法论问题。他们都在设立社会学独特的研究对象的基础上提出了针对这个研究对象的方法准则。所不同的是，涂尔干将社会事实设为社会学的研究对象，提出了对社会事实进行客观解释的方法准则，而韦伯将社会行动设为社会学的研究对象，提出了对社会行动的主观意义进行阐释的方法准则。但是，从本体论上来说，他们都持有“结构-行动”二元论，认为社会和个人、结构和行动具有不同的性质，而且相互作用。但是，由于涂尔干和韦伯分别强调社会结构和个人行动的重要性及其分析，他们没有具体讨论结构与行动之间相互作用的形式和机制。

二、“新准则”：“结构-行动”一元论

在经典社会学家涂尔干和韦伯以“结构-行动”二元论为基础设立了不同的社会学研究对象和提出了不同的社会学方法准则之后，对于结构与行动的关系以及社会学方法论的讨论一直都没有中断；这些讨论大都沿着涂尔干和韦伯的传统，或者关注社会结构，或者关注社会行动。但是，在这个过程中也出现了认为社会结构具有决定性作用的客观结构主义和认为主观建构具有决定作用的主观建构主义。在这种背景下，吉登斯和布尔迪厄又自觉地对社会学方法论进行了再思考，批判了客观结构主义和主观建构主义两种决定论观点，强调结构与行动之间的关系。他们的方法论虽然比传统的“结构-行动”二元论更加关注结构与行动之间的关系，但是却走向了“结构-行动”一元论。虽然吉登斯和布尔迪厄所使用的术语有很大不同，但是由于他们在本体论上强调社会结构和能动性的对应性，所以他们都被称为结构化理论者（Elder-Vass，2010：4；Parker，2000：108-113）。

首先，吉登斯和布尔迪厄都批判和解决社会结构决定论和主观建构决定论构成的“二元论”（dualism），即主观建构主义和客观结构主义之间的对立；但是，他们对结构和行动一致性和对应性的强调却走向了“结构-行动”一元论，认为结构和行动是同一的

（Barley & Tolbert，1997）。虽然他们所使用的术语有所不同，吉登斯和布尔迪厄都对客观结构主义和主观建构主义进行了批判，认为任何一种立场都足以解释社会现实。吉登斯认为，“在社会学和哲学中，行动和结构通常以相互对立的概念出现。一般来说，那些强调行动的思想流派对结构分析或社会因果关系关注甚少，或者束手无策；它们也没有将行动理论和制度转型结合起来……功能主义和结构主义（像符号互动论一样）优先考虑客体，而不是主体，或者优先考虑结构，而不是行动。功能主义者通常认为社会整体具有‘突现性质’，这种性质使得它与个体成员的性质相区别，因为它可以对成员的行为施加外在影响”（Giddens，1994/1979：49–52）。而吉登斯则主张，“结构不是外在于个体的：因为个体记忆可以保留结构，也因为结构能够在社会实践中得以具体化，所以结构在一定意义上是内在的，而不是像涂尔干所说的那样外在于行动”（Giddens，1984：25）。因此，由于结构是由规则和资源组成的，“社会行动的生产和再生产中对规则和资源的使用，同时又是系统再生产的过程”（Giddens，1984：19）。同样，布尔迪厄也对客观结构主义和主观建构主义进行了批判，并力图“超越这两种知识模式的对立，并保留两者的贡献”；以现象学为代表的主观建构主义“排除了主观体验所发生的条件，即客观结构和内化结构之间的一致性”；而客观结构主义“建立了理论知识和实践知识之间的根本对立”，因而忽视了客观结构存在的具体情境（Bourdieu，1990/1980：25–26）。为了说明客观结构是如何在主观建构和个人行动中存在并因而得以维持的，布尔迪厄使用了“惯习”（habitus）——稳定的认知和动机结构——的概念来说明结构的二重性。总体而言，惯习是一种心理结构，但是也是一种意象结构（embodied structure），即与客观社会结构存在一种相应性和一致性（Bourdieu & Wacquant，1992：12-14）。

其次，在吉登斯和布尔迪厄看来，“结构化”过程是结构与行动相对应的基础。“结构化”过程的概念虽然说明了行动中包含结构的因素，也将结构因素置入过程中进行考察，但是却包含结构决定论的因素。这种“结构化”过程尤其体现在他们都将名词“结构”（structure）变成了动词“结构”（structuring）、形容词“结构了的”（structured）或者表示过程的名词“结构化”（structuration）。吉登斯首先重新界定了“结构”概念以打破之前定义所暗含的结构功能主义假设：“在社会分析中，结构是指结构化的性质（strucuturing properties），这种性质可以在社会系统中凝固时间和空间；而且这种性质使得相似的社会实践存在于不同的时间和空间中，从而呈现出系统性的特征。”（Giddens，1984：17）这种结构化是一个使得结构在实际行动中得以存在和延续的过程。因此，结构化的过程也就是行动的过程。而且行动的过程具有明显的时间性，这尤其体现在吉登斯的“反思性监控”（reflexive monitoring）的概念上。“行动的反思性监控是日常行动的时间性特征；不仅包括某行动者的行为，也包括他人的行为。也就是说，行动者不仅持续地监控他们自己的行为，而且也期望其他人像他自己一样行事。”（Giddens，1984：5）同样，在布尔迪厄的理论中，惯习是被结构化的（structured），即惯习是客观条件的产物；同时，结构又是结构化的力量（structuring），即惯习通过其产生的实践活动又维持结构的存在（Boudieu，1977/1972：78-79）；因此，这里就涉及惯习的形成过程和作用过程。布尔迪厄尤其强调“实践”的概念，正是在实践中客观结构和主观结构在过程当中合二为一了：首先，实践因其时间性而成为一个过程；“实践是在时间中展开的……实践与时间性是不可分离的”（Bourdieu，1990/1980：81）；其次，实践是通过“惯习”在具体情境中的实现。

最后，吉登斯和布尔迪厄都强调行动者对结构的“无意识”，从而将“结构-行动”一元论和结构决定论推向极端，即行动者在内化结构的基础上无意识地、自然而然地遵从结构。在分析行动能动性的时候，吉登斯建立了一个“行动者的分层模型”（stratification model of the agent）。前面提到的行动的反思性监控知识是这个模型中最浅的、有意识的一层。除了反思性监控，行动者还可以进行行动的理性化（the rationalization of action），即“行动者——也例行公事地和从容不迫地——对他们的行动基础进行持续的理论性理解”（Giddens，1984：5）；此外，行动者的行动还包括行动动机。动机的一个关键性特征是：虽然说行动者可以话语性地说明他们的行动目的和理由，但是他们并不一定能够说明他们的动机，因此行动动机是无意识的。基于此，吉登斯强调了行动中所包含的实践意识和无动机的作用（Giddens，1984：5-7）。相似地，布尔迪厄的“惯习”概念是一种行动者意识不到的意象结构（embodied structure）。这种结构是在历史过程中形成的，并成为行动者的“第二自然属性”，即是行动者意识不到的、自然而然的性质。用布尔迪厄的话说，“在实践中，惯习是历史转变而成的自然，也就是（行动者）拒绝承认这一历史转变……这种无意识只不过是对历史的遗忘，而这种对历史的遗忘又是历史的产物，即历史将它所产生的客观结构内化为作为第二自然（second nature）的惯习”（Boudieu，1977/1972：78-79）。

三、“结构-行动”互构论：重回二元论

吉登斯和布尔迪厄的“结构-行动”一元论在结构与行动之间的关系问题上具有重要的理论启示。首先，与传统的“结构-行动”二元论相比，吉登斯和布尔迪厄的结构化理论更加强调结构与行动之间的关系机制，传统的二元论则更加关注其中一方的性质和作用，而没有详细说明两者的相互关系和关系机制。其次，与客观结构主义和主观建构主义的决定论相比，吉登斯和布尔迪厄虽然也走向了决定论，但对于结构与行动之间的关系机制进行了更加详尽的分析。

不过，在他们提出了结构化理论之后，结构化理论的解释力和本体论也受到了后结构化理论者的质疑[①]。从现实解释力上来说，苏维尔（Sewell，1992）和阿契尔（Archer，1982，1996）等人认为结构化理论是围绕“结构再生产”问题而发展起来的，因此不能很好地解释结构变迁问题。吉登斯和布尔迪厄的理论都隐含着“结构再生产”假设。[②]所谓“结构再生产”假设是指他们的结构化理论中所体现出来的对社会稳定性和延续性的强调，即行动者都通过

①所谓后结构化理论，是指在对结构化理论进行批判的基础上发展起来的、以保留结构和能动性的二元论为特征的社会理论；其代表理论家主要包括玛格丽特·阿切尔（Margaret Archer）、尼科斯·莫泽利斯（Nicos Mouzelis）、约翰·帕克尔（John Parker）、大卫·埃德尔-瓦斯（Dave Elder-Vass）以及其他批判实在主义的社会理论家。

②需要说明的是，吉登斯和布尔迪厄都曾经关注社会变迁问题。比如吉登斯在考察现代化过程时就考察了现代民族国家的崛起、由阶级划分社会向阶级社会的转型、当前反思性现代化的转向，以及作为现代性后果的全球化等等（Giddens，1981，1985，1990）。同样，布尔迪厄也曾经考察阿尔及利亚的社会转型，勾勒了传统社会和分化社会的区别等（Bourdieu，1977/1972，1979）。

有意识的行动过程“无意识地”再生产着“结构-制度”。这个过程可以从吉登斯的“社会实践”和“社会系统”的概念中发现。“按照结构化理论，社会科学的基本研究领域既不是个体行动者的经历，也不是社会整体的存在，而是超越时间和空间的、有序的社会实践。像自然界中自我再生产的事物一样，人类的社会活动也是重复发生的。”上面已经提到，结构化的过程同时也是系统再生产的过程，这里的社会系统是“由超越时间和空间而进行再生产的人类行动者的活动组成的”（Giddens，1984：25）。同样，布尔迪厄也强调惯习对社会再生产的作用。惯习是被结构化的是因为行动者的思想结构与客观结构相应；惯习是结构化的力量，因为惯习在行动中再生产着客观结构：“惯习，是调节情境性行为的、稳定的产生规则；惯习所产生的实践倾向于再生产客观条件中固有的规律性；而这些客观条件正是这些产生规则的客观条件。”（Boudieu，1977/1972：78）杰肯斯（Jekins，1992：56-62）就指出，虽然布尔迪厄的研究以批判结构主义为主线，但是最终并没有逃脱结构主义对结构稳定性的强调；他不过更加详细地说明了社会结构存在的微观机制。

从本体论上来说，后结构化理论批判了结构化理论的“中心合并主义”（central conflationism），并强调社会结构的突现性质（emergent property）。大卫·埃德尔-瓦斯（Elder-Vass，2010）吸取了罗伊·巴斯卡（Roy Bhaskar）的批判实在主义哲学，认为结构和能动性之间的不同性在于：社会实体具有作为其组成部分的社会个体所不具备的突现性质；这些突现性质是社会个体之间关系模式和互动方式的产物；这种突现性质也就是这些关系模式和互动方式的结构性质；这些社会实体的突现性质使得它对于社会个体具有因果力量（causal power），即能够影响社会个体的行为；而且社会个体也具有其本身的突现性质，因此作为社会实体的组成部分也具有结构性力量，只是处在不同的突现层次上。

因此，吉登斯和布尔迪厄基于“结构-行动”一元论发展的结构化理论能够解释“结构再生产”问题，却不能很好地解释结构变迁问题。这也需要对一元论和二元论的性质进行深入讨论。吉登斯和布尔迪厄的理论是针对“二元论”（dualism）提出的，但是他却混淆了“二元论”和“决定论”（determinism）概念，认为“二元论”就是主张其中一方具有决定性作用的“决定论”，包括客观结构主义和主观建构主义。吉登斯在谈到“强结构”和“强行动”的两种二元论时，就认为“强结构”的观点“认为行动者是被动的、无能的，只不过是外在力量的玩偶而已”（Giddens，1993：4）。但是，“二元论”并不必然导致“决定论”。二元论的根本特点是强调社会和个体具有不同的性质，因此需要采用不同的解释逻辑。这在涂尔干和韦伯的方法论中都有体现：他们的方法论也是“二元论”，只是对社会学的研究对象具有不同的理解。这种承认结构和行动具有不同性质，但集中考察其中一种现象的“二元论”所产生的不是“决定论”，而是温和的“社会结构理论”与温和的“社会行动理论”。帕克尔（Parker，2000：8-9）认为在客观结构和主观建构的关系上存在着四种立场：客观结构主义、主观建构主义、二重性或同一性（identity），以及二元论或不同性（non-identity）。在后结构化理论看来，综合客观过程和行动能动性并不一定要摒弃结构和能动性之间二元论或者两者之间的不同性；因此结构化理论强调二重性和同一性，而后结构化理论强调二元论或不同性。对后结构化理论者而言，强调结构和能动性之间的不同性不仅可以分析社会再生产过程，而且也可以研究社会整体是如何形成和变迁的，因为这些问题都假设社会系统的相对独立性、客观性和延续性（Mouzelis，1995：150）。

经典社会学家方法论和后结构化理论表明，“结构-行动”二元论并不必然导致决定论。面对“结构-行动”二元论基础上产生的两种决定论——客观结构主义和主观建构主义——及其不能解释结构与行动关系的缺陷，我们可以有两种选择：（1）吉登斯和布尔迪厄所采取的“结构-行动”一元论；（2）以“结构-行动”二元论为基础具体分析结构与行动的关系机制。“结构-行动”一元论关心的问题是“结构的实践性再生产”，而且在结构相对稳定的情形下，这种一元论可以说明结构通过行动而得以再生产的过程。但是，这种一元论并不能很好地解释社会结构变迁问题。因此，更好地理解结构变迁和结构再生产，我们必须重回“结构-行动”二元论。

重回“结构-行动”二元论，主要有四方面的意涵：（1）与经典社会学家的“结构-行动”二元论一致，强调社会与个人、结构与行动具有不同的性质，尤其是强调社会结构的“突显性质”；（2）整合经典社会学家的“结构-行动”二元论中对结构或行动的强调，更加关注结构与行动之间的相互关系；（3）与“结构-行动”一元论一样，“结构-行动”二元论反对客观结构主义决定论和主观建构主义两种决定论，强调结构与行动之间的相互关系；（4）与“结构-行动”一元论不同，“结构-行动”二元论同时关注结构再生产和结构变迁，从而提出更具解释力的社会学方法准则。言而总之，重回“结构-行动”二元论，是要反对客观结构主义决定论和主观建构主义决定论，提出“结构-行动”互构论，强调结构与行动之间的互构关系，从而更好地理解结构再生产和结构变迁。也是在强调结构与行动的互构机制的意义上，在吉登斯和布尔迪厄的基础上对“结构-行动”二元论的再思考，不同于传统的二元论，因为传统的二元论仅仅在强调结构与行动之间的不同性质及其互动关系，并没有具体说明结构与行动之间的相互构成的关系和机制。郑杭生和杨敏（2010）虽然使用了“互构论”一词，但总体而言并没有说明结构与行动、社会与个人之间的互构机制，因此仍然属于传统的二元论。下一部分将在此背景下，具体介绍吉登斯和布尔迪厄的一元论对结构和行动的关系机制的分析及其对结构和行动互构机制分析的启示。

四、“结构-行动”互构机制分析：重构一元论

吉登斯和布尔迪厄的“结构-行动”一元论，关注的问题是结构再生产问题，因此不能充分地理解结构变迁问题。一方面，为了更好地理解结构变迁及其中社会行动的能动性，我们需要重回“结构-行动”二元论。另一方面，我们需要在经典社会学家的“结构-行动”二元论的基础上，详细考察结构与行动之间的互构机制，从而建立“结构-行动”互构论。就结构与行动的互构机制而言，吉登斯和布尔迪厄详细分析了结构再生产过程中结构与行动的关系，因此从“结构-行动”二元论视角出发重构“结构-行动”一元论关于结构与行动关系的分析，可以从更一般的意义上说明结构与行动的互构机制。

围绕结构再生产问题，吉登斯和布尔迪厄以“结构-行动”一元论为基础的社会再生产中结构对行动产生影响的四种机制为：环境形塑、认知框架、价值导向和性情沉淀。首先是环境形塑

(shaping)。吉登斯和布尔迪厄都反对结构功能主义所蕴含的社会共识假设并吸纳了社会冲突因素；这尤其体现在他们对资源的不平等分配及统治关系的分析上。吉登斯（Giddens，1984：33）认为，"统治关系依赖于对两种不同类型的资源的动员。配置型资源指对客观事物、物品或物质现象进行支配的能力——或者更准确地说，转换能力。权威性资源是对人或行动者进行支配的转换能力"；而且，这两种资源的分配通过限制和协助社会行动而形成了社会互动中的权力关系；这种权力关系也具有共享性和重复性。也就是说行动者的行动条件和生活条件是受结构性资源分配关系形塑的。相似地，布尔迪厄也认为，无论是在传统社会的社区场域中，还是在分化社会的社会空间中，各种资源的不平等分配也导致了社会不平等和权力关系。根据研究的场域不同，布尔迪厄提出了多种对资本进行概念化的方式，包括文化资本、社会资本、经济资本、技术资本、学术资本等等；但是在各个场域中，资本总量、资本构成和人生经历使得行动者分化开来形成了社会不平等和权力关系；而且布尔迪厄也认为占据某社会地位的行动者会形成相应的认知结构、价值观念和行动取向（Bourdieu，1986，1984，2005，2004）。从后结构化视角来看，社会结构会通过资源分配影响社会成员的生活条件、行动背景和行动能力。

其次是认知框架（framing）。吉登斯（Giddens，1984：29）使用"解读图式"（interpretative scheme）来说明行动者在话语意识中对行动的说明、解读和沟通；这些解读图式是行动者知识库存中的分类模式。这些解读图式在社会互动的生产和再生产中重复使用，因此它们不仅仅存在于时空背景中用来说明具体的行动内容，它们还具有超越时空背景的结构化因素——意义体系（signification）。

从“分析性二元论”的观点来看，意义体系是社会结构的突现性质的一个方面；二者这种意义体系可以架构行动者的解读图式，对时间、空间和行动进行说明、解读和沟通。从社会再生产的角度看，这些意义体系因具有共享性和重复性而有助于社会整合和社会再生产。同样，布尔迪厄也指明惯习由两部分组成：其一是认知结构；其二是动机结构。这里的认知结构就是行动者对自然、社会和自我的解释框架。布尔迪厄（Bourdieu，1979）对于阿尔及利亚农民的分析显示，人们的理性能力（rationality）是受他们的生活条件限制的；只有在生活稳定的基础上，他们才理性（rationality）地思考未来；否则，他们只能生活在传统的、合理（reasonable）的思考习惯中。

再次是价值导向（orienting）。吉登斯（Giddens，1984：30）认为，社会互动中的规范性因素（normative component）说明其合法性，从而进行社会权利义务结构的再生产过程。社会互动通过价值规范对行动者及其具体行为进行评估和奖罚；与认知框架相似，这些价值规范虽然存在于具体社会行动中，但是它们也具有超越时空的性质，即具有共享性和重复性，但是这些价值规范又组成了结构化性质的另外一个因素——合法性（legitimation）。这里就涉及布尔迪厄所说的动机结构了。布尔迪厄（1958；1979）认为传统社会和现代社会的动机结构是不同的；比如在传统社会中，劳动（labor）就是一种荣誉，而不仅仅是一种谋生手段；只有在现代社会中，工作（employment）才成了一种谋生手段。

最后是性情沉淀（conditioning）。如果采用“分析性二元论”的立场，我们可以说客观结构的环境形塑是一个客观机制，因为它关注的外在的资源配置状态及其对行动者生活环境的影响；而认知框架和价值导向则是主观机制，因为两者涉及行动者所具有的意象结构。但是如果意象结构，像主观建构主义所说的那样，是不稳定的、情境性的，那么动机和认知的变化会导致改变结构的行为，而不是社会再生产。事实是，结构化理论认为行动者的认知和动机是稳定的、无意识的。问题是：这种稳定的意象结构是如何形成的呢？借用布尔迪厄的话说这是一个历史沉淀的过程，即在历史沉淀过程中人们形成了一种相对稳定的、无意识的性情。这种性情通过上面说的三种机制而与客观结构产生一种契合关系；这种性情使得情境性的行为具有一种不变的结构性、重复性和共享性。同时吉登斯所说的行动例行化（routinization）和区域化（regionalization）作为外在的行为模式也是基于行动者的性情沉淀的。

从“结构-行动”二元论的角度来看，吉登斯和布尔迪厄关注的是结构再生产问题，虽然说明了结构与行动之间的关系，但没有在结构与行动的互动过程中在更加一般意义上讨论结构变迁问题。另一方面，他们在结构再生产背景下对结构和行动关系的考察为在更加一般意义上考察结构与行动的互构机制提供了分析框架。总体而言，“结构-行动”互构论由两个方面组成。首先，“结构-行动”互构论强调结构的多样性和结构变迁的绝对性。针对结构化理论不能充分解释结构变迁的问题，苏维尔（Sewell，1992）特别强调结构变迁的可能性。从原因上来说，苏维尔也认为，“很多关于社会变迁的结构分析强调变迁源于系统之外，然后再描述结构变迁过程”。但是这种分析并没有讨论结构变迁过程中社会内部的运行。因此，他又从内部视角说明了结构变迁的可能性：结构多样性（multiplicity），即结构包括不同层次、不同形式、依赖不同类型和数量的资源的、多样化的结构，而且这些结构之间会出现矛盾和冲突；阐释框架的移植性（transposability），即行动者可以使用的阐释框架可以应用于广泛的情境中，因此某一种结构产生的认知方式会改变其他的结构；资源积累的不可预测性（unpredictability），由于阐释框架具有移植性，这也会导致资源积累的不可预测性；资源使用的多样性（polysemy），资源可以用不同的框架进行阐释；结构的相互交织（intersection），即前面所说的各种因素会导致各种结构相互重叠、相互交织。但是，“结构-行动”互构论，不仅强调结构变迁的“可能性”，而且强调结构变迁的“绝对性”。如果我们承认行动的“能动性”，任何一个行动都会对结构产生一定的影响，至少行动会改变具体情境中的结构。在绝对的结构变迁中，结构再生产是一种相对状态；这种相对状态的界定也要放在具体的分析中进行界定。

第二，互构论要强调行动者的能动性及其对结构变迁和结构再生产的影响机制。在强调结构变迁的绝对性的基础上，我们可以使用吉登斯和布尔迪厄对结构再生产机制的分析来说明结构变迁的机制。首先，在环境资源维度上，结构与行动的互构不仅体现在现有环境对行动的“形塑”上，也包括行动“重塑”（re-shaping）环境资源配置结构的能动性。其次，在认知方式维度上，结构与行动的互构不仅体现在现有认知框架对行动的“框架”上，而且也体现在行动“重释”（re-interpreting）周围世界并改变认知方式的能动性上。第三，在价值规范维度上，结构与行动的互构不仅体现在现有价值规范对行动的“导向”上，而且也体现在行动“重估”（re-evaluating）周围世界并改变价值规范的能动性上。第四，在性情形成维度上，结构与行动的互构不仅体现在现有结构在行动中的“沉淀”，也体现在行动“反思”（reflecting）结构并改变结构的批判性情上。第五，由于结构的多样性、阐释框架的移植性、资源积累的不可预测性、资源使用的多样性以及结构的重叠性，环境资源、认知方式、价值导向和行动倾向之间也会出现相互冲突和矛盾，因此环境"重塑"、认知"重释"、价值"重估"和习性"反思"之间也是相互联系，甚至是相互矛盾的，其中一个方面的变化会引起另外一个方面的变化。

综上所述，为了确定社会学的研究对象从而确立社会学的学科地位，经典社会学家涂尔干和韦伯分别强调社会结构和社会行动的重要性，并提出了不同的社会学方法准则。但是，涂尔干对社会结构的强调和分析，并不是要发展客观结构主义的决定论；韦伯对社会行动的强调和分析，也不是要提出主观建构主义的决定论。相反，涂尔干和韦伯都持有"结构–行动"二元论的本体论；另一方面，由于关注社会学研究对象的确立，他们也没有系统地考察结构与行动之间的关系机制。由于客观结构主义和主观建构主义之间的争论分别显明了对方的不足，吉登斯和布尔迪厄更加关注结构与行动之间的关系机制。但是由于他们关心的问题是结构再生产，因此他们走向了"结构–行动"一元论，不能解释结构变迁问题。为了更好地解释结构再生产和结构变迁的性质和发生机制，我们需要重回"结构–行动"二元论，并重构"结构–行动"一元论对结构和行动之间关系机制的分析，从而建立"结构–行动"互构论，强调结构的多样性和结构变迁的绝对性，具体说明行动者的能动性及其对结构变迁和结构再生产的影响机制。

参考文献

张静，2000，《基层政权:乡村制度诸问题》，杭州：浙江人民出版社。

郑杭生，杨敏，2010，《社会互构论:世界眼光下的中国特色社会学理论的新探索——当代中国“个人与社会关系研究”》，北京：中国人民大学出版社。

Archer, Margaret 1982, “Morphogenesis versus Structuration: on Combining Structure and Action.” *The British Journal of Sociology*, 33(4).

—1996, “Social Integration and System Integration: Developing the Distinction.” *Sociology* 30(4).

Barley, Stephen R. & Pamela S. Tolbert 1997, “Institutionalization and Structuration: Studying the Links between Action and Institution.” *Organization Studies* 18(1).

Barlibar, Etienne 2007, *The Philosophy of Marx*. London and New York: Verso.

Bourdieu, Pierre 1958, *The Algerians*. Boston, M.A.: Beacon

—1977/1972, *Outline of a Theory of Practice*. New York, N.Y.: Cambridge University Press.

—1979, *Algeria 1960*. New York, N.Y.: Cambridge University Press.

—1984, *Distinction*.Cambridge, C.A.: Harvard University Press.

—1986, *The Forms of Capital*. Westport, C.T.: Greenwood.

—1990/1980/, *The Logic of Practice*. Stanford, C.A.: Stanford University Press.

—2004, *Science of Science and Reflexivity*.Cambridge: Polity Press.

—2005, Principles of an Economic Anthropology. in Neil J. Smelser and Richard Swedberg (eds.), *the Handbook of Economic Sociology*. Princeton, NJ: Princeton University Press.

Bourdieu, Pierre, Jean-Claude Chamboredon & Jean-Claude Passeron 1991, *The Craft of Sociology: Epistemological Preliminaries*. New York, New York: Walter de Gruyter.

Bourdieu, Pierre & Loïc J. D. Wacquant 1992, *An Invitation to Reflexive Sociology*. Cambridge, UK: Polity Press.

Durkheim, Emile 1982, *The Rules of Sociological Method*. New York, New York: The Free Press.

Elder-Vass, Dave 2010, *The Causal Power of Social Structure*. New York, N.Y.: Cambridge University Press.

Giddens, Anthony 1981, *A Contemporary Critique of Historical Materialism vol. 1: Power, Property and the State*. Berkeley and Los Angeles, C.A.: University of California Press.

—1984, *The Constitution of Society*. Cambridge, U.K.: Polity Press.

—1985, *A Contemporary Critique of Historical Materialism vol. 2: the Nation-State and Violence*. Berkeley and Los Angeles, C.A.: University of California Press.

—1990, *The Consequences of Modernity*. Cambridge, U.K.: Polity Press.

—1993, *New Rules of Sociological Method: A Positive Critique of Interpretative Sociologies*. Stanford, California: Stanford University Press.

—1994/1979, *Central Problems in Social Theory*. Berkeley and Los Angeles, C. A.: University of California Press.

Jekins, Richard 1992, *Pierre Bourdieu*. London and New York: Routledge.

Mouzelis, Nicos 1995, *Sociological Theory: What Went Wrong?* London, U.K.: Routledge.

—1997, "Social and System Integration: Lockwood, Habermas, Giddens." *Sociology* 31(1).

Parker, John 2000, *Structuration*. Buckingham and Philadelphia: Open University Press.

Reed, Michael I. 1997, "In Praise of Duality and Dualism: Rethinking Agency and Structure in Organizational Analysis". *Organization Studies* 18(1).

Sewell, William H. 1992, "A Theory of Structure: Duality, Agency, and Transformation". *American Journal of Sociology* 98(1).

Weber, Max 1978, *Economy and Society: An Outline of Interpretive Sociology*. Los Angeles, California: University of California Press.

许琪．大数据大在何处:数据量大的价值及分析策略[M/OL]//赵联飞,赵锋．社会研究方法评论:第 1 卷．重庆:重庆大学出版社．

大数据大在何处：数据量大的价值及分析策略

许　琪[1]

摘要：本文从“数据量大”这一个角度分析了大数据相比抽样调查的优势以及研究者应该如何利用好这一优势开展大数据研究。主要结论为：第一，大数据可以消除随机性抽样误差，但由此带来的估计精度上的提升并不大，而大数据在覆盖偏差方面的缺陷使其在代表性上往往不如传统抽样调查；第二，大数据是一个非概率样本，但因为其数据量极大，研究者可以通过非常精细的事后分层调整获得对总体真值的有效估计；第三，利用数据量大的优势，研究者可以使用大数据更好地研究稀有事件，分析总体异质性并发现细微差异，所以，数据量大的真正价值在于“细”，即研究者应当使用大数据开展更加精细化的研究。

关键词：大数据；抽样误差；覆盖偏差；非概率样本；事后分层

①作者简介：许琪，博士，南京大学社会学院副教授，研究方向主要为社会学量化研究方法、婚姻与家庭、社会分层与不平等。联系方式：xuqi19870527@163.com。

Abstract: This study analyzes the value of bigness for big data compared to traditional survey data and how to use this advantage to do social research. The main conclusions are as follows. First, big data can eliminate random sampling error, but the resulting improvement in estimation accuracy is not great, and the shortcomings of big data in coverage bias make it often inferior to traditional sampling survey in representativeness. Second, big data is a non-probabilistic sample. However, due to the large amount of data, researchers can obtain accurate estimates of population parameters through very elaborate post-stratification adjustment. Third, with the advantage of large amount of data, researchers can use big data to better study rare events, analyze overall heterogeneity and find subtle differences. Therefore, the real value of bigness for big data lies in "fineness", that is, researchers should use big data to carry out more elaborated studies.

Key words: Big Data; Sampling Error; Coverage Bias; Non-probabilistic Sample; Post-Stratification

一、引言

近年来，随着移动互联网、电子传感器等电子信息技术和通信技术的迅猛发展以及计算机在存储和分析大规模数据方面能力的增强，大数据正以一股不可逆转之势席卷商界、政界和学界。与商界和政界对大数据相对开放和包容的态度不同，学术界关于大数据的争论始终不绝于耳。一些学者旗帜鲜明地指出，社会科学应当“拥抱大数据”（孙秀林、施润华，2016），认为大数据为社会科学研究提供了新的数据来源、新的分析工具、新的理论化方向，甚至一种新的研究范式（刘林平等，2016；陈云松等，2016；罗玮、罗教讲，2015）。但与此同时，也有不少学者批评大数据（鲍雨，2016；赵超越，2019），认为大数据剪裁现实生活，忽视社会情境，抹煞主体建构，取消生活意义，以致从其诞生之初就带有“原罪”（潘绥铭，2016）。本文无意对上述争论进行评判，因为社会科学的研究方法本身就是多元的，任何一种方法都有其优势，也有其缺陷，没有一种能绝对压倒另一种。长期以来，社会科学内部就有科学与人文之争，现在则有定性与定量之争、小数据与大数据之争等，这种争论永远不会停止。与其进行无休止的争论，不如充分认识并利用好每一种方法的优势，使其更好地为社会科学研究服务。基于上述认识，本文旨在从“数据量大”这一个角度探讨大数据的价值以及如何正确利用大数据的这一优势开展社会科学研究。

当下关于大数据的研究普遍认为，数据量大是大数据的一个本质特征，也是大数据和抽样调查数据在直观上最明显的区别。例如，维基百科就是根据数据的量级来定义大数据的，认为大数据是“数据量规模大到无法通过人工在合理时间内达到截取、管理、处理并整理成为人类所能解读的信息”的数据（转引自张文宏，2018）。在一些关于大数据的著作中，学者们通常用3个、5个或7个以V开头的英文单词概括大数据的特点，但无论如何，数据量大（volume）始终是其中之一，且通常排在首位（Salganik，2018）。这种对数据量大的强调结合“大总比小好”的一般性认知使得社会各界都对大数据存在一种普遍乐观的判断，即大数据至少在数据量

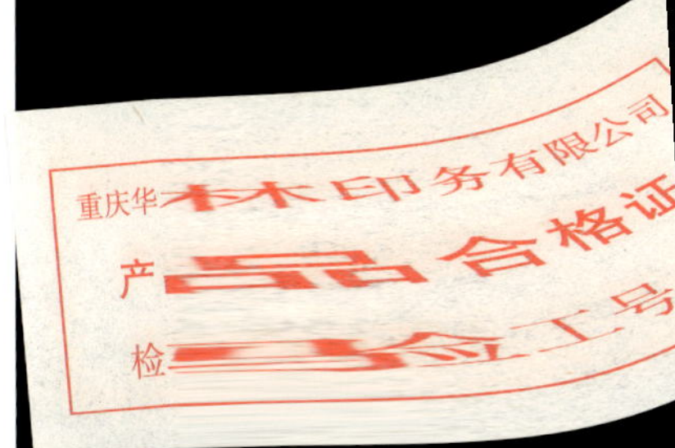

上拥有小数据无可比拟的优势。但是，这种判断却很少经过充分的理论思考和实证检验。如果说数据量大是大数据的一种内在优势，那么它体现在哪里？与传统的抽样调查相比这种优势有多大？社会科学家该如何利用大数据的这一优势开展社会科学研究？对这些问题，以往的研究不仅很少涉及，而且包含不少认识上的错误。本文将结合理论和案例论证数据量大对大数据的真正价值，反思一些研究对大数据的盲目崇拜，指出数据量急剧提升之后的研究进路和分析策略，从而为更好地开展大数据研究提供帮助。

二、大数据与抽样误差

如前所述，大数据的一个显著特点就是“大”。而且，大数据的“大”不仅是就其数据量本身而言，更重要的是其所宣扬的“要总体而非样本”的数据采集理念。正如维克托·迈尔-舍恩伯格和肯尼斯·库克耶（2013）所指出的，大数据相对于抽样调查数据的一个本质特征就是大数据“不是随机样本，而是全体数据”。换句话说，大数据的采集可以跳过抽样环节，而直接面对总体本身。正因如此，很多大数据的使用者宣称自己采集的数据没有抽样误差。但事实果真如此吗？要回答这个问题，就必须先弄清楚什么是抽样误差。

（一）大数据与随机性抽样误差

抽样误差是抽样调查领域的一个专业术语，它有广义和狭义之分。狭义上的抽样误差特指在抽样环节产生的随机性误差（Groves et al.，2009）。这种误差是样本的随机波动导致的，只要采用抽样，就必定会有随机性抽样误差。而要彻底消除这种误差，就必须进行普查。大数据的支持者认为，大数据是一个“全体数据”，也即普查数据。所以从这个角度来说，大数据确实没有随机性抽样误差。但是，这仅仅是基于抽样理论的推演，在实践层面，我们还需追问的一个问题是，大数据能将随机性抽样误差降低多少？或者说，与通常使用的抽样调查数据相比，大数据在降低随机性抽样误差方面的优势有多大？

要回答这个问题，我们首先看一下表1。这张表描述了在简单随机抽样条件下在不同的置信水平和允许误差范围内所需的最小样本量。从该表可以发现，如果置信水平为95%、允许误差为3%，我们只需调查1067人就足够了。这并不是一个很大的样本，但是就一般的分析和预测来说已经足够精确了。所以在一些抽样调查专家眼中，抽样是一个非常经济且有效的方法，以至于基什早在20

表1　简单随机抽样条件下不同的置信水平和允许误差范围对应的最小样本量

允许误差	置信水平	
	95%	99%
1%	9604	16589
2%	2401	4147
3%	1067	1849
4%	600	1037
5%	384	663
6%	267	461
7%	196	339

资料来源：袁方、王汉生，1997，《社会研究方法教程》，北京：北京大学出版社。

世纪60年代就建议美国政府，没有必要再做十年一次的人口普查，而应改为更加频繁的抽样调查（Kish，1965）。因为在基什看来，一个设计良好的抽样调查完全能够胜任普查的基本功能，而且比普查便宜得多。

抽样调查真的能替代人口普查吗？不熟悉抽样调查的读者可能会对此感到疑惑。但事实确实如此，我们可以通过北京大学社会科学调查研究中心执行的2010年“中国家庭追踪调查”（CFPS）数据与第六次人口普查数据的对比来说明这一点。图1的左半部分是根据2010年第六次人口普查数据绘制的中国人口的性别年龄金字塔，而右半部分则是根据2010年的CFPS数据绘制的性别年龄金字塔。从肉眼来看，二者几乎没有差别。但是，右图是基于一个3万余人的样本得到的，而左图基于的则是13多亿人的人口普查。

通过上述分析可以发现，如果抽样方法使用得当，一个中等规模的样本完全可以满足基本的分析需求，甚至不输于普查。这是不是意味着大样本就没有用处呢？当然不是，从表1可以发现，样本量越大，抽样的随机误差就越小，同时我们进行统计推断的把握性也越高，所以大样本还是能提高抽样精度的。不过，样本容量增加所能带来的抽样精度的提高是边际递减的。从表1可以发现，同样是95%的置信水平，允许误差从3%降到2%只需额外调查1300多人，从2%降到1%就需额外调查7200多人，而要从1%降低到0就要进行普查。总而言之，大样本虽好，但一味追求大样本并没有太大必要。特别是将调查成本与收益合在一起考虑以后，传统的抽样调查一般不会选择太大的样本。

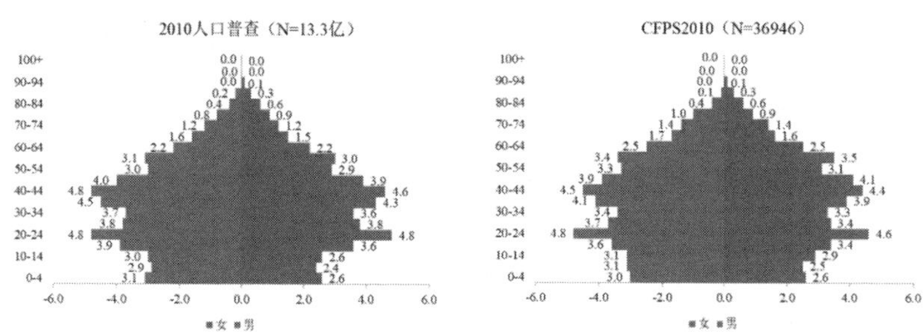

图1　2010年人口普查和CFPS2010的性别年龄金字塔

但是，大数据与传统抽样调查的一个重要区别在于，它的采集成本不会随数据量的增加而急剧上升。这导致在很多情况下，大数据的使用者没有必要在已获取的全体数据中再抽一个样本。但是，我们不该因此就对大数据在估计精度上抱有太高的期待，也不该因此对抽样调查数据过分贬损。因为从前文的分析不难看出，大数据虽然可以消除随机性抽样误差，但因此带来的好处并不大。而且，一旦我们综合考虑更加广泛且隐蔽的抽样偏差（sampling bias），那么大数据在降低随机性抽样误差方面的优势可能根本不值一提。

（二）大数据中的覆盖偏差

前文曾指出，狭义上的抽样误差特指随机性抽样误差，但从广义上讲，抽样误差还包括非随机性的抽样偏差。这种偏差不是因为抽样所致，所以也不会因为样本量无限增大或采用普查而得以消除。因此，即便是以“全体数据”著称的大数据也依然会存在抽样偏差，特别是覆盖偏差（coverage bias）。

覆盖偏差指的是调查总体与抽样框不一致导致的偏差。在调查研究中，调查总体是研究者想要推论的目标总体，这个总体往往过于抽象，在实践中必须先操作化为一份具体的名单，才能实施后续的抽样。这份名单就是抽样框。在理想情况下，抽样框要与调查总体中的元素做到一一对应，不重不漏。但实际上，这种完美的抽样框很难获得，因此，几乎所有抽样调查都或多或少存在覆盖偏差。以前文所说的CFPS为例，该调查的目标总体是2010年拥有中国国籍且居住在中国的公民。但因各种缘故，实际使用的抽样框仅覆盖了25个省、市和自治区的人口，覆盖面约占调查总体的94.5%（谢宇、胡婧炜、张春泥，2014）。那些没有被抽样框覆盖到的部分就有可能产生覆盖偏差，只不过因为CFPS的抽样框与调查总体很接近，这种偏差并不严重。但是，如果使用的抽样框与调查总体差异很大，就有可能产生非常严重的覆盖偏差。

1936年发生的“兰顿总统”事件是说明覆盖偏差的一个绝佳案例。虽然这个案例发生于80多年之前，但它对当下大热的大数据依然有很多启示。在1936年美国总统大选前夕，一个叫《文学文摘》的杂志想要通过民意调查来预测大选结果。为了达到这个目的，野心勃勃的《文学文摘》决心开展一次史上规模最大的民意调查——调查1000万人（这在当时绝对可以称得上大数据了）。调查结果显示，兰顿的支持率高达57%，而作为竞争对手的罗斯福的支持率只有43%，因而该杂志放出豪言，说兰顿将以史上最大的优势击败罗斯福成为新一任美国总统。然而，实际的结果却是罗斯福以史上最大的优势（61%的得票率）击败了兰顿。结果公布以后，舆论一片哗然。作为调查发起者的《文学文摘》自然英明扫地，这连带整个抽样调查界都受到了波及。既然一个覆盖1000万人的调查都能出现如此大的偏差，那还有什么调查是可以相信的呢？为了挽回声誉，抽样调查界开始彻查这次调查失准的原因。结果发现，其中最重要的一个原因是调查的抽样框选择不当。《文学文摘》的调查样本是从美国当时的电话簿和车牌登记名单中选出的，这大概只覆盖了全美35%的人口。更为糟糕的是，在1936年美国经济大萧条时期，能用得起电话和开得起汽车的都是高收入者，这些人的政治态度比较保守，大多反对罗斯福的新政；相比之下，罗斯福的改革赢得了很多穷人的支持，当占美国人口主体的穷人都把票投给罗斯福以后，罗斯福以压倒性的优势当选也就不足为奇了。“兰顿总统”事件在抽样调查史上具有极为重要的意义。一方面，这次事件以后，覆盖偏差作为一个重要的误差来源开始进入抽样调查研究的视野；另一方面，这次事件也破除了调查界对大样本的迷信，自此之后，抽样调查界开始更加理性地看待样本容量问题。而这两方面也可以帮助我们更加清醒地认识以数据量大著称的大数据。

前文提到，覆盖偏差是抽样框与调查总体不一致而导致的偏差。在“兰顿总统”事件中，《文学文摘》想要调查的目标总体是所有美国选民，而抽样框则是电话簿和车牌登记名单，由于二者存在很大出入，这导致其调查结果与最终票选结果存在很大偏差，而且，这种偏差不会因为《文学文摘》把电话簿和车牌登记名单上的美国人都调查遍（即不抽样）就能消除。总而言之，有无覆盖偏差与普查还是抽样调查没有直接关系，因此，无论是传统的抽样调查还是号称是“全体数据”的大数据，都可能存在覆盖偏差。而且在很多时候，大数据的覆盖偏差问题比传统抽样调查更严重、更隐蔽。

举例来说，当下很多学者使用的大数据源自互联网，如使用微博数据研究社会心态。当然，微博数据确实包含很多有价值的信息，而且相比抽样调查数据在很多方面具有得天独厚的优势（如实时性和低成本）。但不可否认的是，使用微博的只是一部分人，而且在所有微博用户中也有活跃和不活跃之分。既然如此，那么微博数据真正反映的是谁的心态呢？微博用户？网民？还是其他未知的总体？我想这个问题很难回答，但有一点是确定无疑的，它肯定不是一些研究者所宣称的全体公民。这些研究者的错误在于偷换了一个概念，即，将微博数据的总体（抽样框）等同于全体公民（调查总体），而且这个错误无法通过搜集全体微博数据来弥补。就像在“兰顿总统”事件中，即使《文学文摘》能够将电话簿和车牌登记名单上的美国人一网打尽也不能扭转其预测失败的结局。

在大数据应用领域，类似这样无视覆盖偏差的例子并不罕见。而且，大数据本身的数据量极大，这很容易使研究者和受众产生一种幻觉，即大数据不存在代表性问题，就像1936年的美国民众在看到《文学文摘》做的1000万人调查时产生的幻觉一样。我想，在一个数据量爆炸的时代，我们只有比1936年的美国人更加清醒，才有可能从琳琅满目的大数据中获取有价值的东西。

三、作为非概率样本的大数据

综上所述，从降低抽样误差的角度看，大数据并未因为数据量大而比抽样调查高明很多。虽然以全体数据著称的大数据可以将随机性抽样误差降为0，但只要抽样方法使用得当，抽样调查也可将这种误差控制在一个可接受的范围内。而且，如果考虑非随机性的覆盖偏差，那么大数据相比抽样调查反而处于劣势。由于大数据往往缺乏定义明确的目标总体，一些学者甚至认为，大数据在本质上就不是概率样本，而是非概率样本（金勇进、刘展，2016）。

众所周知，抽样调查领域存在两种不同的抽样方法：一是概率抽样，二是非概率抽样（巴比，2020）。尽管在调查研究发展的早期，这两种抽样方法都在被使用，但如今概率抽样已处于绝对的主导地位，而且很多研究人员对基于非概率抽样得到的结论持极度怀疑的态度（Salganik，2018）。这主要是因为通过非概率抽样得到的样本缺乏明确的目标总体，更无法对总体进行严格的统计推断。正因如此，一些大数据的支持者不愿意接受大数据是非概率样本的事实。然而，正如下文将要指出的，大数据由于其数据量大这一得天独厚的优势，反而使非概率样本具备了推断总体的条件。而且，随着大数据的流行，非概率抽样这一逐渐被学界摒弃的抽样方法有可能在不久的将来重获新生。

（一）对非概率样本的事后分层调整

从理论上讲，非概率样本无法推断总体。但是，基于一些假定，并通过恰当的统计调整，基于非概率样本依然可以得到对总体的准确推断。现有研究已经提出了多个基于非概率样本的统计调整方法（金勇进、刘展，2016），本节要着重介绍的一种方法是事后分层（post-stratification）。

对非概率样本的事后分层调整并不复杂。首先，我们需要根据一定标准将样本分为k个层，并计算样本中每个层占样本的百分比（p_1、$p_2 \cdots p_k$）以及研究的核心变量（如Y）在每个层的均值（$\overline{Y}_1$、$\overline{Y}_2 \cdots \overline{Y}_k$）。然后，我们还需再算出总体中每个层的占比（$P_1$、$P_2 \cdots P_k$）。最后，基于以下公式，就可以得到经过事后分层调整以后的Y的总体均值的估计值。

$$\overline{Y}_{post} = \sum_{i=1}^{k} \frac{P_i}{p_i} \overline{Y}_i = \sum_{i=1}^{k} w_i \overline{Y}_i \tag{1}$$

从公式（1）不难看出，事后分层在本质上就是一个加权平均，其权重（w_i）为各层在总体中的百分比与样本百分比之比（$\frac{P_i}{p_i}$）。该方法得以成立的一个前提条件是基于样本计算得到的层内样本均值（$\overline{Y}_i$）与总体真值（μ_i）相等。那么在什么情况下，这个前提条件才能得到满足呢？这个问题很难回答，但学者们普遍认为，层的划分越细，$\overline{Y}_i=\mu_i$越可能得到满足（Salganik，2018）。

举例来说，我们想要通过一个非概率样本估算育龄妇女的意愿生育水平。考虑到直接计算会产生较大的偏差，所以参照以往研究，我们决定采用事后分层法进行调整。首先，考虑到城市和农村的生育意愿差异很大，我们先将样本分为城市和农村两个层，并计算出样本中城市和农村的占比，总体中城市和农村的占比以及样本中城市和农村育龄妇女在生育意愿上的均值。根据公式（1），我们可以很容易地算出对城乡这一个变量进行事后分层调整以后的平均生育意愿。但是，这步调整是否有效在很大程度上取决于总体中分城乡的生育意愿与样本中的结果是否相同。考虑到除城乡之外，样本中育龄妇女的构成与总体还存在很多其他方面的差异，如样本中育龄妇女的年龄可能偏小，而年龄也是影响生育意愿的一个重要因素，因此，仅根据城乡分层无法得到准确的结果。那该怎么办呢？通常的做法是在城市和农村内部继续分层。例如，我们可以在城市和农村内部再按受访者的年龄分层，并按照与之前类似的方法，算出对城乡和年龄两个变量进行事后分层调整以后的平均生育意愿。这样，我们就可以完全排除城乡和年龄两个变量对估计结果的干扰。但是，这样可能还不够，我们可能还需要继续根据教育、收入、职业、地域等多个变量分层，以排除尽可能多的干扰因素。如果这一过程可以无止境地进行下去，那么事后分层的效果必然会越来越好。但是，随着分层指标的增加，层也会变得越来越细，如果层分得过细，每个层内部的样本量就会不足，甚至出现空层。这是一个矛盾，特别是在样本量有限的情况下，这种矛盾没有办法得到解决。但是，如果我们面对的是一个大数据呢？

（二）大数据如何助力事后分层

为了说明大数据如何助力事后分层，我们先看一个案例。这个案例也与美国的总统大选有关。前文曾经提到1936年的“兰顿总统”事件告诉我们，如果使用的是一个非概率样本，那么样本量再大也无济于事。但是，接下来将要介绍的这个案例将在很大程度上改变这种看法。

事情发生在2012年，这次竞争的双方是罗姆尼和奥巴马。与以往的美国总统大选类似，在结果公布之前，很多民意调查公司都在通过传统的电话调查法对大选结果进行实时预测。与此同时，王伟等四名学者（Wang et al.，2015）也在进行预测。但是与那些民调公司的做法不同，他们基于一个由游戏用户组成的非概率样本进行预测。尽管他们所用的样本量很大（345858人），但早年《文学文摘》的惨败经历使得他们的预测结果并不被同行看好。特别是，他们的样本构成与美国选民差异很大。例如，18～29岁选民在总体中占19%，而在王伟等学者的样本中却占65%，男性选民在总体中占47%，而在他们的样本中则占93%。基于一个偏差如此之大的样本，直接计算必然会产生非常有误导性的结果。王伟等人直接从样本计算发现，罗姆尼将以绝对优势战胜奥巴马（事实上最终获胜的是奥巴马），这样的结果很容易让人想起1936年的“兰顿总统”事件。但是，在使用一种被他们称为基于多层次回归模型的事后分层调整法（multilevel regression with post-stratification，MRP）之后，王伟等学者得到了与实际大选结果非常接近的样本估计值，其估计精度甚至比民意调查公司还要高。

具体来说，他们首先按照性别（2类）、种族（4类）、年龄（4类）、教育程度（4类）、州（51类）、党派（3类）和意识形态（3类）以及2008年大选时的投票选择（3类）将样本分为了176256个层，然后采用上一节介绍的事后分层法对计算结果进行调整。值得注意的是，由于他们的样本量很大，这使得他们可以进行非常细致的分层。但即便如此，仍有一些层的样本量很小，甚至为0。为了避免这些层对估计结果的干扰，他们使用了多层次回归模型，以对那些样本量很小的层进行更加稳健的估计。在这个例子中，王伟等学者使用的仍是一个样本量有限的调查数据，而不是真正意义上的大数据。可以想象，如果他们可以获得大数据，那么完全可以进行更加细致的分层，甚至无需使用多层次回归模型就可得到最终结果。由此可见，数据量大是进行有效事后分层调整的必备条件，而以数据量大著称的大数据无疑在这个方面具有得天独厚的优势。因此，虽然大数据在本质上是非概率样本，但依然可以对总体进行较为准确的推断。

四、大数据的三种分析策略

上文的各种讨论都是围绕代表性问题展开的。我们认为，大数据在代表性上并不比传统的抽样调查更有优势，如果真要说有什么优势的话，那么它也只是针对非概率样本而已。因此，数据量大并不能确保研究者基于大数据就一定能得到比传统抽样调查更加准确的结论。但是，当研究者面临以下三种情况时，大数据却会拥有小数据所无法比拟的优势（Salganik，2018）。

（一）研究稀有事件

首先，大数据特别适合用于研究稀有事件。稀有事件指的是发生率很低的事件，因为发生率低，抽样调查的代表性往往出现不足。举例来说，笔者曾使用2005年全国1%人口抽样调查数据研究中国人使用母亲的姓和新复姓（将父姓和母姓结合起来）给子女命名的趋势和影响因素（许琪，2021）。在中国“子随父姓”传统的影响下，随母姓和新复姓的发生率都很低（约1%），如果我们使用传统的抽样调查数据，很难得到什么有价值的发现。这主要是因为抽样调查数据的样本量多在1万人左右，基于这样的数据规模，我们根本无法准确估算总体中随母姓和使用新复姓的百分比，更不用说去研究这两种现象随时间的变动趋势和地区差异了。而2005年全国1%人口抽样调查数据的样本量达到了258万，这就为我们全面研究中国人随母姓和使用新复姓这两个稀有事件提供了便利。

上文所举的例子使用的不是一般意义上的大数据，但也足以说明数据量大对研究稀有事件的好处。下面，我们将再举一个大数据的例子。米歇尔等人曾使用谷歌图书大数据研究不同词汇的使用趋势（Michel et al.，2011）。他们所用的语料库包含超过5000亿个单词，时间跨度超过4个世纪，如果将这些单词写成一行，其长度大约可在地球和月球之间往返10次。面对这样一个大数据，无论其使用者还是读者都会感到无比惊叹。但在惊叹之余，使用者和读者们也必须思考一个问题，即如果数据量没有这么大会怎么样？正如萨尔加尼克所指出的，使用者和读者必须思考：如果数据量只够从地球和月球之间往返一次或者更少，结果又会如何（Salganik，2018）。仔细阅读米歇尔等人的研究可以发现，他们确实需要这样大的数据，因为他们的一个核心议题是不规则动词的使用率如何随时间变化，考虑到一些不规则动词的使用率非常低，寻常的语料库根本无法支撑起这样一项研究，所以，他们必须使用像谷歌图书这样的大数据。

（二）分析异质性

其次，适合使用大数据研究的第二种情形是分析异质性。在这个方面的典型案例是切蒂及其同事对美国社会流动率的研究（Chetty et al.，2014）。萨尔加尼克曾对之进行了非常充分的介绍（Salganik，2018）。

父母社会经济地位对子代地位获得的影响是社会学研究领域的一个经典议题（Hout & DiPrete，2006；Blau & Duncan，1967）。很多研究人员通过对比父子两代的社会经济地位来分析社会流动，其基本研究结论是：父母社会经济地位越高，子代的社会经济地位也越高。但是，代际之间在社会经济地位上的关联程度在不同时期和不同社会也存在非常明显的差异。受限于研究数据，以往的研究很少对这种异质性进行深入分析，而切蒂及其同事使用4000多万美国人的纳税记录对这个问题进行了开创性研究。他们发现，在美国的不同区县（county），社会流动率之间的差异很大。例如，在加利福尼亚州的圣何塞，如果一个小孩出生于全美收入等级最低1/5的家庭，那么他的收入跃居全美收入水平最高1/5的概率约为13%；而在北卡罗来纳州的夏洛特，这一概率仅为4%。而且，他们的进一步研究还发现，一个地区的社会流动率与该地区的居住隔离程度、收入不平等水平、教育资源、社会资本和家庭稳定性等指标密切相关。毫无疑问，这项研究为深入研究社会流动率的地区差异及产生原因具有重要意义。但是，使这项研究得以可能的一个重要前提是，切蒂及其同事获得了样本量极大的收入数据，基于这个数据，他们可以计算出更小地理空间范围内的代际流动率，并将之与其他地区层面的社会经济指标相匹配，而这在以往的小样本研究中是不可想象的。

（三）发现细微差异

最后，使用大规模数据还有助于发现细微但依然有重要价值的差异。以往的很多研究已经发现，随着数据量的增加，统计显著性的价值逐渐下降，因为在一个规模近乎无限的样本中，几乎所有差异都是统计显著的（Blalock，1979）。因此，在大数据研究中，我们更应关注实际显著性，而非统计显著性。但是，对实际显著性的强调在小样本研究中也很重要，只不过与小样本相比，大数据的价值在于能够发现那些小样本无法检验的细微但依然重要的组间差异。

我们在前文曾介绍了王伟等学者对2012年美国总统大选的预测研究（Wang et al.，2015）。这项研究的一个重要贡献是采用了基于多层次回归模型的事后分层法准确估算出了不同候选人的支持率。但是，上述贡献依然不足以充分说明这项研究的价值，因为在王伟等学者进行这项研究之前，美国就已经发展出了非常成熟的民意调查法，并成功预测出了多年的总统大选结果。那么，相对传统的民意调查，王伟等学者的高明之处体现在哪里呢？

一般来说，名义调查的样本量都在2000人左右，这样的样本足以应付一般情况下的总统大选预测（巴比，2014）。但是，如果竞选的双方势均力敌，民意调查的缺陷就暴露出来了，因为基于2000人左右的调查数据，研究者无法准确推断出支持率上的细微差异。2012年的美国总统大选正是这种情况，罗姆尼和奥巴马的支持率一直相持不下，这导致各大民意调查机构始终无法给出一致的预测结果。而王伟等学者使用的样本比一般的民意调查大很多，这使他们能够得到比民意调查更加准确的结果。

通过这个例子不难发现，大数据在发现细微差异方面拥有小数据无法比拟的优势，特别是在这种细微差异足以影响最终结论的情况下。在商业领域，1个百分点的差异可能会影响数以百亿计美元的投资决定；而在公共卫生领域，0.1个百分点的差异就可能关乎成千上万人的生命（Salganik，2018）。因此，当研究者面临类似决策的时候，无疑将更加偏爱大数据。这也是在大数据兴起之后，业界普遍对大数据时代的到来感到兴奋不已的真正原因。

五、总结与讨论

本文从数据量大这一个角度分析了大数据相比传统抽样调查的优势以及研究者应该如何利用好这一优势开展大数据研究，主要结论如下：

首先，从理论上看，作为“全体数据”的大数据确实可以彻底消除随机性抽样误差，但由此带来的估计精度上的提升并不大，一个设计良好的抽样调查也可将随机性抽样误差控制在一个可接受的范围内。而且，如果综合考虑系统性抽样偏差，特别是覆盖偏差，那么大数据在代表性上可能还不如抽样调查。抽样调查往往有定义明确的调查总体，且对抽样框的要求也比较严格，而大数据与目标总体间的关系往往比较模糊，因此，我们不能仅凭数据量大这一点就认为大数据没有抽样误差。实际上，大数据中的抽样误差问题比传统抽样调查更复杂，也更隐蔽。如果大数据与目标总体间的差异过大，那么基于大数据发现的很可能仅是一个更加精确的错误，而不是真理。

其次，由于大数据往往缺乏一个定义明确的目标总体，所以严格来说，很多大数据并不是概率样本，而是非概率样本。以往的研究通常将大数据和基于概率抽样得到的抽样调查数据进行比较，但这种比较实际上是不合适的，对大数据来说，比较合适的比较对象是基于非概率抽样方法得到的非概率样本。与传统的非概率样本相比，大数据的优势非常明显。其原因在于，大数据的数据量极大，这使得研究者可以使用大数据进行非常精细的事后分层并基于事后分层对原始计算结果进行统计调整。由此可见，大数据虽然是一个非概率样本，但数据量大这一内在优势使其可以有效避免一般的非概率样本无法推断总体的缺陷。

再次，本文还指出了研究者使用大数据的三种分析策略：研究稀有事件、分析异质性和发现细微差异。我们认为，大数据相比小数据的一个显著优势在于可以使研究者进行更加精细化的研究。因此，数据量大的真正价值在于“细”，而不在“大”本身。以往的研究通常认为，使用大数据可以提高对研究总体的代表性，但这个观点是不准确的。我们认为，数据量大的真正优势在于提高总体中每个细节的代表性，因此，基于大数据，我们可以分析重要但发生率很低的稀有事件，分析总体内部不同构成部分之间的异质性和细微差异。我们可将这种研究策略称为“精细化研究”，从这个角度说，上文提到的精细化事后分层也可视为精细化研究的一种。我们认为，只有充分认识到数据量大的真正价值，才能正确利用好大数据为社会科学研究和社会经济发展做出更大的贡献。

最后还需说明的一点是，本文的所有分析都围绕“数据量大”这一个方面展开，对一些大数据研究的批评也仅针对这一个方面。众所周知，大数据作为一种新兴的数据来源，其优势和特点体现在多个方面，如实时性、非反应性、低成本等。本文因篇幅限制，不能面面俱到，但仅从数据量大这一个方面来看，学术界对大数据的很多认识依然流于表面，甚至包含不少错误。因此我们认为，研究者在讨论和使用大数据时一定要保持清醒的头脑，不能被其表面现象所迷惑。最重要的是，要保持一种方法论相对主义的立场。就像本文在开头所提到的，社会科学的研究方法是多元的，没有一种方法具有绝对的压倒性优势。因此，在使用任何一种方法时，都必须先思考一下，是不是一定要用这种方法？与其他方法相比这种方法的优势在哪里？目前正在进行的研究是否能充分发挥这一优势？我们认为，方法论相对主义的研究立场不仅有助于避免对某一种方法的盲目跟风，也有助于避免对某些方法不切实际的批评。对大数据这种依然存在争议的方法，方法论相对主义的研究立场更加重要。正如萨尔加尼克所言，没有一种方法是绝对正确的，也没有一种方法一无是处。只要一种方法适用于当前的研究问题，无论其本身是否完美，就是应当采用的方法（Salganik，2018）。我们认为，这样一种方法论相对主义的研究立场对大数据同样适用。

参考文献

艾尔·巴比，2020，《社会研究方法》，北京：清华大学出版社。

维克托·迈尔-舍恩伯格、肯尼斯·库克耶，2013，《大数据时代:生活、工作与思维的大变革》，浙江：浙江人民出版社。

鲍雨，2016，《社会学视角下的大数据方法论及其困境》，《新视野》第3期。

陈云松、张亮亮、闵尊涛等，2016，《大数据机遇与宏观定量社会学的重启》，《贵州师范大学学报》（社会科学版）第6期。

金勇进、刘展，2016，《大数据背景下非概率抽样的统计推断问题》，《统计研究》第3期。

刘林平、蒋和超、李潇晓，2016，《规律与因果：大数据对社会科学研究冲击之反思——以社会学为例》，《社会科学》第9期。

罗玮、罗教讲，2015，《新计算社会学:大数据时代的社会学研究》，《社会学研究》第3期。

潘绥铭，2016，《生活是如何被篡改为数据的？——大数据套用到研究人类的“原罪”》，《新视野》第3期。

孙秀林、施润华，2016，《社会学应该拥抱大数据》，《新视野》第3期。

谢宇、胡婧炜、张春泥，2014，《中国家庭追踪调查:理念与实践》，《社会》第2期。

许琪，2021，《随父姓、随母姓还是新复姓：中国的姓氏变革与原因分析（1986—2005）》，《妇女研究论丛》第3期。

袁方、王汉生，1997，《社会研究方法教程》北京：北京大学出版社。

张文宏，2018，《大数据时代社会学研究的机遇和挑战》，《社会科学辑刊》第4期。

赵超越，2019，《本体性意义与学科反思:大数据时代社会学研究的回应》，《上海大学学报》（社会科学版）第1期。

Blalock, Hubert M. 1979, *Social Statistics*. New York: McGraw-Hill Book Company.

Blau, Peter M. & Otis D. Duncan 1967, *The American Occupational Structure*. New York: John Wiley & Sons.

Chetty, Raj, Nathaniel Hendren, Patrick Kline & Emmanuel Saez 2014, “Where Is the Land of Opportunity? The Geography of Intergenerational Mobility in the United States". *Quarterly Journal of Economics* 129 (4).

Groves, Robert M., Floyd J. Fowler, Mick P. Couper, James M. Lepkowski, Eleanor Singer & Roger Tourangeau 2009, *Survey Methodology*. New York: John Wiley & Sons.

Hout, Michael & Thomas A. DiPrete 2006, "What We Have Learned: RC28's Contributions to Knowledge about Social Stratification." *Research in Social Stratification and Mobility* 24 (1).

Kish, Leslie 1965, *Survey Sampling*. New York: John Wiley & Sons.

Michel, Jean-Baptiste, Yuan Kui Shen, Aviva P. Aiden, Adrian Veres, Matthew K. Gray, the Google Books Team & Joseph P. Pickett. 2011, "Quantitative Analysis of Culture Using Millions of Digitized Books". *Science* 331 (6014).

Salganik, Matthew J. 2019, *Bit by Bit: Social Research in the Digital Age*. Princeton: Princeton University Press.

Wang, Wei, David Rothschild, Sharad Goel & Andrew Gelman 2015, *Forecasting Elections with Non-Representative Polls*. International Journal of Forecasting 31 (3).

王殿玺.生命历程研究的范式转变与方法革新——兼论西方生命历程研究的新进展[M/OL]//赵联飞,赵锋.社会研究方法评论:第1卷.重庆:重庆大学出版社.

生命历程研究的范式转变与方法革新
——兼论西方生命历程研究的新进展①

王殿玺②

摘要：本文回顾了传统生命历程研究的发展脉络、基本观点以及困境，介绍了国外生命历程研究的新范式和分析方法，并对生命历程的中国研究进行了回顾和展望。当前，国外生命历程研究强调整体（Holistic）范式，突出生命历程的多维性视角，试图全面、整体地概念化生命历程，以描述社会变迁过程中个体一生所经历的生命事件和状态变化，即研究个体随时间变化的纵贯一生的整体轨迹。生命历程研究的整体范式以序列分析方法为实现工具，该方法可以描述个体生命历程状态的年龄分布和轨迹形态，测量生命历程轨迹的复杂性，通过最优匹配计算生命历程轨迹的距离（差异）以及通过聚类分析刻画生命历程轨迹的模式类型。

关键词：生命历程；序列分析；整体研究范式

---

①基金项目：本文受国家社科基金青年项目“改革开放40年来中国人生命历程轨迹的变迁研究（项目批准号：19CSH010）”的资助。

②作者简介：王殿玺，男，北京体育大学讲师，研究方向主要为生命历程、人口社会学。联系方式：wangdianxigod@sina.com。

Abstract: This paper reviews the development process, basic viewpoint, and dilemma of traditional life course research, and introduces the latest paradigms and methods of life course research in foreign countries, and reviews and prospects the life course research in China. At present, the life course research abroad emphasizes the Holistic paradigm, highlights the multidimensional perspective of the life course, and attempts to conceptualize the life process in a comprehensive and integrated manner to describe the life events and changes experienced by an individual during the course of social change, that is, to study the holistic trajectory run through life over time. The holistic paradigm of the life course research is to use the sequence analysis method as the realization tool, and this method can describe the age distribution and trajectory shape of individual life course, measure the complexity of the life course trajectory, and calculate the distance/differences of the life course trajectory through optimal matching and characterize the patterns of the life course trajectories through cluster analysis.

Key words: Life Course; Sequence Analysis; Holistic Paradigm of Life Course Research

自生命历程理论创立以来，该理论以其包容性和跨学科的视角逐渐进入研究者的视野，成为研究宏观社会变迁过程与个体生活动态关系的重要理论工具。[①] 生命历程理论家所构建的生命历程时间观、毕生发展观、宏微观相结合视角以及纵贯分析思路，成为生命历程理论与实证研究不断延伸的基石。当前，西方生命历程研究进入新的发展阶段，出现了生命历程研究的欧陆范式或科利（Kohli）范式（郑作彧、胡珊，2018），不同于艾尔德（Elder）等学者所建构的传统生命历程理论体系，该范式建构了以生命历程的整体轨迹和秩序结构为核心的生命历程研究新取向。欧陆生命历程研究的新取向以研究方法论的回归转变为基础，以统计分析方法的创新成熟为凭借，逐渐形成了生命历程研究方法论的整体范式及其统计分析实现工具——序列分析方法（Sequence Analysis Method），进而达成与个体生命历程轨迹的跨度性、多维度对话。本文在回顾传统生命历程研究发展脉络与困境的基础上，重点描绘和评述西方生命历程研究的方法论范式转变和方法革新。

一、传统生命历程研究的发展脉络与困境

生命历程理论起源于社会学的经典理论学派芝加哥学派对城市问题的关注，20世纪上半叶的美国社会经历了较为快速的城镇化进程（李强等，1999），工业化的发展引起了城乡人口的迁移流动和城市景观的日新月异，但是也伴随着城市移民融入、城市失序、犯

①从现有文献来看，大量研究运用了生命历程研究框架，但叫法不一，存在着“生命历程理论”“生命历程视角”等诸多用法。笔者认为，“生命历程理论”通常是指由艾尔德开创的以生命历程或生命历程某一侧面为研究对象所形成的理论论述或原则及其后续发展；“生命历程视角”则往往侧重借鉴生命历程的概念内涵研究某一具体问题，这些问题散布于各个学科，并不聚焦。本文侧重于介绍由艾尔德开创的生命历程理论及其最新研究进展。

罪越轨等诸多现实问题。正是基于这样的背景，学者们运用生活史、社会调查等方法研究个体所经历的变迁与事件，逐渐孕育出生命历程理论的思想萌芽。托马斯和兹纳尼茨基（Thomas & Znaniecki）合著的《身处欧美的波兰农民》是这一时期的代表作，其不仅研究了波兰迁移农民的生活历史和轨迹，而且对生命历程理论的基本观点和研究方法论进行了阐述，如强调生命历程研究需要运用生活史方法来纵贯分析人们的生命经历和生活经验，从而将生命历程理论真正带到社会科学研究的学术场域，因此通常将托马斯和兹纳尼茨基的这部著作看作生命历程研究的开端和经典之作。

如果说早期生命历程研究还主要停留在对个体生活史的考察，那么第二次世界大战以后，生命历程理论的关注点开始出现转向，新出现的理论领域是分析宏观事件和国家行为对个体生命历程的建构影响，强调总体的和综合机制对制度化的生命历程的塑造（Mayer & Schoepflin，1989），比如研究战争这样的历史事件对个体生命历程的影响。但是，这一理论领域构成了一个新的分析视角而非一个专门的研究领域，即逐步将个体的生活经验与宏观社会事件相联系，分析宏观的社会变迁和国家行为对个体生活机会的影响。特别是20世纪60年代以来，随着战后社会经济的快速恢复发展，不断涌现的历史事件和新的个体生活经历引起了学者们的关注，如战后出现的婴儿潮、人口转变以及70年代的经济滞胀、1990年的东西德合并等，这些宏观事件或变迁为生命历程理论的宏微观视角结合提供了很好的背景元素。艾尔德的《大萧条的孩子们》是这一阶段的经典之作，他关于经济危机对个体生命历程影响的研究，运用纵向视角描绘了美国经历经济危机一代人的生命历程，解释了经济危机这一宏观历史事件对个体生命历程的塑造影响，从而将宏微观结合的视角纳入到生命历程分析框架中，进一步发展了生命历程理论。同时，这一阶段，生命历程理论框架的概念体系得到进一步丰富，队列（Ryder，1965）、年龄分层等级（Riley，1972）以及代表生命历程时间观的生命时间、社会时间、历史时间（Elder，1975）等核心概念逐步被整合到生命历程理论表达中，进一步丰富了生命历程理论的话语体系。

进入20世纪90年代，生命历程理论得到了进一步发展，理论框架和概念体系不断完善。艾尔德（Elder，1974，1997）识别了决定和塑造生命历程的四个关键因素，即历史和地理位置、与他人的社会关系、个人控制和时机变化。吉尔和艾尔德（Giele & Elder，1998）则对生命历程理论的基本观点进行了归纳总结，提出了生命历程研究范式的五条核心原理（图1），包括：（1）全生命过程的发展（Life-Span Development），即个体的发展是贯穿终生的，年轻和成年早期的发展会影响晚年的生活，这种长时间跨度的纵向分析使人们更加关注长期的社会变化对人的发展的影响；（2）个人主观能动性（Human Agency），即个体在宏观历史条件的制约下并不是无能为力的，个体在与宏观因素的互动过程中会不断调适和改变行为，体现为生命历程的自我选择过程；（3）一定时空中的生活，或称个体所处的时期和地域（Location in Time and Place），个体生命历程是受特定的时空条件制约的，并以队列效应或时期效应体现出来；（4）生活事件的发生时机或时间性（Timing of Lives），表明生命事件在何时发生以及在什么样的历史条件下发生对个体具有更为重要的意义；（5）相互联系的生活（Linked Lives），这种联系一方面表现为个体所经历的生活事件是相互联系的，另一方面也表现在个体的生命历程也是与他人的生命历程彼此相联的。上述五条核心原理的提出标志着生命历程理论的基本理论观点以及框架体系日趋成熟，成为社会学研究的重要理论视角和研究领域。

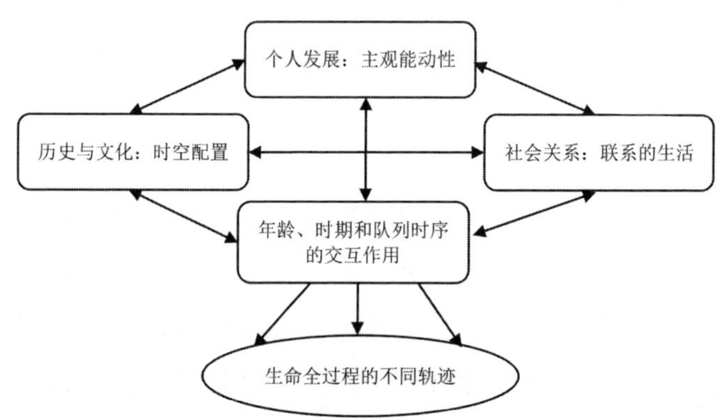

图1　传统生命历程理论框架（Giele & Elder，1998）

在生命历程理论基本原理被提出的同时，生命历程理论的话语体系也进一步丰富，轨迹（Trajectory）、转变（Transition）等概念被纳入到生命历程理论中，综合性概念框架得以建构。生命历程核心概念体系以生命历程为基石，艾尔德（Elder，1985）将生命历程定义为“个人从出生到死亡所经历的有序事件或角色转换，是人的一生通过年龄分化而表现出的生活道路”。在艾尔德看来，嵌入社会关系的生命历程是具有年龄等级的，是个体一生生活经历的历时性发生和累积，个体能动性与变化的社会环境交互作用共同塑造生命历程（Elder，1997）。沙纳汉和麦克米伦（Shanahan & Macmillan，2008）认为，生命历程是塑造个体从出生到死亡所经历的角色、机会、限制以及事件的年龄等级序列。在这一界定中，年龄同样是生活经历的承载，而生活也赋予年龄以社会意义，不同年龄所经历的生活事件、承担的社会角色是不同的，特定的人生阶段有着特定的生活内容、生命状态，这些内容与状态共同组成了个体的生命历程。生命事件也是生命历程领域的核心概念之一，美国《行为医学百科全书》将其定义为“个体所经历的特定事件，如丧亲之痛、离婚、搬家”。生命事件标志着从一个生命周期阶段（或状态）转换到另一个阶段（或状态），并伴随着角色、期望、责任和行为的变化，这些事件通常会呈现出年龄上的分级或分化，虽然并不是总是如此（Levy，2005）。由于生命事件对轨迹方向和其他事件发生时机的显著影响，其也被称为生命历程的“转折点”。与生命事件相联结的概念是发生时机（Timing），其源于艾尔德（Elder，1998）提出的生活时间性原理，指生命历程中生命事件发生的年龄或社会性时间（Social Timing），某一生活事件在何时发生甚至比这一事件本身更重要，生命事件的发生时机和顺序共同构成了生命历程的结构。至于生命历程的转变和轨迹，转变指的是从一个状态或一个状况到另一个状态或状况，从一个生命阶段到另一个生命阶段，从一个角色转变到另一个角色，其核心是状态或角色的变化，涉及从“之前”状态到“之后”状态的变化（Levy，2005）。转变具有不同的表现形式：其一是“革命”形式，是指一种在时间上较为离散的转变，结果是出现一个新的“结构集合体”（Mounoud，1982）；其二是“转折点”形式，通常指以一个事件为标志的转变（Gotlib & Wheaton，1997），意味着轨迹方向发生变化；其三是“社会流动”转变，包括向上、向下或水平三个方向，标志着个体经济、社会或文化资本的变化。轨迹则指的是稳定和长期变化的模式或者嵌入性的序列形貌（George，1993），主要用来描述整个生命历程中所发生的变化和发展，如在两个生命边界（出生和死亡）之间发生的所有变化，带有传记（Biography）的含义。

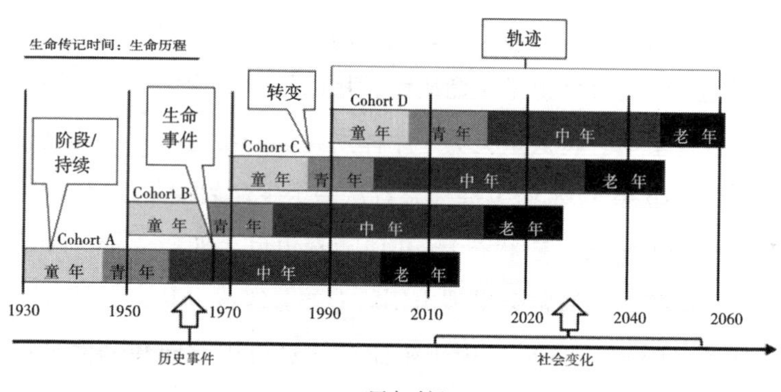

图2 生命历程核心概念关系图示①

图2列示了生命历程理论核心概念之间的关系，如果把个体生命历程看作一个不可逆的过程，那么生命事件的发生会产生状态的转变或新状态的持续（Duration），而这种状态的持续期即为阶段，以各类生命事件为标志或以阶段为间隔的多维状态或角色过程就构成了个体的生命历程轨迹。以年龄为标识的生命历程延展并不是孤立的，还与他者的生命历程产生交互影响，同时还受外在环境的制约。生命历程理论即是融合了早期与后期相联结的纵贯分析思路、宏观与微观相结合的研究视角来刻画和分析群体的生命路径和过程，从而探讨生命历程的内在结构以及与外在社会变迁的关系。

综上所述，生命历程理论创立以来，话语体系陆续丰富，理论框架体系渐趋完善，方法运用日臻成熟。克洛斯（Clause，1986）在总结传统生命历程理论的发展历程时指出，生命历程研究大致经历了以下三个主要的发展：一是毕生发展（Life-span）理论视角的出现，关注年龄效应和队列差别；二是计算机技术和统计技术的发

①图2对生命历程研究中核心概念的图示参考了阿尔文（Alwin）2012年发表的论文"Integrating varieties of life course concepts"，但笔者在此基础上进行了扩展和深化。

展，特别是处理时间的统计方法的发展，如事件史分析方法；三是大规模追踪数据的出现，生命历程研究的资料不断丰富。因此，正是理论的成熟、统计技术的进步以及追踪数据的出现为生命历程理论的发展提供了条件，促进了生命历程理论的成熟和应用。概括而言，21世纪前的生命历程研究主要遵从以下三种研究传统或聚焦以下研究问题：一是以生命时间（年龄）为基础，分析个体的生命历程轨迹，尤其是在相关定性研究中，通过描画生命事件的发生轨迹图来说明研究个案生命历程轨迹的变化，以分析事件的转折点意义。二是以事件为中心的实证分析，主要包括围绕生育、婚姻、迁移等生命事件，利用事件史分析方法研究事件发生风险的影响机制；以生命历程中的扰乱事件为着眼点，分析扰乱事件发生时机的差异如何影响人们的生命历程；从社会时间的角度研究生命事件的失序、延迟如何引致生命历程的紊乱，其观点是如果个体生命事件的发生时机背离了社会时间表，则个体即会面临生命历程结构失序的风险。三是遵循生命历程的长远视野，分析早期优势和劣势如何随时间累积而导致当前的不平等结果，其主要观点是早期经历主要通过路径依赖和社会建构机制来影响后期的生命历程结果，前者意指个体当前的优势取决于之前的有利地位，并且这种优势会在传递和累积中不断强化，而形成路径依赖；后者则表明生命历程后期的不平等是社会建构的结果（Dannefer，1987）。四是以历史时间为切入点，研究宏观的历史事件、国家政策与行为等结构性因素如何影响生命历程或生命事件的发生，或者社会系统如何限制生命历程能动性，其核心观点是生命历程嵌入在社会结构和社会制度之中，不断变化的经济和社会文化条件对生命历程转变频率和生命事件发生时机的系统性变化具有塑造性影响。

然而，传统的生命历程研究在整体生命历程轨迹的操作化测量、时序性描述以及内在结构模式探索等方面显得无能为力，并不能描绘不同群组的生命历程轨迹在社会位置和角色上的共时性和历时性分布与路径，也无法解释早期经历如何影响生命历程不同阶段的特定结果或整体生命历程轨迹，亦难以言明社会结构与生命历程能动性的作用机制。同时，在社会现实层面，20世纪中叶以来，西方社会的个体化进程赋予了个体更多的自主权和选择权，个体可以自主地安排生命事件的发生时机和建构个体的生命传记，但这也带来了个体生命历程的不确定性和风险，人们的处境和决策变得越来越难以预测，生命事件及其转变更加灵活多样，并且人们没有适当的能力和准备去应对生命历程的潜在风险（Mills，2007）。在政策层面，20世纪70年代后期以来，新自由主义政策的实行降低了人们的工作福利保障和职业稳定性（Standing，2011），个体被迫选择更为“灵活”的生命历程，这降低了生命阶段的一致性和连续性。换言之，西方社会的个体化趋势以及社会政策变迁为生命历程研究带来了不同以往的新问题，这构成了生命历程研究范式转变的现实动力。这些新问题主要表现在：第一，关于生命历程的形塑机制，在不同的历史环境或制度情境下，相比刚性的结构性因素限制，生命历程的能动性或内部调节机制是在增加还是在减少？即生命历程外在结构与内在能动性的作用关系是否因时因域而异？第二，关于生命历程结构或模式的变化，生命历程整体结构有何特征？不同出生队列的生命历程模式在历史时间延展中有何变化？第三，随着个体化的趋向，社会结构性因素如何产生和消解生命历程的规范性？是否存在明确的“规范”来导引生命事件的发生顺序和时间安排以及维持生命历程结构在不同时间和地点的总体稳定性（Macmillan，

2005)？第四，生命历程不同领域的研究，如向成年转变的生命历程总体模式、从教育到工作的轨迹类别、家庭生命历程的轨迹形态等。

到20世纪末21世纪初，随着生命历程研究领域新问题的涌现，经历了半个多世纪发展的生命历程理论遇到了自身发展的瓶颈，制约着理论容量的拓展。首先，生命历程研究具有单维性和孤立性。生命历程理论给予了生命事件以突出地位，强调单独的生命事件对生命历程的转折性影响，但是却对生命历程整体轨迹研究关注不足。生命历程研究整体视角的缺位，不仅容易忽略生命历程的纵贯轨迹，而且易使生命历程理论缺乏解释力。因此，生命历程的整体视角，不仅可以将生命事件以及阶段转换等纳入到生命历程的多维状态轨迹中，而且能够分析个体纵贯一生的轨迹形态以及变化过程。其次，生命历程概念难以量化，我们不能如测量健康、社会经济地位那样将生命历程概念进行量化，而只能对生命历程的特定属性（如职业地位）进行分析，故我们无法得到一个代表生命历程的综合测量。从这个意义上说，生命历程理论更多的是一种理论视角，因此现有研究多从生命历程的视角来研究具体问题，而不是纵贯地研究整个生命历程的轨迹，或得到一个生命历程的综合测量。再次，生命历程研究数据和统计分析工具不足。生命历程研究对数据的要求比较高，需要具有较长时间跨度的追踪数据或回顾性调查数据，但是这样的数据还不太丰富且需要时间累积。同时，当前生命历程研究的统计分析工具以事件史分析方法为主，相对单调，这些都构成了生命历程理论应用的困境。

二、整体（Holistic）研究范式：方法论的回归

自从生命历程理论创立以来，生命历程理论在社会学、人口学、犯罪学、社会医学等学科得到了广泛的应用，研究主题涉及人口迁移、犯罪、健康、流行病学等领域。然而，传统生命历程研究在扩展生命历程理论应用范围的同时，却使生命历程理论局限于某一研究领域或置于单纯的视角应用，违背了生命历程理论创立之初研究个体一生轨迹的初衷，只研究某一阶段或特定领域（如健康）并不足以呈现个体的整个生命历程，

因为这些思路没有考虑事件的发生顺序，也没有综合考虑所有的干预因素（Ferrari & Pailhé，2016），从而使生命历程理论的应用狭窄化，甚至出现断裂。同时，由于受到社会力量等外在因素的影响，生命历程可能不是简单地遵循有序的线性轨迹，不同领域或维度可能会以不同的速度发生，并会产生不同的生命历程结构，而传统生命历程研究则无法考察社会变迁。因此，生命历程理论呼唤整体范式的回归，即研究个体生命历程的整体结构以及社会的结构性变化对个体一生轨迹的影响。不同于基于事件分析的原子式方法，在欧洲大陆兴起的生命历程研究整体视角把生命历程轨迹看作一个整体和有意义的概念单位（Billari，2001），注重分析社会现代化转型中社会结构性变迁对生命历程整体结构的影响，即外在的社会结构力量及其变化对生命历程内在结构和整体轨迹的塑造性作用。该范式假设，随着现代化过程减弱了个体与社会文化的联系（Giddens，2003），生命历程的能动性不断增加，生命历程状态也更加多样和多变，并且失去了普遍性和同质性特征（Shanahan，2000）。

生命历程理论强调生命事件的发生时间与顺序、生命阶段与转变以及生命角色纵向轨迹，而生命事件、转变、角色、阶段以及轨迹也便成为生命历程的基本要素。生命历程的整体视角认为，上述要素的时间安排与角色次序构成了生命历程的动态结构，当将生命历程概念化为个体角色轨迹随时间变化的形态时，即会呈现生命历程的一般结构（Jackson & Berkowitz，2005）。换言之，生命历程的结构涉及生命历程轨迹中角色转换的发生及顺序，其核心在于生命事件的发生时间和次序以及在此基础上形成的生命历程整体轨迹，这便与生活史和传记（Biography）的一般原则相关联，侧重于关注"生命模式及其在时间上的动态"（Elder et al.，2003）。同时，生命历程结构研究与传统生命历程框架相互关联，其结合点在于社会时间表或年龄规范，当考察生命历程结构的变化时，其参照点在于给定时间和地点的社会时间表，即将当前生命事件的时间安排、角色排序与社会时间表进行比较，从而判断现时的生命历程结构与以往所识别的"规范"生命历程模式的偏离程度（Macmillan，2005）。对社会变迁与生命历程结构变化的研究构成了生命历程研究整体范式的核心议题之一——生命历程的（去）制度化，即是否存在明确的"规范基础"来规约生命事件的发生顺序、时间安排以及生命历程结构在不同时间和地点的总体稳定性或变化（Marini，1984；Brückner & Mayer，2005；Aisenbrey & Fasang，2010）。因此，生命历程的整体视角关照在社会变迁语境下，生命角色的发生与次序以及基于角色转换而构成的整体轨迹。

近年来，生命历程研究的整体范式越来越受到重视，研究往往集中在一个或多个维度的生命历程领域，如居住、婚姻、生育和职业的单个或联合轨迹（Aassve et al.，2007；Elzinga，2003；Robette，2010）。生命历程的整体范式强调生命历程的多维性视角，试图全面、整体地概念化生命历程（Schwanitz，2017），试图从个体一生的角度来描述个体所经历的生命事件和人生阶段，特别是研究个体随着时间变化的整个轨迹，以呈现个体一生的变化过程。但是，生命历程理论的整体视角，并不排斥对个体某一领域的研究，在描述个体一生中的生命事件和阶段的同时，刻画个体某一专门领域或特征在生命历程中的变化也是十分必要的，如分析个体的健康水平、社会经济地位随年龄或时间而不断变化的轨迹。因此，生命历程研究的整体范式是对传统生命历程研究范式的发展与变革，意在研究宏观社会变迁过程中人们纵贯一生的整体轨迹或某个特征的跨年龄变化，而不仅仅是对生命历程中特定生命事件进行研究，尽管这种生命事件截取式的分析对理解个体生命经历也具有重要的意义。

随着生命历程整体范式方法论的兴起，序列分析为生命历程整体序列的刻画提供了方法工具，该方法可以通过对不同队列整体轨迹的分析，揭示结构性因素对生命历程轨迹变迁趋势的影响。换言之，序列分析为生命历程研究提供了一个“整体”的观点，可以实现生命历程整体轨迹的分析（Sironi et al.，2015），[①] 特别是多通道（Multi-Channel）序列分析允许我们根据所考虑的维度之间的相互关系来对整体的纵向经历进行分类，如分别考虑就业轨迹和家庭生命历程轨迹等（Pollock，2007）。在实证文献中，依据生命历程研

①关于序列分析方法与生命历程研究整体范式的关系，从时间线上来看，序列分析方法的产生要早于生命历程研究整体范式，但正是欧洲学者不断改进序列分析方法并运用到生命历程研究中，从而促进了生命历程研究新思路的衍生，并形成了新的研究范式，即分析社会结构变迁过程中生命历程整体轨迹及其演化机制。从这一角度上来看，生命历程研究的整体范式与序列分析方法的改进密切相关。

究的整体范式，学者们往往聚焦于生命历程的向成年和中年的转变、生命历程的（去）标准化（De/standardization）或（去）制度化（De/Institutionalization）[①]、家庭生命历程、从学校到工作的轨迹类型、工作和家庭的生命历程轨迹与模式等。根据表1，相较于传统的生命历程研究，生命历程研究的整体范式在核心概念的操作化、所关注的核心议题、分析方法等方面都发生了明显变化。这种转变弥补了传统生命历程研究注重生命事件或状态的转变而忽视纵向轨迹变迁的不足，所以在这个意义上，整体研究范式也是对生命历程研究的一种补充，使我们既能够关注关键生命事件的转变，也可以考察整体轨迹的形态变迁。

总体而言，有别于艾尔德等学者所建构的传统生命历程理论体系，生命历程研究的整体范式建构了以生命历程的整体轨迹和秩序结构为核心的生命历程研究取向，该范式以整体视角为方法论基础，以序列分析方法为统计分析工具，试图在整体上刻画个体生命状态和社会角色的转变次序和轨迹形态，描绘群组生命历程中社会位置和角色的共时和历时性分布和路径，识别生命历程轨迹的模式特征以及探索生命历程的内在结构，从而探讨社会转型对生命历程轨迹演变的塑造机制。

① “生命历程的（去）标准化或（去）制度化”被用来指称20世纪60年代以来发生的各种社会人口学变化，这些变化逐渐消解着生命历程的规范排序，生命历程的标准化转型逐渐被一套不遵循时间顺序安排和缺乏次序的生活所替代（Kohli，1986；Modell et al.，1976），呈现生命历程的复杂化和多元化趋势，现代性晚期生命历程复杂性、多元性逐渐生长的假设被定义为生命历程的“去标准化或去制度化”。

表1 生命历程研究的整体范式及核心议题

	生命历程整体研究范式	传统生命历程研究范式
基本概念	将生命历程概念化为以一系列事件为标志的轨迹序列；这些事件代表着典型生命角色之间的过渡。	嵌入社会关系的代表年龄等级的生命历程概念。
研究目的	描述整体生命历程轨迹的结构和变迁特征。	探究塑造生命历程结构因素与个体能动性的张力关系。
核心议题	1. 生命历程转变：向成年、中年的转变；学校到工作的转变历程。 2. 生命历程轨迹模式（Pattern）：就业轨迹、家庭生命历程（Family Life Course）轨迹、迁移轨迹以及整体生命历程轨迹的类型。 3. 生命历程的变化趋势：生命历程的（去）标准化或（去）制度化。	1. 探索个体所处环境的变化及其发展性影响。 2. 个体在塑造生命历程中的主动性。 3. 理解生活和发展过程中的历史纵向影响，如早期经历的作用。
研究方法	以序列分析方法为主。	以定性分析、事件史分析方法为主。
代表性学者	科利（Kohli）、迈耶（Mayer）、布鲁克纳（Brückner）、阿斯维（Aassve）、比拉里（Billari）等。	艾尔德、莱利（Riley）、弗斯滕伯格（Furstenberg）、吉尔等。

三、序列分析：生命历程研究的方法创新

（一）生命历程研究方法的两种传统

在生命历程研究的初期，多以定性的生活史考察为主。而后，

随着统计技术的发展，生命历程研究开始沿着定性与定量分析两个路径不断扩展，可以说定性研究与定量研究各占一半。但是，从生命历程研究的现有文献来看，定量研究的范式不断突显，生命历程研究或多或少被定量方法所主导。

生命历程研究的定量分析方法主要集中于两个相互竞争的思路：一是基于时间的统计分析方法，分析预测生命事件的持续时间和发生风险，主要是通过事件史分析技术来实现；二是基于次序的复杂描述分析方法，尤其是通过序列分析和最优匹配实现，这一范式强调生命历程研究中“历程”的重要性，提倡纳入复杂事件的顺序和次序描述，专注于社会、家庭和工作等生命历程轨迹（Aisenbrey & Fasang，2010）。伊罗拉和海尔斯克（Eerola & Helske，2016）比较了基于模型的概率事件史分析和脱离模型的数据挖掘方法（序列分析）。他们认为，生活史日历数据是关于生活事件的较为可靠的回顾性数据，是两种方法共同的数据基础；两种方法的区别在于：事件史分析主要用于估计生活事件完整轨迹的累积预测概率，而不是转变风险，序列分析则可以对比几种不同的指标和比较数据驱动和用户定义的替代效应。例如，在研究成年转变过程中不同生命历程领域的事件序列时，基于上述两种传统，既可以使用事件定义的多状态事件史模型，还可以应用平行生命历程领域的多通道序列分析。在生命历程研究中，上述两种方法相互补充，序列分析可以有效地发现典型和非典型生命历程轨迹模式，而事件史分析则更适宜探究事件发生的因果机制。

近些年来，第二种生命历程定量研究的范式开始逐渐盛行，序列分析方法开始在生命历程研究中广泛运用。序列分析方法的应用为生命历程研究开辟了新的空间。特别是在不断变化的当代社会中，随着生命历程研究朝着更详细的分析和解释方向发展，年龄、年龄结构、生命历程的度量变得更加困难。但为了更好地理解人类生命过程，关键概念的有效测量变得更紧迫、更复杂。年龄可以通过主观年龄标识、年龄规范和年龄期望等来测量，生命历程也可以借助重要的生命事件和生命阶段来测度，但序列分析方法为生命历程提供了一个全新的测量方法和技术，即通过生活历史和事件矩阵来衡量生命历程。这种测量方法是序列分析的优势，也是生命历程研究的新趋势（Settersten & Mayer，1997）。

（二）序列分析方法的发展历程

序列分析最早由芝加哥大学社会学系教授阿伯特（Abbott）在20世纪80年代从生物科学领域引入到社会科学研究中，其思想来源于生物学的基因序列匹配研究，通过对不同基因序列进行匹配，分析基因链条的相似与差异。序列分析在引入社会科学的初期，并没有得到广泛的应用，后来经多位学者的不断改进，序列分析才重新引起了学者们的关注，特别是在生命历程研究领域，成为研究事件序列的重要方法。

序列分析方法的发展、成熟与应用大致可以分为两个阶段：第一个阶段以阿伯特为代表，其在20世纪80年代中期到90年代初发表了多篇论文来介绍和发展序列分析方法，他在综述社会学、人类学、心理学、政治学等学科对序列研究的基础上，论证了传统事件史分析方法在序列轨迹研究中的不足以及序列分析的优势（Abbott，1995），序列分析在这一阶段最重要的发展在于最优匹配方法（Optimal Matching）的运用（Abbott & Forrest，1986；Abbott & Hrycak，1990；Abbott & Tsay，2000），最优匹配是序列分析的核心，即以一定的转换成本计算序列之间的距离，从而解决了序列差异测度这一重要问题。但是由于最优匹配需要主观设定序列转换的成本，因而也受到了一些学者的批评和对结果有效性的质疑（Levine，2000；Wu，2000）。正是基于这些质疑与批评，促使一些学者致力于改进序列分析方法的弊端，序列分析方法也由此进入了新的发展阶段。在序列分析方法发展的第二个阶段，众多学者的贡献使序列分析方法得到进一步优化。例如，基于数据的转换成本设定方法的创立（Stovel et al.，1996）、动态汉明（Dynamic Hamming）等距离算法的引入（Lesnard，2006，2008）等，进一步优化了序列轨迹距离的计算方法；子序列度量和序列轨迹复杂性测量指数方法的发展（Elzinga，2003，2010）、状态序列差异分析的建立（Studer et al.，2011）等，使生命历程轨迹的测量方法更加完善；而后，加巴丁诺等学者（Gabadinho et al.，2011）专门编写了序列分析统计软件包，研究者可以很容易地在统计软件中操作与实现，这些都标志着序列分析方法的不断成熟。

（三）序列分析方法的数据类型

序列分析具有特定的数据收集方法及数据形式要求，在理想情况下，生命史日历（Life History Calendar，LHC）数据最适宜运用序列分析方法进行生命历程的研究。生命史日历数据旨在收集关于个体生命事件发生时间和顺序的信息（Axinn et al.，1999），其实质上是合并了许多不同人生历史事件（如生育、结婚、离婚事件等）的表格（Freedman et al.，1988）。生命史日历数据最大的优点在于能够使研究者在多个不同的关联领域中交叉核对事件的发生时间。生命史日历格式通常是一个大的矩阵表格，矩阵的一个维度详细描述了受访者的行为模式，如结婚、入学等，而另一个维度则是记录上述行为模式的时间单位，如什么时候结婚、什么时间入学等。调查人员正是根据受访者所提供的资料填写在对应的矩阵单元格上，而研究者基于受访者的上述历史资料信息，可以较容易地记录个体在不同时间单位的生命历程状态并可以形成连续时间的生命历程状态轨迹。

除了生命史日历方法之外，生命历程回顾性调查（Retrospective Life History Data）、人口登记数据（Population Registration Data）也是生命历程研究的数据来源。研究者可以根据回顾性问题或历史登记信息构建受访者的生命历程状态序列轨迹，但如果使用生命历程回顾性调查和人口登记的原始数据，需要将调查与登记的历史信息转换为可供序列分析的数据形式。此外，应用序列分析的数据信息需要有足够的持续时间长度，即应该覆盖生命历程相当大部分或比例的年龄时间，只选择生命历程的2到3年是不够的；同时，收集生命历程的数据或构建生命历程的状态序列还涉及时间单位的选择与测量，通常会选择月或年作为时间单位，过宽或过于粗糙的时间单位亦不合适，而同时收集个体的人口学背景变量、家庭背景变量和社会经济地位变量也是较为理想的，便于进行更为深入的分析。

根据生命史日历数据或回顾性调查数据，可以抽离出个体在不同年龄的生命历程状态，进而形成个体的生命历程状态轨迹。因此，首先需要定义生命历程的不同状态，即明确生命历程状态空间，这是应用序列分析方法的首要环节。从广义上来说，个体的生命历程状态有很多种，学者们可以根据所研究的问题、学科范式以及现有文献选择生命历程的不同领域进行定义。若要研究家庭生命历程，可以用婚姻、生育等生命历程领域的联合状态作为生命历程状态空间，并以此来构建应用于序列分析的家庭生命历程状态轨迹，如在婚姻方面定义未婚、同居、已婚、离婚与丧偶5个状态，在生育方面定义无子女、有一个子女、有两个子女、有三个及以上子女4个状态，而根据婚姻（5个状态）、生育（4个状态）领域的状态进行组合，则可形成20个联合状态（5个婚姻状态×4个生育状态）。生命历程状态空间如表2所示。生命历程状态有两种代表方法，一种是用不同的字母代表序列的不同状态，一种是用不同的数字代表序列的不同状态。例如，就婚姻状态而言，可以用S（单身）、M（已婚）这样的字母形式来表示，也可以用1（单身）、2（已婚）这样的数字形式来表示。用字母形式代表的生命历程序列多为：SSSSSSSMMMMMMMM；而用数字形式代表的生命历程序列为：111111122222222。

表2　生命历程联合状态空间及字母编码示例

1–4	单身且无子女（SNC）	单身且有1个子女（S1C）	单身且有2个子女（S2C）	单身且有3个及以上子女（S3C）
5–8	同居且无子女（PNC）	同居且有1个子女（P1C）	同居且有2个子女（P2C）	同居且有3个及以上子女（P3C）
9–12	已婚且无子女（MNC）	已婚且有1个子女（M1C）	已婚且有2个子女（M2C）	已婚且有3个及以上子女（M3C）
13–16	离婚且无子女（DNC）	离婚且有1个子女（D1C）	离婚且有2个子女（D2C）	离婚且有3个子女（D3C）
17–20	丧偶且有无子女（WNC）	丧偶且有1个子女（W1C）	丧偶且有2个子女（W2C）	丧偶且有3个子女（W3C）

基于上述状态空间，我们可以构建每个人的生命历程状态轨迹，详见表3。表中每一个序列代表着一个个体的生命历程状态轨迹，这条轨迹是由个体不同年龄的状态所组成的，而这些状态可以是联合状态形式，也可以是单状态形式（如18岁是单身）。如前所述，表征状态的时间单位通常以年和月为主，表3即以年为单位呈现状态轨迹。

表3　生命历程轨迹序列示例[①]

年龄 状态 序列	18岁（age18）	19岁（age19）	20岁（age20）	……	39岁（age39）	40岁（age40）
序列1（Sequence1）	SNC（未婚无子女）	SNC（未婚无子女）	MNC（已婚无子女）	……	M2C（已婚有2个子女）	M2C（已婚有2个子女）
序列2（Sequence2）	SNC	SNC	SNC	……	M1C	M1C
……						
序列40（Sequence40）	SNC	SNC	MNC	……	M1C	M2C

①根据不同的研究问题可以设定不同的状态和序列，如埃尔津加等（Elzinga et al.，2007）关于家庭生活轨迹的研究，设定了单独居住（S）、未婚同居（U）、已婚同居（M）以及有至少1个孩子（C）等状态；亦如，费拉里等（Ferrari et al.，2017）在分析本地居民与移民成年转变轨迹差别时，将成年转变的生命历程状态设定为三大领域12个联合状态，即将居住方面（与父母同住、不与父母同住），婚姻方面（单身、同居、已婚）和生育方面（无子女、有子女）的状态进行组合，继而形成了成年转变生命历程的联合状态序列。

(四) 序列分析方法的功能

阿伯特（Abbott，1990）认为，序列分析方法对生命历程研究具有很大的潜力。近些年来，国外不少学者也开始将序列分析应用到生命历程研究中，其基本思路是：首先根据所采集的受访者的生命史信息构建其生命历程状态序列，而后通过最优匹配方法计算不同个体的生命历程序列的距离矩阵（序列间的差异），再以距离矩阵为基础用聚类分析方法形成生命历程状态的模式类型，并以聚类后得到的生命历程轨迹类型为因变量进行模型分析。一般而言，序列分析主要包括以下三个步骤：一是理论上设定状态空间和转换成本；二是用最优匹配算法生成成对轨迹序列的距离矩阵；三是进行多维度测量或者聚类分析，运用聚类分析的结果做进一步的模型分析（Aisenbrey & Fasang，2010）。具体而言，序列分析在生命历程研究中可以实现以下功能：

其一，描述生命历程状态的年龄分布与轨迹的变化形态。序列分析具有描述性分析的功能，不仅可以描述不同年龄生命历程状态的分布，而且可以描绘个体的纵向轨迹形态，即可以通过生命历程状态分布图（State Distribution Plot）和序列指数图（Sequence Index Plot）来分别可视化生命历程状态分布和轨迹形态。除此之外，序列分析还可计算和描述生命历程众数状态、状态平均持续时间、出现频次最多的轨迹、生命历程轨迹状态转换次数以及代表性轨迹序列等，以探索生命历程轨迹的结构性特征。

其二，综合测度生命历程轨迹。通过计算度量个体生命历程状态轨迹复杂性的熵指数，可以实现生命历程轨迹的综合测量。透过熵指数的队列分布，可以分析生命历程的（去）标准化趋势，从而探讨生命历程与社会规范的理论关系。熵是一个来自信息理论的概念（Shannon，1948），主要测量状态分布的不确定性和多样性。在生命历程研究中，熵分析已被用于考察个体生命历程的异质性

（Billari，2001；Fussell，2005）。例如，维德默和里兹查德（Widmer & Ritschard，2009）根据瑞士家庭调查面板数据，利用熵指数方法分析了生命历程去标准化的性别鸿沟，发现生命历程的去标准化并不是一个涉及所有生命历程领域的一致性趋势，在不同社会群体中遵循着不同的步伐，并且具有明显的队列和性别差异。

熵指数包括横向熵指数（Transversal Entropy Index或Cross-sectional Entropy）和纵向熵指数（Longitudinal Entropy）。熵指数开始被用来描述不同年龄或时点的生命历程状态的多样性，即通过计算不同时间点上（如不同年龄）的个体生命历程状态的熵指数，以比较不同时点或年龄上个体间生命历程状态分布的异质性，这被称为横向熵指数。同时，熵的概念也可以应用于定义个体纵向轨迹的连续状态序列，这被称为纵向熵指数。此时，熵提供的是序列内多样性的度量（Widmer & Ritschard，2009）。换言之，纵向熵指数以每个个体为基准，通过计算每个个体的熵指数以测量不同个体内生命历程的复杂性。

横向熵指数被用于测量状态的多样性以及状态分布的不确定水平，即计算不同时间点上不同个体状态的差异性，如同一年龄不同个体状态的分布差别。假定有两个状态，当一个状态出现的可能性与另一个状态相同，随机选择个体状态的不确定性最大。当一个状态出现的可能性比其他状态更高，则不确定减少。如果每个人都具有相同的状态，则没有不确定性，其计算公式如下所示，其中公式（2）为标准化的横向熵指数。其中，P_i代表状态的横向比例分布。当所有的个体都具有同样的状态时，H为0；当状态是等频率出现时，H达到最大。

$$\mathrm{H}\left(P_{1,\dots,}P_{\mathrm{a}}\right) = -\sum_{i=1}^{\mathrm{a}} P_i \log\left(P_i\right) \tag{1}$$

$$H_{st}\left(P_{1,\cdots,}P_{\mathrm{a}}\right)=\frac{\mathrm{H}\left(P_{1,\cdots,}P_{\mathrm{a}}\right)}{\log \mathrm{a}}=\frac{-\sum_{i=1}^{\mathrm{a}}P_{i}\log(P_{i})}{\log \mathrm{a}} \quad (2)$$

纵向熵指数计算个体内生命历程状态轨迹的复杂变化，纵向熵指数通常采用标准化的形式，以用于比较。公式（3）为标准化的纵向熵指数计算公式，其中P_i代表状态i在不同时间点的状态序列中所占的比例。基于不同状态的时间消耗（Time Spent），纵向熵指数根据每个序列来计算个体的熵指数，进而量化序列状态的复杂性。当一个个体的生命历程序列在观察期内保持相同的状态，如序列状态为B–B–B–B–B–B–B–B–B–B，则其纵向熵指数为0；当序列中的每个状态具有相同的数量，如序列状态为C–C–D–D–E–E–F–F，则其纵向熵指数达到最大。

$$H_{sd}\left(P_{1,\cdots,}P_{\mathrm{a}}\right)=\frac{-\sum_{i=1}^{a}P_{i}\log(P_{i})}{H(A)} \quad (3)$$

其三，识别生命历程轨迹的模式类型。通过最优匹配方法计算生命历程轨迹序列的成对距离矩阵，并以此作为聚类分析的基础，探讨生命历程轨迹的内在模式和结构。序列分析中，最优匹配的基本思想是通过考虑将一个序列转换为另一个序列所需要多少的努力（Effort）或成本（Cost）以测量两个序列的距离或不相似性（Dissimilarity），①从而得到不同个体序列之间的距离矩阵。转换序列通

①序列分析方法借助最优匹配技术来实现序列之间的对比转换，即通过量化将一个序列转化为另一个序列的代价来测量序列间的距离或不相似性，需要通过插入、删除和替换三个基本操作来执行转换,每个基本操作都可以指定一个特定的成本或代价。一个序列转换为另一个序列的成本等于三个基本操作的成本总和，而两个序列之间的距离被定义为将一个序列转换成另一个序列的最小成本，两个序列的转换成本愈小代表两个序列愈相似。Hamming等序列算法保证了最小成本的实现，为每对序列进行转换后即产生成对序列的距离矩阵，而后可以根据序列的相似度运用聚类分析对序列进行分类。

常需要三种基本操作：一是插入（Insert），将状态插入到序列中；二是删除（Delete），从序列中删除一个状态；三是替代（Substitute），状态被另一个替代。①但是，通常会将第一步的插入与第二步的删除进行合并处理。对于每个基本操作，可以设定特定的成本，即一个序列转换为另一个序列所要付出的信息损失代价，而两个序列之间的距离被定义为将一个序列转换成另一个序列的最小成本。然而，成本的设定具有一定的主观性，通常是根据理论或数据特征进行设定，或是直接设定为固定值。例如，如果插入和删除的成本为1个单位，而替换的成本为2个单元，那么将序列AAA转换为序列AA的成本为1个单位，将序列AAA转换为序列AAB的成本为2个单位，而将序列AAAA转换为序列AAB的成本为3个单位。具体示例见图3：

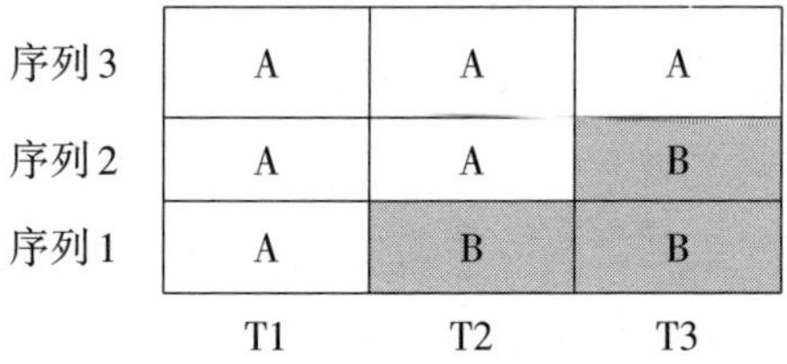

	T1	T2	T3
序列3	A	A	A
序列2	A	A	B
序列1	A	B	B

	[,1]	[,2]	[,3]
[1,]	0	2	4
[2,]	2	0	2
[3,]	4	2	0

①插入、删除和替换是最优匹配技术的三个基本操作，目的是实现序列之间的转换，计算序列之间的距离或相似度。其中，插入是指将一个状态元素插入到序列中，删除是指从序列中删除一个状态元素，而替换是指一个状态元素被替换为另一个状态元素。三个操作本质上是为了实现序列状态元素的比对，如果序列之间的差异非常大，则需执行很多操作方能实现序列之间的转换。举例而言，图3中序列1与序列2有两处状态不同，如果把序列1中的B直接替换为A，以实现两个状态序列的一致性转换，即为替代操作；而如果在序列1中插入A，再删除B，以实现两个序列的转换，即为插入和删除操作(Indel)。

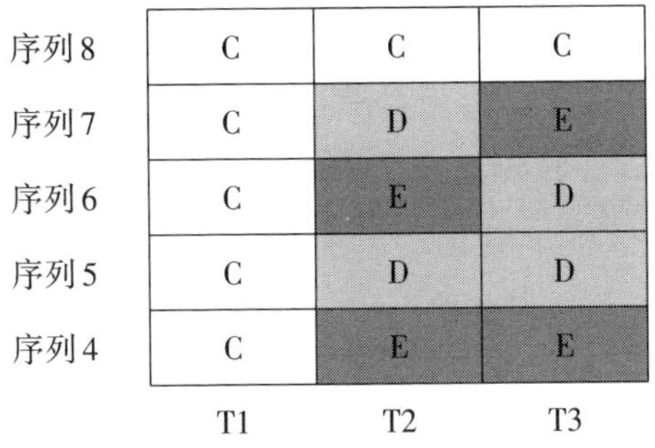

	T1	T2	T3
序列8	C	C	C
序列7	C	D	E
序列6	C	E	D
序列5	C	D	D
序列4	C	E	E

	[,4]	[,5]	[,6]	[,7]	[,8]
[4,]	0	4	2	2	4
[5,]	4	0	2	2	4
[6,]	2	2	0	2	4
[7,]	2	2	2	0	4
[8,]	4	4	4	4	0

注：A、B、C、D、E分别代表不同的生命历程状态，T1、T2、T3分别代表三个不同的时间点或年龄，图中每一行代表一个序列，图右侧的矩阵为不同个体序列的距离矩阵。

图3　最优匹配计算距离示例

如图3所示，第一个轨迹序列与自身是相同的，所以其距离为0；第一个轨迹序列与第二个轨迹序列有一处不同，故其距离为2；而第一个轨迹序列与第三个轨迹序列有两处状态不同，因此其距离为4。轨迹序列4到8是更为复杂的状态轨迹，所以其计算距离也就需要更多的步骤，轨迹序列4与轨迹序列6的距离为2，因为两个序列有一个时点的状态存在差异；轨迹序列5与轨迹序列8的距离为4，因为两个轨迹序列存在两个时点上的状态差异；轨迹序列6与轨迹序列7尽管有两个时点上的状态存在差异，但仅通过一步就可以将两个轨迹序列进行匹配，所以其距离为2，其他轨迹序列的距离计算也相类似。在设定了插入与删除（Indel，即Insert+Delete）以及替代的成本、计算状态轨迹序列的距离后，需要根据距离矩阵对生命历程状态轨迹进行聚类分析，以探索个体生命历程状态轨迹的模式类型，即利用Ward等算法进行层次聚类分析以实现数据的降维处理，从而将序列组织成组，使得组内的序列的相似度最大化并且在组之间最小化。聚类的有效性可以通过一系列的指标来检验，借助这些指标标准能够找到最佳聚类数目，从而实现聚类水平的稳定和个案信息的最大占用。在生命历程实证研究中，序列分析的轨迹模式识别功能得到了广泛运用。举例而言，法桑和拉布（Fasang & Raab，2014）分析了美国中产阶级家庭形式（Family Form）的代际模式，即子女是否表现出与父母相同的家庭行为模式，该研究不是关注孤立的焦点事件，而是将父母及其子女的家庭形式概念化为15至40岁之间生育和家庭形式的联合过程。①通过多通道序列分析方法，该研究发现美国中产阶级家庭存在三种家庭形式的代际模式：强传递模式（Strong Transmission）、适度传递（Moderated Transmission）和代际相悖模式（Contrast Pattern），其中强传递具有相同的过程和速度，适度传递具有相同的过程和不同的速度，而反向传递则具有完全不同的过程和速度。

其四，根据聚类得到的生命历程轨迹类型，结合具体的研究问题和设计进行统计分析，探讨影响生命历程轨迹类型归属可能性的因果机制。以聚类分析得到的生命历程轨迹类型为因变量，通过拟合多分类logistic回归模型来分析不同特征变量对生命历程轨迹类型归属概率的影响。同样以法桑和拉布的研究为例，该研究以序列分析识别得到的家庭形式的不同代际模式类型为因变量，通过拟合multi-nomial logistic回归模型发现，对于美国中产阶级家庭而言，教育导致的向上流动是中度代际传递模式的强烈预测因素，而父母与子女之间密切的情感纽带则促成了强传递模式。

综上所述，序列分析方法之于生命历程研究的价值在于时序状

①该研究定义了单身无子女、单身有1个及以上子女、已婚无子女、已婚有1个子女、已婚有2个子女、已婚有3个子女、已婚有4个及以上子女、离婚无子女、离婚有1个及以上子女等家庭状态形式，并通过上述状态形成了家庭生命历程联合状态序列，进而运用序列分析方法识别了父代与子代的三种状态序列类型。

态轨迹的探索，包括生命历程轨迹的测度和类型识别，其背后的主要目的是探查生命历程或生命历程不同领域的结构和模式，并能够与其他统计分析方法相结合，分析个体归于不同生命历程轨迹类型的影响因素，以及比较观察生命历程模式的代际变迁。但是，序列分析方法也存在着一定的缺点：一方面，不同于其他统计分析方法，序列分析是一种轨迹序列的挖掘和可视化工具，故其难以突显生命事件的转折点意义，无法深入探求独立生命事件对个体发展的影响机制；另一方面，序列分析方法由于需要主观设定序列转换成本，成本设定方法的不同有可能会得到不同的分析结果，故在成本设定上要以理论和数据为考量。总之，序列分析方法为生命历程研究提供了一种可择的分析工具，与事件史分析、增长曲线模型等方法分别引向了不同的研究侧面，共同构成了生命历程研究的方法基础。

四、回顾与展望：生命历程研究的中国经验

（一）研究回顾

关于生命历程领域的中国研究或对中国人生命历程的考察，学者们借助生命历程的理论视角进行了探索和尝试：在宏观事件与微观生命历程之相互关系方面，学者们关注“上山下乡”（Zhou，1999；Wen，2017）、国有企业改革（郭于华、常爱书，2005）、计划生育政策（包蕾萍，2012）、改革开放政策（黄晓星、林滨，2017）等宏观事件和国家行为对生命历程的影响，认为历史事件的发生改变了社会群组生命事件的发生模式和生活机会配置，以历史事件为标识的宏观社会变迁赋予了个体生命历程深刻的历史内涵和

变迁印记，但个体生命历程亦具有嵌入生命跨度的能动性，通过结构性张力与能动性的交互能够创造更多改变人生轨迹的机会（章淼榕、范斌，2017）；在生命历程的纵向分析方面，学者们关注生命历程的累积机制，关于劳动力迁移的生命历程后果，曾迪洋（2014）发现劳动力流迁行为的发生时机与过程促使流动人口的生命历程发生转变，延长了人口再生产的周期；关于生命历程中的健康不平等机制，认为老年人的健康分化不仅是个体因素累积的结果，更是个体与社会结构变迁互动的结果（胡薇，2009），并且这种结构性因素所导致的健康不平等因性别而异（郑莉、曾旭晖，2016）；关于住房不平等，吴开泽（2016）运用生命历程视角发现，职业地位和家庭经济能力强或在房改结束前获得首套房的居民具有优势，并且上述优势来源于父代的住房支持，这种代际支持差异所引发的住房不平等被称为“代际累积”因果机制（谌鸿燕，2017）。关于代际生命历程，研究聚集于家庭代际资源的交换和互惠，认为代际交换轨迹是个体发展、家庭策略和历史策略共同作用的结果，如左冬梅和吴正（2011）发现家庭代际交换的年龄轨迹差异取决于历史时间、个体维度时间以及家庭维度时间的整合；关于向成年转变，刘玉兰（2013）发现童年迁移的类型、时机和持续对成年早期生命事件的发生模式和经济地位获得具有显著影响。

近几年来，生命历程研究的整体范式已经开始得到我国学术界的关注，一些学者基于生命史回顾性数据开展了相关实证研究。例如，有学者基于生命历程研究的整体视角发现，1930—1970年出生的中国人的成年转变轨迹模式经历了从传统到现代的结构性演变过程（王殿玺，2019）。还有学者利用序列分析方法识别出六类中国老年人典型工作-家庭生命轨迹，并分析了不同轨迹类型对老年人身心健康的影响，发现回归家庭型、提前退休型老年人的身心健康水平较低（宋月萍、张婧文，2020）。

总体而言，生命历程的中国研究具有如下特点：一是跨学科性，学者们开始逐渐运用生命历程研究视角和理论框架开展经验问题的跨学科研究；二是方法上，定性研究与定量研究各具特色，生命历程的定性研究从生活史、叙事分析等方法深入揭示生命历程背后的个体动机、社会文化意义，而定量分析则利用事件史分析技术等统计方法来研究生命历程的转换及相关影响机制；三是生命历程研究的侧重点以宏观与微观相结合视角为主，更为关注宏观事件对个体生命历程的作用机制。此外，早期经历对后期生命历程结果的影响也逐渐开始得到关注。

（二）研究展望

国外生命历程研究范式的转变和研究方法的发展为中国生命历程的研究实践提供了新的汲养，但我们在借鉴、运用和审视西方理论传统的同时，亦会发现我国生命历程研究面临着理论整合、数据收集以及方法创新等方面的诸多困境。首先，生命历程理论观点的跨学科整合难题。如何结合中国情境将现有散存于各学科的生命历程理论观点整合形成综合的理论框架和体系，这构成了生命历程理论研究的重大挑战。当然，理论整合难题是国内外生命历程研究者所共同面临的问题。其次，数据资料匮乏。开展生命历程研究需要较长时间跨度的追踪调查数据或高质量的生命史调查数据，但这些类型的数据在我国还比较稀缺，已经成为我国生命历程研究拓展的限制因素。再次，研究方法创新不足。当前，我国的生命历程研究方法主要是对西方研究经验的借鉴，本土的方法（论）创新甚是缺乏，难以为理论发展提供支撑。最后，学术研究共同体尚未形成。国外生命历程研究已经形成了较为稳定的学术共同体，如肖恩（Schoon）等学者发起的纵向和生命历程研究协会（Society For Longitudinal And Life Course Studies），但在中国，针对生命历程研究的学术共同体还未真正建立起来，在一定程度上制约着我国生命历程研究的进一步发展。

基于以上困境或不足，在中国这片学术沃土上，亟需拓展生命历程研究的疆界，特别是深化中国场景下的生命历程研究或研究中国人的生命历程。基于这样的判断或期许，生命历程研究的中国传统可在如下主题展开讨论。

第一，生命历程理论的发展。自从艾尔德提出生命历程理论的五条基本原则以来，对生命历程理论的拓展和创新似乎进入了停滞状态，尽管阿尔文（Alwin，2012）曾经拓展了生命历程理论的原则、列维（Levy，2001）将社会结构分析引入生命历程理论框架、比拉里（Billari et al.，2009）等人提出了生命历程研究的整体视角等，但是这些理论观点有的未经经验研究的证实，有的只是局部性的理论修正，并未达到人们对生命历程理论发展的预期，也并未实现生命历程理论观点的跨学科整合。在中国，尽管生命历程的研究视角已经在不同学科得到广泛的应用，但是关于生命历程理论的创新研究甚是缺乏。然则，在中国这样经历巨大社会变迁的社会，已然具备了生命历程理论创新的现实条件，如何基于中国情境提出生命历程研究的创新性理论思想，整合建构形成开放性的理论体系，成为摆在中国生命历程研究者面前的重要课题。例如，可以根据中国人的生命史数据，通过建立生命历程概念之间的理论联系形成有价值的研究成果，从而进一步填补和丰富生命历程理论框架。因此，在生命历程理论创新方面，学界呼唤基于中国实践场景的生命历程理论升华，强调基于中国人生命历程研究的理论发展。同时，社会现实情景的变化为生命历程理论的拓展提供了前所未有的机遇，一方面，随着社会的变迁以及中国人口转变的完成，中国人的生命历程发生了深刻变化，特别是20世纪80年代和90年代出生队列的生命历程事件更加多元、异质，这种现实变化为生命历程的（去）标准化或（去）制度化理论观点的发展提供了条件，也是生命历程理论创新的生长点；另一方面，中国比任何国家所发生的宏观历史事件都更为丰富、剧烈，如何利用中国的数据资料来理解宏观事件对微观个体生活机会、生命历程变化的作用机理，也应当是生命历程理论创新的挖掘点。

第二，生命历程理论概念测量与命题检验。生命历程理论创建以来，提出了诸多概念与理论观点，且初步形成了松散的理论框架。在这些理论观点中，有些概念和命题得到了有效测量和检验，比如，在整体范式中，通过将生命历程轨迹操作为生命历程状态和角色的联合轨迹，可以利用序列分析实现生命历程轨迹的挖掘，但尚有很多概念和命题未得到有效的测量和检验，如能动性概念的测量等，需要探索科学的测量方法。特别是，在生命历程研究中，到底是结构性力量对生命历程变化的影响深刻还是主观能动性对生命历程发展的影响明显，学术界还没有定论，而对于中国这样经历了或正在经历巨大社会变迁的国家来说，如何通过有效的测量厘定两者对生命历程轨迹的影响成为摆在中国学者面前的重要课题之一。作为一种中层理论的建构，艾尔德提出的生命历程理论框架和相关命题至今没有得到有效的检验，学者们可以利用中国的实证数据对框架中的不同部分进行检验，如对相互联系的生活这一命题的验证等。然则，要实现生命历程理论的检验，需要以下两个现实条件：一是生命史数据的收集，生命史数据是生命历程研究的资料基础，但遗憾的是，中国尚未有准确的生命史调查数据记录不同代际的生命历程，因而，有必要开展生命史数据调查，建立中国人的生命史数据库；二是跨学科的研究设计，需要将不同学科的视角与理论观点进行整合，从不同的学科视角来演绎和检视生命历程理论的不同命题。

第三，生命历程研究方法的应用与创新。生命历程的定量研究方法日益丰富，但较为常用的主要涉及以下两种：第一种是事件史分析方法，截取某一关键事件或重要的转变进行研究，对于研究具体生命事件的转换具有重要的价值；第二种是序列分析方法，基于整体研究范式，分析个体或群体一生的生命历程状态轨迹，对于分析生命历程的结构和整体模式具有重要的意义。此外，生命历程的研究方法还包括竞争轨迹分析（Competing Trajectories Analysis）、增长曲线模型等统计分析方法。在生命历程的中国研究中，上述方法均有用武之地，研究者可以基于不同的研究设计采用适宜的统计分析方法。例如，研究者可以用序列分析方法揭示个体生命历程的轨迹、模式以及不同特征群体的差异，如不同世代生命历程模式存在怎样的变化趋向，不同性别、社会阶层间的生命历程模式又有何不同。研究者也可以运用事件史分析方法分析生命事件的发生机制，如分析与年龄相关的正式/非正式规范如何影响生命历程、社会分层机制与生命历程不同领域参与模式的相互关系、制度连续性会否增加生命历程的同质性抑或社会变迁会否产生生命历程分化等。研究者还可以利用竞争轨迹分析方法对向成年过渡、向中年转变等阶段性生命历程轨迹进行研究，如研究从教育到就业的转变、从单身到结婚状态的转变、迁移状态的变化轨迹、家庭-工作的转变轨迹以及社会经济地位的变化轨迹等。同时，生命历程研究方法的创新仍然是一个不能忽视的问题，事件史分析和序列分析方法各有优点，但也存在着各自的不足，如何结合事件史分析与序列分析方法的优点改进生命历程研究的分析方法，以使我们能够同时考虑生命事件的转折点意义以及生命历程整体轨迹的形态，这为生命历程研究方法的创新提供了可能空间。

第四，生命历程研究的跨国比较。当前，西方国家已经具备了丰富的纵向数据、生命登记数据以及回顾性调查数据资料，可以利用这些数据开展生命历程的跨国比较研究。生命历程国际比较研究不仅要对中西方关于生命历程研究的现有结论进行综述，更为重要的是基于中西不同国家的数据资料进行深入的比较研究，分析生命历程模式与特征、重要转变的发生时机与类型如何因国家而异，如何通过文化、制度和经济因素来解释差异，特别是对发展阶段或国情相似抑或差异明显的国家进行生命历程对比分析，如此或许能够得出更具有国际视野、有说服力的研究结论。此外，生命历程研究的国际视野还包括对经历过重大历史事件或社会变革的国家的比较研究，如对经历东西德合并这种历史事件的国家成员生命历程的研究、福利国家崛起对生命历程计划性增抑的差别影响、战争对不同国家群体或者同一国家不同群体影响的研究等。同时，当前欧美等西方发达国家已经积累了丰富的数据，但对于发展中国家来说，生命历程研究所需要的数据资料还十分匮乏，而随着中国等发展中国家越来越重视开展追踪调查，相信生命历程的跨国比较研究会更为便利，成果也会更加丰富。

第五，生命历程领域的跨学科研究。自从生命历程理论创立以来，对生命历程理论的应用屡见于现有文献，在社会学、人口学、犯罪学、社会医学等学科得到了广泛的应用，研究主题涉及人口迁移、犯罪、健康、流行病学等领域，由此可见，生命历程研究具有跨学科研究的性质。而在中国的生命历程研究中，同样需要跨学科的研究视角，呼唤社会学、心理学等不同学科研究者的共同参与，从而为中国生命历程研究提供不同的学科视角，促进生命历程理论的进一步融合。比如，有学者认为，生命历程轨迹是结构性因素和个体能动性因素相互作用的结果（Settersten & Gannon，2005），而分析“结构”和“能动性”之间的张力关系需要明确两者的概念和测量路径，并且要开发更复杂的理论和方法来构建两者的关系，而这些要求跨越发展心理学和生命历程社会学等学科间的界限；又如，在生命历程的（去）标准化研究中，越来越多相互矛盾的证据表明生命历程已变得更加标准化抑或非标准化，而对一观点的澄清亦需要跨学科的证据予以支持。还有学者认为，上述两个研究领域（结构与能动性之间的紧张关系、生命历程标准化或非标准化的现实证据）为生命历程的跨学科研究提供了巨大的潜力，通过知识的跨学科转移，可以为因果关系解释提供不同学科的相互支持和彼此印证（Sibeon，1999）；其中，生命历程的跨学科研究可以尝试回答如下议题：一是结构性因素如何生产生命历程的标准性或规范性？二是能动性如何产生生命历程的非标准化和可变性？三是结构性和能动性因素是否或在什么条件下会塑造生命历程的多元性抑或统一性？这些议题的回答亦能够为生命历程的跨学科研究提供良好的开端，可以为描述生命历程的相互依赖性、过程和机制提供一种通用语言，各个学科均可以在其中找到自己的位置或研究问题，进而促进生命历程的跨学科合作和知识累积。

参考文献

包蕾萍，2012，《中国独生子女生命历程:家国视野下的一种制度化选择》，《社会科学》第5期。

郭于华、常爱书，2005，《生命周期与社会保障——一项对下岗失业工人生命历程的社会学探索》，《中国社会科学》第5期。

胡薇，2009，《累积的异质性——生命历程视角下的老年人分化》，《社会》第2期。

黄晓星、林滨，2017，《社会变迁与生活机会:1977年以来的生命历程研究》，《兰州大学学报》(社会科学版)第4期。

刘玉兰，2013，《生命历程视角下童年期迁移经历与成年早期生活机会研究》，《人口研究》第2期。

李强、邓建伟、晓筝，1999，《社会变迁与个人发展:生命历程研究的范式与方法》，《社会学研究》第6期。

宋月萍、张婧文，2020，《工作家庭生命历程对老年人健康的影响——来自中国城镇地区的证据》，《人口与发展》第5期。

王殿玺，2019，《童年经历与成年转变模式研究——以生命历程为视角》，《青年研究》第2期。

吴开泽，2016，《生命历程视角的城市居民二套房获得》，《社会》第1期。

曾迪洋，2014，《生命历程理论视角下劳动力迁移对初婚年龄的影响》，《社会》第5期。

左冬梅、吴正，2011，《中国农村老年人家庭代际交换的年龄轨迹研究》，《人口研究》第1期。

郑莉、曾旭晖，2016，《社会分层与健康不平等的性别差异——基于生命历程的纵向分析》，《社会》第6期。

郑作彧、胡珊，2018，《生命历程的制度化:欧陆生命历程研究的范式与方法》，《社会学研究》第2期。

章淼榕、范斌，2017，《回沪知青子女的生命历程能动性研究——基于个案分析》，《广东社会科学》第6期。

谌鸿燕，2017，《代际累积与子代住房资源获得的不平等：基于广州的个案分析》,《社会》第4期。

Aassve, Arnstein, Francesco Billari & Raffaella Piccarreta 2007, "Strings of adulthood: A sequence analysis of young British women's work-family trajectories." *European Journal of Population* 23(3 - 4).

Abbott, Andrew 1990, "A primer on sequence methods." *Organization Science* 1(4).

—1995, "Sequence analysis: New methods for old ideas." *Annual Review of Sociology* 21(21).

Abbott, Andrew & John Forrest 1986, "Optimal matching methods for historical sequences." *Journal of Interdisciplinary History* 16(3).

Abbott, Andrew & Alexandra Hrycak 1990, "Measuring resemblance in sequence data: An optimal matching analysis of Musicians' careers." *American Journal of Sociology* 96(1).

Abbott, Andrew & Angela Tsay 2000," Sequence analysis and optimal matching methods in sociology: review and prospect." *Sociological Methods & Research* 29(1).

Aisenbrey, Silke & Anette Fasang 2010, "New life for old ideas: the 'Second Wave' of sequence analysis bringing the 'course' back into the life course." *Sociology Methods Research* 38(38).

Alwin, Duane 2012, "Integrating varieties of life course concepts." *Journals of Gerontology* 67(2).

Axinn, Willian, Lisa Pearce & Dirgha Ghimire 1999, "Innovations in life history calendar applications." *Social Science Research* 28(3).

Billari, Francesco 2001a, "The analysis of early life courses: Complex descriptions of the transition to adulthood." *Journal of Population Research* 18(2).

—2001b, "Sequence analysis in demographic research." *Canadian Studies in Population* 28(2).

Billari, Francesco, Dimiter Philipov & Testa Maria Rita 2009, "Attitudes, norms and perceived behavioural control: explaining fertility intentions in Bulgaria." *European Journal of Population* 25 (4).

Brückner, Hannah & Karl Ulrich Mayer 2005, "De-standardization of the life course: What it might mean? And if it means anything, whether it actually took place? " 9.

Clause, John 1986, "Factes and contexts of the life course." *Contemporary Sociology* 15(1).

Dannefer, Dale 1987, " Aging as intra-cohort differentiation: Accentuation, the Matthew Effect and the life course." *Sociological Forum*, 2(2).

Eerola, Merv & Satu Helske 2016, "Statistical analysis of life history calendar data." *Statistical Methods in Medical Research* 25(2).

Elder G. H. 1974, *Children of the great depression: Social change in life experience*. Chicago: The University of Chicago Press.

—1975, "Age differentiation and the life course." *Annual Review of Sociology* 1(1).

—1985, "Perspectives on the life course. "In: Elder G. H. Ed., *Life Course Dynamics: Trajectories and Transitions, 1968~1980*. New York: Cornell University Press.

—1997, "The life course and human development." In: R. M. Lerner Ed., Handbook of child psychology, Vol. 1: *Theoretical models of human development*. New York: John Wiley.

Elder, Glen, Monica Johnson & Robert Crosnoe 2003, "The emergence and development of life course theory."In: J. T. Mortimer & M. J. Shanahan (Eds), *Handbook of the life course* (pp. 3–19). New York: Plenum.

Elzinga, Cees 2003, "Sequence similarity: A non–aligning technique." *Sociological Methods & Research* 32(3).

—2010, "Complexity of categorical time series." *Sociological Methods & Research* 38(3).

Elzinga, Cees & Aart Liefbroer 2007, "De–standardization of family–life trajectories of young adults: A cross–national comparison using sequence analysis." *European Journal of Population* 23(3–4).

Fasang, Anette & Marcel Raab 2014, "Beyond transmission: Intergenerational patterns of family formation among middle–class American families." *Demography* 51(5).

Ferrari, Giulia & Ariane Pailhé 2016, "Transition to adulthood in France: Do children of immigrants differ from natives?" *Advances in Life Course Research* 31.

Freedman, Deborah & Arland Thornton 1988, "The life history calendar: a technique for collecting retrospective data." *Sociological Methodology* 18.

Fussell, Elizabeth 2005, "Measuring the early adult life course in Mexico: An application of the entropy index."*Advances in Life Course Research* 9.

Gabadinho, Alexis, Gilbert Ritschard, Nicolas Müller & Matthias Studer 2011, "Analyzing and visualizing state sequences in R with TraMineR." *Journal of Statistical Software* 40(4).

George, Linda 1993, "Sociological perspectives on life transitions." Annual Review of Sociology 19(1).

Giddens, Anthony 2003, *Runaway world: How globalization is reshaping our lives* New York: Routledge.

Giele, Janet & Glen Elder 1998,*Methods of life course research: Qualitative and quantitative approaches*. London: Sage Publications.

Gotlib, Ian & Blair Wheaton 1997, *Stress and adversity over the life course*. Cambridge: Cambridge University Press.

Jackson, Pamela & Alexandra Berkowitz 2005, "The structure of the life course: Gender and racioethnic variation in the occurrence and sequencing of role transitions." *Advances in Life Course Research*,9.

Kohli, Martin 1986, "The world we forgot: A historical review of the life course." In V. W. Marshall Ed., *Later life: The social psychology of aging* (pp. 271-303). London: Sage.

Lesnard, Laurent 2006, "Optimal Matching and the Social Sciences. "CREST working paper. INSEE, Paris.

—2008, "Off-scheduling within dual-earner couples: An unequal and negative externality for family time." *American Journal of Sociology* 114(2)

Levine, Joel 2000, "But what have you done for us lately?: Commentary on Abbott and Tsay." *Sociological Methods & Research* 29(1).

Levy, René 2005 "Why look at life courses in an interdisciplinary perspective?" *Advances in Life Course Research* 10(5).

Macmillan, Ross 2005, "The structure of the life course: Classic issues and current controversies." *Advances in Life Course Research* 9.

Marini, Margaret 1984, "Age and sequencing norms in the transition to adulthood." *Social Forces* 63(1).

Mayer, Karl Ulrich & Urs Schoepflin 1989, "The state and the life course." *Annual Review of Sociology* 15(15).

Mills, Melinda 2007, "Individualization and the life course: Toward a theoretical model and empirical evidence." In C. Howard ed., *Contested Individualization*, New York: Palgrave Macmillan.

Modell, John, Frank F. Furstenberg & Theodore Hershberg 1976, "Social change and transitions to adulthood in historical perspective." *Journal of Family History* 1(1).

Mounoud, Pierre 1982, "Revolutionary periods in early development." In: T. G. Bever ed., *Regression in mental development*. Hillsdale, NJ: Erlbaum.

Pollock, Gary 2007, "Holistic trajectories: A study of combined employment, housing and family careers by using multiple-sequence analysis." Journal of the Royal Statistical Society: Series A (Statistics in Society) 170(1).

Riley, White, Marilyn Johnson & Anne Foner. 1972, "Aging and society." *A sociology of age stratification*. Vol.3, New York: Sage.

Robette, Nicollas 2010, "The diversity of pathways to adulthood in France: Evidence from a holistic approach." *Advances in Life Course Research* 15(2–3).

Ryder, Norman 1965, "The cohort as a concept in the study of social change." *American Sociological Review* 30(6).

Schwanitz, Katrin 2017, "The transition to adulthood and pathways out of the parental home: A cross-national analysis." *Advances in Life Course Research* 32.

Settersten, Richard & Karl Ulrich Mayer 1997, "The measurement of age, age structuring, and the life course." *Annual Review of Sociology* 23(1).

Shanahan, Michael 2000, "Pathways to adulthood in changing societies: Variability and mechanisms in life course perspective." *Annual Review of Sociology* 26(1).

Shanahan, Michael & Ross Macmillan 2008, *Biography and the sociological imagination*[M]. New York: W.W. Norton.

Sibeon, Roger 1999, "Agency, structure and social chance as cross-disciplinary concepts." *Politics* 19(3).

Sironi, Maria, Nicola Barban & Roberto Impicciatore 2015, "Parental social class and the transition to adulthood in Italy and the United States." *Advances in Life Course Research* 26.

Settersten, Richard & Lynn Gannon 2005, "Structure, agency, and the space between: On the challenges and contradictions of a blended view of the life course." *Advances in Life Course Research* 10.

Standing, Guy 2011, "Labour market policies, poverty and insecurity." *International Journal of Social Welfare* 20(3).

Stovel, Katherine, Michael Savage & Peter Bearman 1996, "Ascription into achievement: models of career systems at Lloyds bank, 1890–1970." *American Journal of Sociology* 102(2).

Studer, Matthia, Gilbert Ritschard, Alexis Gabadinho & Nicolas Müller 2011, "Discrepancy analysis of state sequences." *Sociological Methods & Research* 40(3).

Wen, Fan 2017, "Education delayed but not denied: The Chinese Cultural Revolution cohort returning to school." *Advances in Life Course Research* 33.

Widmer, Eric & Gilbert Ritschard 2009, "The de-standardization of the life course: Are men and women equal?" *Advances in Life Course Research* 14.

Wu, Lawrence 2000, "Some comments on sequence analysis and optimal matching methods in sociology: Review and prospect." *Sociological Methods & Research* 29(1).

Zhou, Xueguang & Liren Hou 1999, "Children of the Cultural Revolution: The state and the life course in the People's Republic of China." *American Sociological Review* 64(1).

陈金燕．从文本到社会知识：基于文本的社会科学研究综述[M/OL]//赵联飞，赵锋．社会研究方法评论:第1卷．重庆:重庆大学出版社．

从文本到社会知识：基于文本的社会科学研究综述

陈金燕[①]

摘要：基于文本的社会科学研究本质是使用特定方法将文本转换为知识；本文将综述相关方法及其在社会科学中的应用。首先，本文将简要回顾从文本中获得社会知识的思想基础，讨论为何文本能用于研究社会现象；然后，本文系统梳理文本分析方法，包括作为语言符号和作为数学表示的两类方法，回应已有研究“偏数学而轻语言”的现状；接着，本文根据分析方法总结出不同的分析任务，并进一步整理与分析任务对应的学科研究议题，包括社会学、政治学、公共管理、新闻传播、经济学、金融学和公共卫生七个学科。

关键词：文本分析；语言符号；数学表示；计算社会科学

Abstract: The essence of text-based social science research is to use specific methods to transform texts into knowledge. This article will review computational text-based methods and their applications in social science. Firstly, I briefly review the reason why we can extract knowledge

①作者简介：陈金燕，中山大学社会学与人类学学院博士研究生，主要研究方向为计算社会学、文本分析。联系方式：chenjy233@mail2.sysu.edu.cn。

from texts. Then I combe through methods of text analysis, including linguistic-based and mathematics-based. Afterwards, I summarize eight tasks in consideration of the characteristic of methods, and their applications in social science.

Key words: Text Analysis; Linguistic Sign; Mathematical Language; Computational Social Science

一、引言

用文本研究社会现象的本质是将文本转换为社会知识。研究开始前需要思考三个问题：一是为何文本能用于研究社会现象；二是有哪些文本分析方法；三是怎么将分析方法与学科研究对象结合起来。

文本之所以能够用于研究社会现象，是因为文本是人类知识和记载人类社会进程的最主要的载体之一，记录了个体和集体的观念、行为和互动过程，呈现了广泛而细致的社会生活景象。文本既存在于呈现线上社会生活的社交媒体、即时通信中，又存在于为方便传播和存档而电子化的新闻报道、法律政策文本、电子书籍、转录的视频文本、医疗记录中。在当前计算机和互联网的发展浪潮中，文本数据量出现了爆炸式增长，为学者提供了丰富的观察社会现象的经验材料。

为了从文本中挖掘出知识，学界发展了许多分析方法：除了质性研究法中的文献阅读法、内容分析法等，目前主要发展的是文本的数学表示及其模型，例如词频-逆文档频率（term frequency-inverse document frequency，tf-idf）、主题模型（topic model）、词嵌入（word embedding）等。但较少研究关注文本的语言符号意义，事实上它们也具有丰富的社会科学价值，已经发展出语义场、词类、词组、句法分析等方法。这些方法将文本中的社会痕迹（traces）转化为有价值的数据（Grimmer & Stewart，2013），呈现了不同类型、不同细粒度的社会信息，形成了社会科学研究的分析基础。

分析方法与学科结合的方式是，将文本转换得到的数据，通过某种应用思路来回答研究议题。已有综述主要从两方面总结应用思路——社会科学整体和单一学科。整体上，詹姆斯和阿塞韦斯（James & Aceves，2016）依据社会世界的层次（layers）提出“集体注意力和推理（内容层次）、社会互动（过程层次）、社会状态/角色/变迁（信号层次）”的应用思路。伯杰等（Berger et al.，2020）区分了文本生产者和文本接收者，并在此基础上依据学科特点提出了4类主体——消费者、公司、投资者、机构/社会之间的互动分析思路。单一学科方面，根茨科等(Gentzko et al.，2019）总结了政治学的应用思路——划分已知/未知文本类型、获得政策文本主题、预测文本生产者、测量行动者的政治空间位置等。沈艳等（2019）提出经济学和金融学的分析思路，前者主要用于刻画经济政策不确定性、对行业进行分类、预测经济周期、度量媒体报道偏差、量化央行政策沟通内容等，后者用于建构投资者/媒体关注度、测量投资者/媒体/管理层情绪、度量文本可读性/复杂性、测量金融市场不确定性、构建投资者分歧指数等。但这些总结要么过于抽象，难以应用到各个学科来启发新的研究议题；要么过于具体，较难启发其他学科的研究路径；同时较少提及与分析方法间的联结。

本文将尝试在方法上总结数学表示和语言符号表示两类方法，

回应已有研究“偏数学而轻语言”的现状；在应用方面，总结与方法直接对应的分析任务，及其对应的各学科研究议题，从而缩短方法与研究议题间的思考距离；在此之前，也会简要回顾文本用于社会科学分析的思想基础。具体而言，本文分为四个部分：第一部分简要回顾从文本中获得社会知识的思想基础，包括文本为何能够呈现社会世界、文本为何能够作为语言符号系统和数学表示进行分析。第二部分系统回顾文本分析方法，一是文本作为语言符号系统的分析方法，包括词语层次和句子层次，涉及词类、词法范畴、句法分析、会话分析等；二是文本作为数学表示的分析方法，包括数值特征类、分类/聚类、网络、矩阵/向量空间四种主要类型。第三部分讨论如何在具体研究议题中运用分析方法，首先根据分析方法总结出不同的分析任务，再整理与分析任务对应的学科研究议题。第四部分是讨论和反思。

二、从文本到社会知识的思想基础

（一）文本中的社会世界

文本能够呈现社会世界。“语言是存在之屋”（Heidegger, 1946），即事物的“存在”呈现在人们所缔造出来的语言或文字之中，最后人们所建构的“实在”，变成了“实在自身”。而建构的实在，既包括“生活世界”（life world），又包括科学家建构的“微世界”（microworld）（Wallner, 1994；黄光国，2006）。文本能捕捉社会世界的变化，这是因为文本的诞生是为了方便记录和传播，与社会关联密切，使得社会生活的变化或多或少能够反映在语言中（陈原，1983）。

文本能够反映不同颗粒度的社会信息。维特根斯坦（1996）提出，世界与语言间的关系是一一对应的，它们中的层级关系也是一一对应的。文本既呈现了现实世界粗粒度的内容，例如新闻报道的社会事件文本、社交媒体文本反映的情绪，又能捕捉细粒度的信息，如美国社会语言学家沃尔夫森（Wolfson，1983）所说的，文本呈现了“说话人对听话人，在什么时候，以怎样的方式，说了什么”（Who says what to whom，when and how）的微观互动情况。

（二）社会世界的表示：语言符号和数学表示

社会世界在文本中主要有三种呈现形式，本综述主要讨论后两种。第一种是非结构的、直接呈现的文本；第二种是带有社会意义的语言符号，例如表达人和事物的名词、表现说话人情绪的句子类型（陈述句、疑问句、祈使句、感叹句等）；第三种是抽象表示的数学符号，例如呈现人们认知空间的词嵌入（Garg et al.，2018）、呈现人们关注内容的主题概率分布（Farrell，2016）等。

从发展缘起看，文本、语言和数学三者具有天然的相通性。虽然它们在人类历史的发展中曾经一度分道扬镳，但随着自然语言处理和计算社会科学的发展，最终仍然走到了一起（吴军，2012）。具体而言，文本（文字）、语言和数学的本质目的在于传递信息。其中，文本是语言的书写符号系统，具有语言的词义、句法等属性，而数学能够表示和度量文本和语言中的信息，建立起可计算的信息系统（即香农信息论的思想）。

与呈现形式相对应，学者主要采用三种方式来挖掘文本背后的社会世界。一是将自己作为方法的定性研究法，研究者自身对文献资料、网络民族志文本进行阅读、理解和分析；二是将其作为人类语言，分析其形式、含义和语境等，沿着语言学的思路来理解社会；三是将其转换为数学表示，试图通过计算和统计等方法来挖掘背后的社会知识。

文本能够呈现社会世界，并且除了非结构化文本以外，主要有语言符号和数学符号两种表示，那么下面将总结两种表示相关的文本分析方法。

三、作为语言符号的文本方法

文字是记录语言的书写符号系统，其背后具有丰富的社会属性。作为语言符号的文本分析方法主要分为两类：词语层面和句子层面，后者较前者的信息更为丰富。

（一）基于词语层面的语言符号

词语层面包括词语的指代对象、语义场、词类和词组等方法。指代对象是词义所指代的具有意义的对象，例如人、事件、工作名称、性别等，使用命名实体识别（Named Entity Recognition，NER）等方法，将指代对象组合起来，计算词频或构建指标，进而做统计分析。例如锡瓦卡和斯米尔诺夫（Sivaka & Smirnov，2018）用网络帖子中不同群组提到“儿子”或“女儿”的比例，以及提到孩子的平均次数、帖子获得的“喜欢”数量等信息，分析社交网络环境是否会通过奖励带有性别、孩子的帖子来强化性别偏见，发现男性和女性在微博中提到儿子的频率都高于女儿，一定程度上表明性别不平等可能在人生早期就开始了。

语义场采用了义素分析法，通过不同词语间基本语义单位——

义素的共性和差异性来呈现语义空间中的结构。主要的常用义素/义原知识库包括知网的HowNet，呈现了“义素/义原—词义—单词”的三层语义结构关系；语义场的分析既需要义素分析法，也需要网络分析法。基于“共词化”（colexification），即同一词表达不同含义的现象的假设，杰克逊（Jackson et al.，2019）通过词语背后的情绪概念网络，分析了不同语系在情绪网络上的共性。

词类是语言的语法分类，即根据语法特征（包括句法功能和形态变化）为主要依据，兼顾词汇意义对词进行划分的结果，主要运用词性标注法（Part-of-Speech tagging，POS tagging）。中文词类可分为两大类，实体和虚词；实体又包括名词、动词、形容词、数词、量词、代词、区别词等，虚词则包括副词、介词、连词、助词、叹词、语气词、拟声词等。研究者可根据词类特征构建指标，用于测量社会特征或理论概念。例如乔丹等（Jordan et al.，2019）用虚词建构了分析性思维和自信的测量指标，前者为“冠词+介词-代词-助动词-副词-连词-否定句”并标准化，后者为“我们+你/你们-社会类词-我-脏话-否定词-区别词（differentiation words）”并标准化；他们发现，在过去一个世纪里，在与公众的互动中，领导人分析性思维下降，自信力上升。

词组是由两个或多个词组成的语言片段，相较词语本身有更丰富的信息。例如龚为纲等（2019）计算了与“of China”相关的词组频数，发现“rise of China”“against China”“threat of China”是出现频数最大的词组；他们认为，这说明当前美国涉华公共舆情的总体特征是“中国崛起和应对中国崛起的中国威胁论”。

（二）基于句子层面的语言符号

句子层面的分析方法包括句法分析、句子功能及语气和会话分析等方法，相较词语层面的分析方法有更丰富的信息。

句法分析指的是从句子层面对词语的语法功能进行分析，包括分析句法结构（如主谓宾结构）和词汇间的依存关系（dependency parsing）（如并列、从属等）。例如有学者（Danescu-Niculescu-Mizil et al.，2013）用语义和句法特征建构了礼貌分类器，如以“你”开头的句子结构是不礼貌的，表现为“你应该”（You need to）。布拉姆森等（Bramsen et al.，2011）使用了词义和句法特征等，建构了权力关系分类器（向上级、向下级、平级）。丘心颖等（2016）用完整句子（含有主谓结构）的占比、基础词汇占比和汉字笔画数等构建了年报文本的可读性指数。句法中的语序也能够进行分析。如哈恩等（Hahn，2020）分析了51种语言的实际语序和反事实语序，用模型衡量它们的交际效率和认知效率，发现在人类语言语法的共通部分中似乎能找到二者间的平衡：既要简单到让说话者能够轻松地造出句子，又要复杂到让听者能够清楚地理解。

句子功能和语气的分析是以意义为基础、以语气为标准进行句子分类，可呈现句子背后的逻辑认知和情感态度，使用语气词识别或分类算法。例如王和朱（Wang & Zhu，2017）基于句子的语言风格反映了作者特有的逻辑认知和态度的假设，提取和分析语言特征，包括陈述句、疑问句、感叹句的比例，来预测文本作者。

会话分析基于常人方法学（ethnomethodology）（Garfinkel，1967）和符号互动理论（Goffman，1967）发展而来，用于研究语言的交际互动，分析对象包括日常生活会话和机构会话，后者包括医患会话、法庭控辩双方会话等。例如多伊尔（Doyle，2016）用文本测量推特互动中的语言协同（linguistic alighment），即一个人的语言使用多大程度受另一人影响，呈现了日常会话中权力的作用过程。

四、作为数学表示的文本方法

数学表示的文本分析方法分为四种类型：一是数值特征，通过计算方法将文本转换为频数/频率、特殊指标和文本表示等；二是分类和聚类，用分类和聚类算法获得文本类别；三是网络方法，又分为网络建构和分析，网络类型（包括基于词性、依存句法等的网络）用一种或多种类型的节点建构一模或多模网络和呈现知识和事件关系的知识图谱和事理图谱，而分析方法包括基于节点/边的分析和基于子图的分析；四是矩阵/向量空间，包括主题模型及其扩展模型、词嵌入等。

（一）数值特征类方法

频数指某对象在文本中出现的频数，其对象可以是特定属性的词语、特定词类（如名词）等；相对频数则是该对象频数占文本词语总数的比例，用于描述属性或词类等对应社会特征的基本情况。其中有两种主要应用思路：一是社会特征随时间的变化。例如米歇尔等（Michel et al.，2011）用谷歌图书语料库分析关键词的使用频率变化，呈现了1800年到2000年英语世界中的语言和文化现象，并将这类工作称为“文化组学”（culturomics）。陈云松（2015）沿着这一思路研究了19世纪中期以来社会学的发展历程，包括学科轨迹、名家大师、理论流派、领域热点、分析方法和中国社会学的文化影响力。二是使用字典，计算文本中每一类词汇的出现次数，从而获得文本不同类别的得分，可根据文本情况加权处理，又被称为字典法（dictionary methods）。研究者既可以根据研究目的整理字典，也可以用公开的字典发展较为成熟的字典。字典法常被用于测量情绪、价值取向等。例如布鲁克和纽曼（Bruch & Newmam，2018）、戈尔德和梅西（Golder & Macy，2011）、萨谢蒂里和辛格（Sheshadri & Singh，2019）等学者从语料库中提取情感词汇，并用其出现频率测量个体情绪或新闻框架的极化指标。冯·博梅尔（van Bommel，2014）用社会学价值（sociology of worth，SOW）字典测量了工业、市场、市民、绿色领域的价值取向。较常使用的分析工具是语言获得和词汇计数（Linguistic Inquiry and Word Count，LIWC）方法，能够将词汇归类到多个预设类别中，例如语言类（人称代词、连词等）、心理类（生气、焦虑等）（Pennebaker et al.，2001）。汉弗莱斯和王（Humphreys & Wang，2018）尝试整理了部分标准字典，包括通用类、消费类、心理类、情感类、社会类字典。

特殊指标指根据特定计算方法获得的指标。本文主要介绍政策立场和可读性。政策立场可用词语得分（wordscores）和词语缩放（wordfish）方法，一定程度上前者是有监督的，后者是无监督的。词语得分由拉韦尔（Laver et al.，2003）提出。其基本思想是：每个词语反映了不同程度的政策立场，即权重得分；通过计算词语权重得分的平均值，获得文本的政策立场。基本步骤是：将文本分为参考文本（reference text）和待处理文本（virgin text），并分词；给参考文本设置政策得分；基于词语的条件概率分布，用参考文本的政策得分计算词语的权重得分；用词语的权重得分计算待处理文本的立场得分。词语缩放（Slapin & Proksch，2008）则是假设各政党在各文本中词语的相对频率能够反映他们在政策空间中的位置。如果在经济政策中，一个政党使用“发展”（词语）的频率高于“稳定”（词语），而另一个政党使用“稳定”（词语）的频率高于“发展”（词语），那么这两个词语在一定程度上反映了经济政策维度的政党立场。例如许鑫等（2013）用wordscores计算政策文本在经济价值、科技价值和社会价值3个维度的得分。普罗克施和斯拉平（Proksch & Slapin，2009）用wordfish分析德国各党派的竞选文本，呈现了各党派的政策立场从1969年到2005年的变化，发现所有党派位置的变化趋势相似，体现了较强的政策议程效应。根茨科和夏皮罗（Gentzkow & Shapiro，2010）的思路与wordfish类似，先从文本中获得与政策立场高度相关的1000个短语，根据这些短语的文本分布和文本的立场标签，回归得到最能预测立场标签的短语及其回归系数，由此计算报纸的政策立场。可读性（readability）指标表明文本的阅读难度，由词语数、句子数、句子长度、图表数和文本大小、复杂词语占比等特征计算获得。冈宁（Gunning，1952）提出迷雾指数，即用平均词语长度和复杂词语占比测量，后被金融学用于分析上市公司的年报；凯勒和施蒂希特（Caylor & Sticht，1973）专门提出了工作阅读材料的可读性指标，这启发我们可以根据不同的研究需求或自己设定可读性指标，探讨与文本信息传达效率相关的研究问题。

文本表示，指的是将文本转换成计算机可理解的表达，单篇文档表示为向量，整个语料库表示为矩阵。它较少直接用来分析问题，而是作为其他分析方法（分类/聚类算法、主题模型、神经网络等）的基础。主要包括独热表示（one-hot）、词袋表示（bag of words，BOW）、n-gram表示、标准化频率表示和特征权重表示等。one-hot只表示术语出现或不出现在文本中；BOW提供了术语在单个文本中的出现次数，可以进行标准化；n-gram是按长度n从文本中切分得到的词段。特征权重一般有布尔权重（即独热表示）、tf-idf型权重和基于熵概念权重等。tf-idf为词频-逆文档频率（term frequency-inverse document frequency）；其主要思想是：如果某个词或短语在一篇文章的出现频率高，在其他文章的出现频率低，那么这个词或短语具有很好的类别区分能力。基于熵的权重将出现在同一文档的特征赋予较高权重。这些表示方法对分类、聚类等算法的表现有重要影响，因而文本预处理时应注意哪一种表示更适合。

（二）分类/聚类方法

由于分类和聚类方法都是用于获得类别信息，因此本文归为一类；区别在于分类方法是有监督的，聚类方法是无监督的。

分类方法的目的是根据给定文本的类别标签推断其他文本的类别，核心方法思想是提取分类数据的特征，然后选择最优匹配实现分类。方法包括浅层学习模型和深度学习模型两种。浅层学习是基于统计的模型，包括朴素贝叶斯（naive bayes，NB）、k近邻（k-nearest neighbor，KNN）、支持向量机（support vector machine，SVM）、决策树（decision trees，DT）、随机森林（random forest，RF）等。深层学习模型则包括FastText、TextCNN、TextRNN等，它避免了人工特征工程的工作。

文本分类的主要流程为：预处理文本数据，将文本转换成向量表示，例如词袋表示、n-gram表示等；如果用浅层学习模型，需人工进行特征工程，再用SVM和NB等经典算法分类，分类效果很大程度受特征工程的质量影响，如果用深度学习模型，则通过学习一组非线性变换将特征直接集成到输出中，从而将特征工程集成到模型拟合过程，这一过程需根据数据情况选择模型和使用交叉验证等方法调优；用准确率（accuracy）、精确率（precision）、召回率（recall）、F1分数、微F1分数（micro-F1）等评估模型效果；将训练好的模型用于预测分类标签，包括情绪、主题和其他分类变量（Li et al.，2020）。

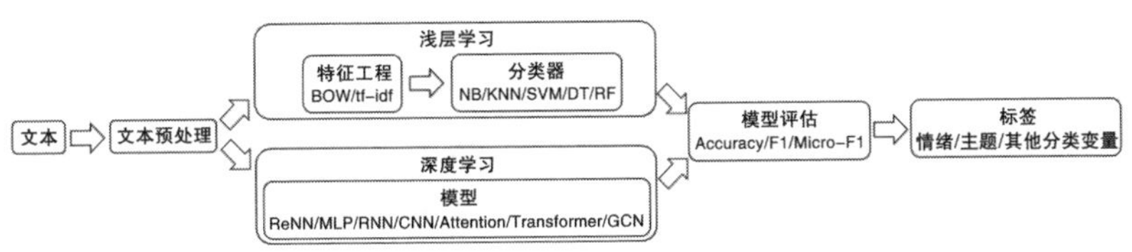

图1 文本分类流程图（Li et al.，2020）

聚类方法在预先不知道类别的情况下，对比若干文本的相似度，最后将相似度高的归为一类，其本质是以无监督的方式基于一定规则获得文本的类别。目前聚类算法主要分为六类：基于划分（partition）的聚类算法、基于层次（hierarchy）的聚类算法、基于密度（density）的聚类算法、基于网格（grid）的聚类算法、基于图论（graph theory）的聚类算法和基于模糊（fuzzy）的聚类算法等（Saxena et al.，2017）。其中，基于划分的聚类目标是类内数据尽可能相似，类间尽可能不同，其代表方法是k均值（k-means）算法。k-means的基本思想是：根据一定策略选择k个点作为每一类的初始中心。然后将剩余数据划分到距离这k个点最近的类中，然后在新生成的类中重新计算每一类的中心点，再重新划分，直到每次划分的结果保持不变（如果很多次迭代仍无法保持不变，则设置最大迭代次数）。基于层次的算法根据聚类的方向分为凝聚式和分裂式，前者“自底向上”，后者“自顶向下”。各类算法在鲁棒性、精确度和计算量等方面存在差异，需根据文本情况和算法效果来选择合适的算法。聚类算法常见的评价指标有纯度（purity）、兰德系数（Rand index，RI）、F值（F-score）和调整兰德系数（adjusted Rand index，ARI）等。

在实证研究中，研究者可用分类和聚类方法获得文本类别，然后进一步对每一类别做描述性分析，或者作为分类变量使用等。分类和聚类算法也可以用来识别情绪和政治立场类别。巴克希等（Bakshy et al.，2015）用SVM分类器基于文本的一元表示（unigram）、二元表示（bigram）和三元表示（trigram）来分类“硬性”内容（国家新闻、政治、全球事务等）和“软性”内容（运动、娱乐、旅游等）。阿里扎德等（Alizadeh et al.，2020）用分类算法基于n-gram、URL等文本特征实现了5个分类任务。穆吉曼等（Mooijman et al.，2018）人工编码了4800个推文的道德标签（“道德”和“不道德”），训练深度神经网络，然后用它预测1800万推文的道德标签。霍贝格和菲利普斯（Hoberg & Phillips，2016）用聚类算法基于上市公司的产品介绍文本提出新的行业分类法，最终得到300个行业分类；而且，这个分类与标准行业分类体系（SIC）和北美行业分类系统（NAICS）数量一致。

（三）基于网络的方法

1. 网络类型

（1）基于词类、句法等的网络

基于词类、句法的网络是通过分析句子成分间的关系建构起来的；其方法包括词性标注、命名实体识别、依存句法分析和指代消解（Coreference Resolution）等。词性标注法赋予句子中每个词语其词类标签，例如名词、代词等；其中主要有基于规则的、基于统计模型的、基于统计方法与规则方法结合的、基于深度学习的四类标注方法。命名实体识别用于识别文本中具有特定意义的实体，包括人名、地名、机构名、专有名词，以及时间、数量等；主要有基于规则的、基于统计模型的、基于深度学习的、基于attention的四类方法。依存句法分析能够分析句子的句法结构；其基本假设是：句法结构本质上包含词和词之间的依存/修饰关系，依存关系连接核心词（head）和依存词（dependent）；依存关系可以分为不同类型，反映两个词之间的具体句法关系，例如主谓关系（subject-verb）反映名词和动作间的关系，动宾关系（verb-object）反映动词和宾语之间的关系。指代消解能够在文本中确定代词指向哪个名词短语，例如在句子“小明和他同学出去打篮球”中识别出“他”指代“小明”。

基于词类、句法等的网络能够通过细粒度的信息分析社会知识。例如莫尔等（Mohr，2013）用词语间的依存关系网络来识别国家安全战略中的动机结构，采用的语料库为1990年到2010年美国国家安全战略文本，基于文本中的行动主体（国家/地区/组织等）、行动、行动对象、情境间的网络结构及其随时间的变迁来观察战略动机。

（2）一模或多模网络

一模或多模网络指的是一种或多种类型的节点形成的网络，使用共现分析等方法进行构建。一模网络是最为普遍的网络类型，例如人与人之间的社交网络、词与词之间的共现网络。多模网络在研究中应用较少，却能够很好地呈现某类型的节点与其他类型节点间的联系，如人-主题网络，分析时能够涵盖多个类型的节点信息及捕捉它们之间的关联信息；某种程度上，多模网络更能够呈现社会现象和关系的复杂性。例如鲁尔等(Rule et al., 2015）用与“宪法”（constitution）词汇共同出现的其他词汇建构词共现网络，考察了从1790年到2014年美国国家话语的变迁。王戈等（2017）建构了“参与者-事件”二模网络，分析了线上意见领袖的网络结构及信息流动情况。

（3）知识图谱和事理图谱

事理图谱和知识图谱分别用事件和实体概念的网络呈现社会世界的事件知识和概念知识，能够直接刻画社会的知识网络，涉及命名实体识别、实体关系抽取等方法。事理图谱（event logic graph，ELG）是一个描述事件之间顺承、因果等关系的事理演化逻辑有向有环图，被用于揭示社会现象中事件的演化规律和逻辑，刻画和记录人类行为活动（刘挺，2017；Ding et al., 2019）。节点表示抽象、泛化的事件，一般为谓词短语，例如“吃火锅”“去机场”；有向边表示事件间的逻辑关系，一般包括顺承关系、因果关系，复杂情况下还包括条件关系、上下位关系等。知识图谱由Google在2012年提出，其本质是语义网络的知识库；节点是现实中的事物实体，例如人、地名、概念、公司等，连边是不同实体间的联系，例如“性格”是“人”的属性、“社会互动”是“人”的行为等（Singhal，2012）。已有学者尝试用图谱进行社会科学研究，例如单晓红等（2019）用事理图谱建构医疗舆情图谱，抽象出“疫苗问题→监管监督→医闹”演化路径，由此提出有效的市场监管可以帮助减少医闹等事件发生的观点。曹檑等（2020）用新浪微博数据集中有自杀和无自杀意念的用户文本建构了个体知识图谱，包含个人信息、性格、经历、发博行为、情绪表达和社会互动六类本体，用于预测自杀倾向。

2. 网络分析

（1）基于节点/边的分析

基于节点/边的分析研究文本各类型网络的统计指标属性，包括节点、边、网络整体三个方面，可用于了解词语共现网络、“人-事件”二模网络等的描述性分析。对于节点，中心性（centrality）是最重要的指标之一，衡量了节点在网络中的重要性；因分析目的不同，存在多种类型的计算方式。例如度中心性（degree centrality）假设重要的节点就是拥有连边多的节点，测量方式为与节点直接相连的连边数目，在有向图中还区分入度和出度。接近中心性（closeness centrality）假设节点的重要性表现为它到其他节点的最短距离的大小，测量方式为节点与其他节点之间的最短路径的平均长度。中介中心性（betweenness centrality）认为如果一个节点处于许多其他两点之间的最短路径上，因为它能够“控制”两个节点间的联结，可以认为其处于重要地位；测量方式为计算该节点出现在任意其他两节点最短路径上的数目，还可以进行标准化处理。连边则有方向、权重等属性。网络整体的中心性属性，即集中趋势（centralization），通过计算节点的中心性的差异性程度获得。例如科尔曼(Corman et al.，2002）用词语网络中节点的中心性来衡量词语的重要性，分析日常话语如何影响人们的其他活动。陈华珊（2015）根据论坛用户的互动情况和议题内容建构了三个议题网络——社区参与、趣缘和一般议题，并进一步对比了三个讨论网的模块度（modularity）、子群数和中心度等。

（2）基于子图的分析

基于子图的分析包括基于社区（community）和基于模体（motif）两种类型，前者指用社区探测（community detection）方法从文本网络中识别出社区，社区由一组连接紧密或具有相似特征的节点组成；模体是网络的基本拓扑结构之一，是具有统计意义的子图/结构，大小介于节点和社区之间，一般由少数几个节点连接构成，能够呈现节点间的基本连接模式，例如分析时统计4个节点星结构（star）或链结构（chain）的模体的数量。比曼等(Biemann et al.，2016）建构了多种语言的词类网络，发现动词和其他词类的共现图呈现出明显不同的模体结构。

（四）基于矩阵/向量空间的方法

基于矩阵/向量空间的方法主要包括主题模型及其扩展模型与词嵌入两种。这种方法能较好地捕捉更深层次的语义信息，从而划分主题、衡量词语的语义空间等。

1. 主题模型及其扩展模型（topic models and extension models）

主题模型是发现文档隐含的语义结构的统计模型，主要包括潜在语义分析（latent semantic analysis，LSA）（Deerwester et al.，1990）、概率潜在语义分析（probabilistic latent semantic analysis，pLSA）（Hofmann，1999）和隐含狄利克雷分布（Latent Dirichlet Allocation，LDA）（Blei et al.，2003）；其基本假设是每个文档包含多个主题和每个主题包含多个单词。以LSA为例，分析步骤是：生成文档-词语矩阵，矩阵中的计数可以是频数（第j个单词在第i个文档中的出现次数）、tf-idf等；使用截断奇异值分解（SVD）将矩阵分解为三个独立矩阵的乘积，即矩阵M=U*S*V，其中U表示文档和主题的相关度，S表示主题和词义的相关度，V表示词和词义的相关度。怀尔德(Wild，2007）提供了在R软件上的操作说明。pLSA采取概率方法应对LSA难以直观解释的问题，而LDA则是pLSA的贝叶斯版本，即使用狄利克雷先验来处理文档-主题和主题-词语分布。由于LDA的模型表现较好，目前使用较为广泛。

根据研究议题的需求，LDA随后被扩展为动态多主题模型（dynamic multitopic model，DMM）（Quinn et al.， 2010)、议程表达模型（expressed agenda model，EAM）（Grimmer，2010）和结构主题模型（structural topic model，STM）（Roberts et al.，2014）等。DMM假定每一个时间段都是主题的混合体，每个文本分配到一个主题，类似于单个单词分配到LDA中的主题，因而可被用来推测每天的文本分配到各个主题上的比例。EAM假设每个人在多个主题中分配自己的注意力，由人的主题分配比例来构成文本的主题，因而可用于衡量人对各主题的关注度，例如新闻报道中议员汇报工作时的主题分布（Grimmer et al.，2012)。DMM和EAM可结合到一起，例如分析参议员关注的主题如何随时间变化。STM能加入协变量（例如文本类型或时间)，并给出协变量条件下某主题的概率分布，可用于分析主题与协变量的关系。

法雷尔(Farrell，2016）用LSA分析了不同气候组织的主题，进一步探讨了它对新闻媒体和官僚政治的影响。黄荣贵（2017）用LDA分析了劳工议题的微博文本，提取了多个主题，包括工人文艺、春晚与公益、职业病、城市融入、农民工问题等。格林和克罗斯（Greene & Cross，2017）用DMM分析了欧洲议会全体会议的政治议程是如何随着时间的推移演变的。格里默尔(Grimmer，2012)

用EAM分析了2005年到2007年的参议会新闻公报，发现参议员表达优先性的差异取决于自身如何平衡立场和诚信，有的优先阐明立场，有的优先获得信任，有的则采取了更均衡的方式。贝尔(Bail，2016）用STM分析了器官捐赠组织的社交媒体文本的主题变异系数对受众认可程度的影响。

2. 词嵌入（word embedding）

词嵌入技术将自然语言的词投射到向量空间中，语义相近的词会有相似的向量表示。one-hot可以看作最简单的词嵌入方法。词嵌入的经典模型包括词向量（Word2Vec）（Mikolov et al.，2013）、基于全局词频统计的词表示（global vectors for word representation，GloVe）（Pennington et al.，2014）、基于语言模型的词向量（Embeddings from Language Models，ELMo）（Peters et al.，2018）和基于Transformers的双向编码器表示（Bidirectional Encoder Representations from Transformers，Bert）（Devlin et al.，2018）等。词向量的核心思想是通过词的上下文得到词的向量化表示，主要有两种方法：通过附近词预测中心词（Continuous Bag-of-Words，CBOW）和通过中心词预测附近词（skip-gram）。训练后的模型将每个词语投射到低维空间中（一般为100—1000维），词语在每一维上的投射表示为连续数值，研究者可以计算词语间向量表示的相似度来测量语义间的相似程度。由于词向量只考虑词的局部信息，彭宁顿等(Pennington et al.，2014）提出GloVe模型，利用共现矩阵同时考虑局部信息和整体信息。然而word2vec和GloVe无法处理一词多义问题，即同一词语在不同语境下被表示为相同的向量；为应对这一难题，彼得斯等(Peters et al.，2018）提出利用语言模型学习复杂的词语特征和这些特征基于上下文的变化，词向量从静态转向动态。

BERT则大大改变了自然语言处理（Natural Language Processing，NLP）规则，从仅仅预训练词向量来初始化NLP模型的第一层，转向预训练整个NLP模型；也就是，不再仅关注单个词汇，还关注句子级别的信息，能够更好地捕捉文本语义信息。

词嵌入可以用来测量观念，反映人们对特定事物的认知和不同事物间的认知差异。在社会学领域，卡利斯坎等（Caliskan et al.，2017）用词嵌入模型复制了由内隐联想测试（implicit association test，IAT）测量的已知偏差，例如姓名/职业（词汇）与性别（词汇）的向量相似性，与调查数据中该姓名/职业的女性比例存在显著正相关，证明了文本语料库真实地呈现了社会偏见。加格等（Garg et al.，2018）用词嵌入展示了20世纪和21世纪美国对女性和少数族裔的刻板印象和态度，将计算词向量得到的相似值与美国普查数据相结合，发现文本向量的变化捕捉到了现实社会中人口和职业的变迁。科兹洛夫斯基等（Kozlowski et al.，2019）用词嵌入测量了阶层的多个维度，包括道德、地位、教育、培养、性别和就业，发现：在20世纪的经济转型中，阶层的标志虽不断变化，但它的基本文化维度显著地保持稳定。在经济和金融领域，王靖一和黄益平（2018）用词向量拓展了金融科技情绪词典。

在文档层面，主题模型将文本表示为多个主题的混合；在单词层面，词嵌入实现了词语的向量表示。为综合二者信息，穆迪（Moody，2016）提出了lda2vec，即LDA和word2vec的扩展，共同学习单词、主题和文档向量。已有学者应用在具体研究中（Luo & Shi，2019；Zhenni & Qian，2020）。受词向量模型启发，勒和米科洛夫（Le & Mikolov，2014）提出doc2vec，将句子/段落/文档表示为一列矩阵，也映射到向量空间中，然后将句子/段落/文档向量和词向量相加求平均或累加得到一个新的向量，再用这个向量预测下一个单词。已有学者在社会科学中应用doc2vec，可参考这些文献（Chen et al.，2016；Bilgin & Şentürk，2017；Chen & Marina Sokolova，2018）。

五、应用思路

这一部分将讨论如何在具体研究议题中运用分析方法：首先，在文本分析方法基础上总结八类分析任务；接着，回顾它们在各社会学科中的应用情况，即各分析任务对应的具体研究议题。

（一）从方法到分析任务

从方法特征及用途出发，回顾基于文本的社会科学实证研究，我们可以总结出八类分析任务：获得主题、测量概念/指标、测量情感、生成分类变量/组别、呈现/分析网络结构、计算相关/回归、考虑时间、比较相似性/组别差异 。[①]

每一类任务可以用多种方法实现，但是，由于不同方法使用难度和发展成熟度不同，有的方法使用频率较高，有的则较低。笔者根据文献回顾情况，总结出分析任务与方法的对应关系。下表中“加号（+）”代表该任务较多由该方法实现，“减号（-）”代表该任务较少情况下由该方法实现，无符号则说明极少情况，但不排除其可能性。

①实际上，这些分析任务部分存在关联，例如：情感和主题是特殊类型的分类变量或概念/指标，计算相关/回归之前需要获得主题、情感、指标等，考虑时间和比较相似性是前六种任务的进一步工作。但由于各分析任务各有侧重，其关联不影响分析任务本身的特性，本综述仍按此分类进行。

表1　文本分析任务与方法的对应关系

方法 分析任务	作为语言符号的文本方法		作为数学表示的文本方法			
	词语层面	句子层面	数值特征类	分类/聚类	基于网络的方法	基于矩阵/向量空间的方法
获得主题			–	–		+
测量概念/指标	+	–	+	–		–
测量情绪			+	+		–
生成分类变量/组别	–	–	–	+	–	
呈现/分析网络结构	–	–			+	–
计算相关/回归			+		–	+
考虑时间			–		–	+
比较相似性/组别差异	–	–	+	–	–	+

获得主题指的是从新闻、社交媒体、政治辩论等文本中提取主题，用于分析公众或特定群体关注的议题、观点等。最常用的方法是主题模型，另外还有字典法和有监督分类等。测量概念/指标指的是用文本测量学科相关概念，例如社会学中的偏见/歧视、政治学中的政党立场/意识形态、经济学中的经济政策不确定性指数、金融学中的投资者关注度指数等。常用的方法包括词频、词类等文本特征构建计算公式，还有主题或词语间的空间距离。情感是特殊化的主题或指标，用于分析文本生产者或反映对象的情绪状态、情感倾向，常使用字典法和分类算法等。情感分析被广泛应用在各社会科学学科中，发展较为成熟。生成分类变量/类别常常作为其他分析的基础，一般通过有监督分类、无监督聚类或网络社区探测获得；之后，这些分类变量可以纳入统计分析中，或对比不同组别的属性特征。网络类型既包括语义网络，还包括基于文本构建的主题网络、主体网络、主体–主题网络等。网络分析既包括基于节点/边的分析，又包括基于子图的分析。计算相关/回归之前需要获得主题、指标、情感等，然后用相关分析、回归模型或结构主题模型等解释现象，某种程度上与传统定量研究思路相似。分析社会现象时考虑时间能够直观地呈现现象的变化，变化本身便是社会科学的重

点研究议题，大数据文本常常带有时间信息，为这一分析提供了便利。比较相似性或组别差异也是社会科学的经典思路，例如学科概念中的分歧和偏差，以及不同群体、地区的现象差异等；此任务几乎涉及所有方法，尤其是基于矩阵/向量空间的方法和数值特征类的方法。

（二）从分析任务到学科应用

分析任务在不同学科中表现为不同的研究议题。笔者简单梳理了它们在七个学科中的应用情况，包括社会学、政治学、公共管理、新闻传播、经济学、金融学和公共卫生。[①]

1. 获得主题

获得主题在社会学中主要用于分析微博或论坛文本中特定群体的观点或关注的议题。黄荣贵（2017）用主题模型分析了关注劳工议题的社会组织的微博文本，发现他们主要关注：工人文艺与公益、工人的困境与问题、工人组织与维权、制度与劳工权等。

在政治学中，获得主题主要用于分析政治议程设置，即用政治类文本分析议题分布。卡塔利纳克（Catalinac，2016）用主题模型分析了1986年到2009年日本众议院的竞选文本，得到了候选人主要关注的69个主题，并发现1994年选举制度改革后，议员的普惠性物品承诺总体上升。

公共管理学中，获得主题主要用于分析公共政策的注意力或工作分配，即主题分布，以及公共事件的舆论内容分析，从而提升治理水平和质量。郎玫（2018）分析了甘肃省的政策文本，将市级政

①由于文本分析已成为流行的分析方法，以及方法本身在不断发展，导致各种新应用层出不穷，难以穷尽所有的文献，本综述只是梳理了相对经典的、常见的议题类型。

府工作的主题与中央职能进行匹配性分析，总结出其职能供给匹配的特征。萨赫代瓦等(Sachdeva et al.，2017）用社交媒体上火灾相关的文本，提取主题来追踪火灾及其产生的烟雾，从而估计和预警空气质量。

新闻传播学中，获得主题用于分析新闻框架，或媒体中的国家形象。菲尔德等（Field et al.，2018）用俄罗斯《消息报》2013年的新闻文本，分析了媒体如何设置分散注意力的框架。许光和任明（Xu & Ren，2018）用中国在达沃斯论坛的演讲和西方新闻文本，考察了自我国家形象和西方媒体建构形象间的差异。

公共卫生学中，获得主题主要用于分析公众对药物、疫情、卫生相关政策等的意见、态度和需求，或医疗相关的舆情内容。拉扎德等（Lazard et al.，2017）分析讨论了电子烟法规的推特文本，生成了9个主题，包括法规对电子烟市场的影响、对公众健康的影响等。韩珂珂等（2021）用某公共卫生事件的微博文本，发现公众较为关注防控工作安排、确诊与新增病例等主题，还分析了舆情的情感特征和地域关联。

2. 测量概念/指标

测量概念/指标在社会学中被用于预测数值型变量（失业率或员工流动概率等），或测量偏见/歧视。斯科特和瓦里安(Scott & Varian，2015）用贝叶斯时间序列模型分析了谷歌搜索数据，实时“预测”失业率。贝克和弗拉德金(Baker & Fradkin，2017）用谷歌搜索数据测量了求职强度。卡利斯坎等(Caliskan et al.，2017）和加格等（Garg et al.，2018）用词嵌入测量了文本中的性别和种族偏见，且测量结果与调查数据基本一致。

在政治学中，测量概念/指标被用于分析政治、媒体、微博等文本中的政党立场或意识形态，也被用于估计腐败指数等。斯拉平和普罗克施(Slapin & Proksch，2008）用字典法分析了政党宣言文本，用词频构建了政党倾向性指数。赛斯和西蒙松(Saiz & Simonsohn，2013）用城市名与腐败相关关键词的组合除以单独城市名搜索到的网页数，估计美国城市的腐败指数。

在公共管理学中，测量概念/指标被用于测量政策工具的组合特征、公共管理议题的关注度和政府的回应强度等。施密特和塞韦林（Schmidt & Sewerin，2019）用9个国家的可再生能源政策测量了政策工具组合特征——组合平衡及设计特征（强度和技术专一性)。蒋俊彦等（Jiang，2019）用中国地方政府领导留言板中各个城市的留言数目衡量民众的议题关注度，用地方政府工作报告中福利主题占比较前一年的变化衡量政府对民众意见的回应强度。

新闻传播学中，测量概念/指标被用于构建媒体报道偏差指数(media slant)。根茨科和夏皮罗（Gentzkow & Shapiro，2010）用国会共和党和民主党发言文本得到最能预测党派的短语及其回归系数，用这些短语在新闻文本中的出现频率加上回归系数得到报道偏差分类，且验证了分类结果与真实分类、用户对报纸的意识形态评级有较强相关。

经济学中，测量概念/指标被用于测量经济政策不确定性指数，或预测宏观经济变量（如国内生产总值GDP)。贝克等（Baker et al.，2016）用1985年以来的美国10家主流新闻媒体的文本，统计了同时包含经济、不确定和政策三类词语的月度文章数量，进行标准化等处理后构建了经济政策不确定性指数（Economic Policy Uncertainty，EPU)，还进一步拓展为11个主要经济体的月度EPU指数，货币、财政、国防等11类政策的EPU指数，以及英国、美国的日度EPU指数。刘涛雄和徐晓飞（2015）用对消费、投资、净出口、政府购买、就业五类词的百度搜索指数和政府统计指标共同预测GDP。张崇等（2012）发现网络搜索数据与居民消费价格指数（CPI）存在先行滞后关系，能够比国家统计局提前一个月左右发布数据。

金融学中，测量概念/指标被用于分析金融市场的不确定性指数、投资者和媒体的关注度、年报的可读性等。金融市场不确定性指数，即新闻隐含波动率指数（news implied volatility，NVIX），是通过寻找文本特征与市场波动率指数（VIX）的对应关系，然后用训练得到的模型进行预测而得到的。如马内拉和莫雷拉（Manela & Moreira，2017）用《华尔街日报》1890年到2009年的头版新闻，使用支持向量回归法训练词频向量预测VIX，最后根据每个月的词频向量向前预测NVIX。这一思路还可用于获得交易率、波动率等。投资者关注度方面，一类学者使用搜索引擎的数据进行测量，如达等（Da，2011）用Russell 3000成分股的代码查询谷歌搜索指数；还有一类学者用财经论坛的帖子数量进行测量，如安特魏勒和弗兰克（Antweiler & Frank，2004）与月冈等（Tsukioka et al.，2018）使用了雅虎财经论坛的帖子数量。媒体关注则是通过统计与金融市场、上市公司相关的新闻数量测量而获得的（Fang & Peress，2009；Hillert et al.，2014；周开国等，2016）。年报可读性直接影响接收者的信息获取难度，因此发布者会通过调整可读性来降低坏消息的传播速度，或提高好消息的传播速度。基于这一假设，李（Li，2008）用平均词语长度和复杂词语比例得到的迷雾指数（fog index）（Gunning，1952）和词语数量来测量年报可读性，进一步发现年报可读性差的公司往往盈利水平较低。

公共卫生学中，测量概念/指标被用于监测和预测疾病发生率；其原理与NVIX相似，即建立文本特征预测疾病相关变量的模型，进而用模型预测其他研究对象或未来的疾病情况。如荣等（Young，2014）发现HIV相关推特文本比例与地区HIV病例数间是正相关，提出可以用社交媒体文本实时监测地区HIV情况。

3.测量情感

测量情感在社会学中被用于分析特定群体对特定社会现象的情绪状态、情感倾向。龚为纲和朱萌（2018）用GDELT数据库（通过从新闻文本中实时提取人物、地点、组织和事件类型等而整理的）分析各阶层在六类压力——自然灾害、人为灾害、贫困、失业、社会冲突和各种危机性情景——下的情绪状态。另外，还可用于分析论坛用户对不同类型主题的情感值。

在政治学中，测量情感被用于分析公众对某一政治主张或选民对某一候选人的情绪指数，并作为立场倾向的测量。瓦戈登（Vargo et al.，2014）通过计算每一用户对奥巴马和罗姆尼的情绪指数，来识别推特用户的政治取向，还探讨了用户“融合”（meld）不同议程设置的媒体的不同方式。

公共管理学中，测量情感被用于分析公众对某些公共事件或社会重大议题的情感倾向。刘丛等（2015）用24起公共事件的微博文本做情感分析，发现各个情绪的指向对象占比不同，如认可情绪主要针对当事方，而恐惧情绪指向较为分散。

新闻传播学中，测量情感被用于分析舆情中的公众情绪；其中的舆情内容多与公共管理相关。钟智锦等（2017）用我国香港、澳门相关的微博文本分析了公众对港澳回归的情感记忆，发现：整体上自豪感高于负面情绪，但对港澳的情绪在具体话题上存在差异，如“回归”话题中对香港的自豪感得分显著高于对澳门的，在“一国两制”、与内地关系等几个话题中对香港自豪感得分则低于对澳门的。

金融学中，测量情感被用于分析媒体对金融议题的情绪，以及管理层和投资者的情绪，分别用财经新闻文本，上市公司的财务报告、盈余公告、招股说明书和财经论坛、微博、推特和谷歌搜索等获得。学者们主要采用三种方式测量情绪：一是字典法计算词频，如汪昌云和武佳薇（2015）用正负面词汇的词频经过简单计算得到了媒体语气指数；二是分类算法，如杨晓兰等（2016）先随机抽取2000条股吧帖子，标签为“积极”“中立/噪声”“消极”，运用多种分类算法建模，最后将训练得到的、正确率最高的KNN算法模型应用到其他90多万条帖子；三是用看涨文本数和看跌文本数构建单个股票单日情绪指标，再综合文本数得到个股情绪指数，如段江娇等（2017）用股吧帖子以这种方式得到了个股情绪指数。

公共卫生学中，学者们用情感得分来构建卫生服务评价指数，或分析公众对公共卫生事件、政策的态度。胡佩茨等（Huppertz et al.，2018）使用脸书上131家医院的57985条评论文本，发现评论的情感得分能够预测医院的卫生服务调查评估结果，提出能够用线上评论文本评估医院服务水平。张敏等（2016）用“魏则西事件”相关的微博文本，分析了其情感得分及对舆情发展的影响。

4.生成分类变量/组别

在社会学中，这种分析被用于划分不同的群体，或根据一定理论预设得到分类变量，例如年龄、性别、职业等。基于“职业反映的社会地位影响人们的语言使用”假设（Bernstein，1960；Bernstein，2003；Labov，2006），有学者（Preotiuc-Pietro et al.，2015）使用了推特文本的词簇（word clusters）和嵌入等特征表示来预测职业分类，潘等（Pan，2019）则进一步指出：除了推特文本内容，用户的关注者/跟随者社区和社交网络也为职业分类提供了有用信息。

在政治学中，这种分析被用于预测党派立场分类，而“测量概念/指标”得到的是数值变量。格林等（Green et al.，2020）收集了国会议员的推特文本，用单条推特文本预测用户的党派，并进一步用预测能力衡量极化程度，发现预测能力越高，极化程度越高。这种分析也可用于识别一般民众的立场类别；不过，立场类别的信息含量少于立场数值。

公共管理学中，这种分析被用于政策工具分类。李娜等（2021）指出了目前多人工识别政策工具，提出用深度学习方法实现政策工具的自动化分类，并用北上广贵的政府信息公开政策验证了方法的有效性。

新闻传播学中，这种分析被用于识别是否为谣言、假新闻，有无争议等。赖斯（Reis，2019）在以往的常用文本特征外，提出了新的特征来识别假新闻，进一步讨论了假新闻的来源、影响等（Allcott & Gentzkow，2017）。有学者（Zhong et al.，2020）提出用图卷积网络识别文本中是否存在争议，并在Reddit和微博数据集上验证了方法的有效性，为评估事件影响、缓和极化观点提供了基础工作。

经济学中，这种分类被用于行业分类，能够相对实时观测到行业类型的变化。霍贝格和菲利普斯（Hoberg & Phillips，2016）基于

1996年到2008年的上市公司产品描述文本，测量了企业与竞争对手间产品的相似性，进而用聚类算法得到了300个行业类别，与已有的行业分类体系基本一致；通过观测行业类型随着时间发生的变化，检验公司如何对市场的内外部变化做出反应，发现外生冲击对特定行业及其竞争对手的竞争强度和产品供应有重大影响。

公共卫生学中，这种分析可以建立文本特征预测是否患病的模型，用于识别可能的潜在患者，实现疾病风险预测。有学者（He et al.，2017）使用创伤后应激障碍（PTSD）患者和非PTSD患者的自述文本，用分类算法识别语言特征与疾病诊断间的关系模式，最终用于识别文本对象是否存在疾病风险。

5.呈现/分析网络结构

社会学研究根据讨论主题、互动关系等构建了社会互动网络，还可进一步发现有影响力的节点和社区等。萨尚（Sachan et al.，2012）提出可以用讨论内容、互动类型和人们之间的联系共同实现社区探测，并用推特数据和Enron邮件数据验证了其比以往模型表现好。唐等（Tang et al.，2011）用主题模型分析了每个用户的主题概率分布，最终用于识别关于某个主题的最有影响力的行动者，并分析其如何与其他行动者连接。

政治学研究分析了政治辩论中的话语网络。帕多等（Padó et al.，2019）用德国移民辩论文本，构建了行动者及其主张的话语网络，并用于理解政治决策的逻辑。有学者（Guo & Vargo，2015）用2012年美国总统选举相关的推特文本，建立了关联候选人和议题的议题所有权网络（issue ownership network）。

公共管理研究分析了府际关系和治理网络。张海波和陶志刚

（2021）用中央政策文本提取发文部门，构建部门间联合发文关系矩阵，分析了公共卫生事件对部门合作网络结构和组织角色划分的影响。徐国冲和霍龙霞（2020）用中央层级食品安全监管文件构建了合作监管网络，进而用随机行动者导向模型验证权威、传递性、优先连接、制度邻近性假设，讨论合作监管网络的生成逻辑。

新闻传播研究分析了社交媒体和新闻媒体等文本的话语网络，用于了解媒体塑造特定对象的方式（有时也称为媒体框架）。有学者（Qin，2015）对比了“棱镜门”事件在推特和传统媒体的语义网络，发现斯诺登在推特中被塑造为“英雄”，与泄密者、两党问题、个人隐私等关联，在传统媒体中则被塑造为“叛徒”，与国家安全、国际关系等关联。

金融学研究分析了董事网络及其影响。陈运森和谢德仁（2012）用CSMAR数据库中高管的个人资料提取董事任职数据，构建了“董事-董事”的一模矩阵，分析了其与高管薪酬-业绩敏感性、未来业绩的关系。

公共卫生研究分析了健康问答社区里的主题网络和用户网络等。邓胜利和刘瑾（2016）用百度知道的高血压相关文本，构建了“老人”“母亲”的词语共现网络，发现谈及老人时，多讨论“年纪”、发病地点在“家中”等，谈及母亲时，相对多地谈及“降压”等“治疗”办法。石静等（2019）对比了国内外健康问答社区的主题共现网络，发现：“饮食”虽未与较多主题共现，但如果与其共现，其次数很高；另外，国外用户的“情感支持”主题与全部主题都具有共现关系，说明其用户的情感需求高于国内用户。

6. 计算相关/回归

社会学研究分析了群体属性与行为间的关系，或分析网络的影响因素。陈华珊（2015）用论坛数据，发现虚拟社区对社区在线参与行为存在正效应，且不同议题的讨论网关系的转化，能够促进在线参与。

政治学研究分析了社交媒体、制度改革等对政治立场、选举等的影响，或线上行为与立场倾向间的关系。卡塔利纳克（Catalinac，2016）用日本众议院竞选文本，发现1994年的选举制度改革，改变了议员的选举动机和策略性行为。格林贝格等(Grinberg et al.，2019）用2016年总统选举相关的推特文本，发现假新闻分享行为与发布政治相关推特、暴露在假新闻源下、政党立场相关。

公共管理研究分析了管理行为的影响因素。蒋俊彦（Jiang et al.，2019）用主题模型从中国地方政府领导留言板和地方政府工作报告文本提取主题，前者测量公众的关注度分配，后者测量政府的工作分配；发现公众的议题关注变化显著地正向影响次年的政府工作安排。刘河庆（2020）用中央和省级农村政策文本，分析了中央层面的行政压力和经济激励、地方层面的执行能力和内在动力及其交互作用等对政策扩散的影响。

经济学研究分析了媒体情绪和经济状态之间的关系、经济政策不确定性指数（EPU）与其他经济变量间的关系以及央行政策内容对市场的影响。情绪方面，夏皮罗（Shapiro et al.，2020）用美国经济和金融相关的新闻文本构建了月度情绪指数，分析了其与当前、未来经济状态的关系，发现积极的情绪冲击会增加消费、产出和利率，并抑制通货膨胀。EPU方面，贝克等（Baker et al.，2016）

用向量自回归分析了EPU的面板数据，发现EPU能够预测国家层次的投资、产出和就业变量。央行政策方面，汉森和麦克马洪（Hansen & McMahon，2016）从FOMC会议中提取经济状态相关主题及其语调，进而分析了央行沟通内容对市场的影响。迈克尔·麦克马洪等（2019）还总结了中国央行的相关文本，包括《货币政策执行报告》、货币政策委员会的会议新闻稿、行长的讲话和新闻发布会、公开市场操作报告等。

金融学研究分析了关注度、情绪、经济政策不确定性指数（EPU）、投资者分歧等对金融市场的影响。关注度方面，安特魏勒和弗兰克（Antweiler & Frank，2004）发现投资者关注能够预测收益率和市场波动率。情绪方面，如汪昌云和武佳薇（2015）分析了媒体语气对IPO抑价率的影响，杨晓兰等（2016）分析了投资者情绪对股票收益率的影响，段江娇等（2017）分析了个股情绪指数对股价波动的影响。EPU方面，古伦和约恩（Gulen & Ion，2016）研究了EPU对公司投资的影响，帕斯特和韦罗内西（Pástor & Veronesi，2013）研究了EPU对股市波动率的影响。投资者分歧方面，段江娇等（2017）发现当日投资者情绪分歧影响未来两日的交易量。

公共卫生研究分析了健康状态的影响因素，以及卫生机构议题如何受政策变化影响。卢延鑫和姚旭峰（2013）用基于规则的分类器从流行病研究文献中提取致病因素，为疾病预防和控制提供参考。霍利鲍（Hollibaugh，2019）用结构主题模型分析了医疗保险和服务中心的文件，探讨了机构的事务优先级如何受总统-国会分歧等协变量影响。

7. 考虑时间

社会学研究分析了社会现象的变迁，也包括学科变迁。例如阿塔莱等（Atalay et al.，2017）用1960年到2000年的招聘广告分析了工作内容的变迁，认为其与就业变迁同等重要，从另一角度分析了劳动力市场的变迁。郭台辉和周浥莽（2020）用结构主题模型分析历史社会学论文，观察方法规范性和主题多样性在四十年学术史中的时期变化，由此回答了“历史社会学是否能化解学科之争”的问题。

政治学研究分析了议员议题的变化及其与特定外部事件的联系。格林和克罗斯（Greene & Cross，2017）用动态主题模型分析了欧洲议会演讲文本，发现其政治议程随着时间推移发生显著变化，以对欧盟条约公投和欧元危机等外部事件做出反应。

公共管理研究分析了政府工作内容的变化及政策体系的变迁路径。魏伟等（2018）用1954年到2017年的国务院政府工作报告，得到了9类工作特征词，分析了其在不同阶段的重要性。黄萃等（2015）通过分析科技政策总结了不同时期的主题热点、部门间的合作网络。

新闻传播研究分析了舆情的演化或国家媒体形象的演变。任中杰等（2019）用天津8·12危化品爆炸事故相关的微博文本，分析了舆情在不同阶段的词云、情感倾向、评论用户的年龄情况和地域热度等。刘若涵（2019）基于“一带一路”相关的推特文本，用主题模型和情感分析方法，分析了中国国家形象在英文社交媒体上的历时性变化。

经济学研究将这种方法用于度量和预测经济周期。索斯拉德

（Thorsrud，2020）用商业新闻文本和季度GDP构建了日度经济周期指数；具体而言，用主题模型、情感分析构建时间序列数据，进一步用时变动态因子模型估计经济周期指数，相对实时地观测经济活动。

金融学研究用每月的新闻隐含波动率指数，来测量金融市场的不确定性（已在“测量概念/指标”部分介绍，此处不赘述）。

公共卫生研究分析了相关舆情的议题演化，为政府提供公共卫生舆情的信息支持。安璐等（2018）用2015年中东呼吸综合征爆发时的微博、微信文本，分析了话题关注点在不同阶段的变化，并总结出热点话题的演化规律。曹树金和岳文玉（2020）用某公共卫生事件的微博文本分析了各主题在不同舆情阶段的情况，发现公众主要关注事件的发生与发展、防护措施与响应等，且不同阶段的侧重点存在差异。

8. 比较相似性/组别差异

社会学研究分析了不同群体的行为状态或不同时期的社会现象逻辑等。龚为纲和朱萌（2018）用GDELT数据库，对比了不同阶层在三方面——总体情绪、不同压力下的情绪和与其他阶层互动的情感氛围的差异。纳尔逊（Nelson，2020）收集了第一次和第二次妇女权益运动时期相关社会组织的文本，综合运用了计算机技术和深度阅读方法分析，发现：两个时期大体采用相似的模式开展；另外，芝加哥的倾向于通过机构和国家来实现短期目标，而纽约的偏向于从个体角度出发。

政治学研究对比了不同党派、性别群体的政治讨论参与差异。格林等（Green et al.，2020）用116届国会议员的推特文本，讨论了不同政党向选民传达的内容差异，发现民主党更强调公共卫生危机对公众健康和美国工人的影响，共和党则强调中国和企业。巴贝雷和里韦罗(Barberáe & Rivero，2015）用选举相关的推特数据发现女性往往更活跃、话语复杂程度略高于男性，但在推特上的代表性不足。

公共管理研究用政策相似度分析了政策扩散现象。刘河庆和梁玉成（2021）通过对比国家和省级政策文本间的相似性，获得了内容再生产系数，以此衡量纵向政策扩散情况。郁建兴（2019）用我国29个省份的“最多跑一次”政策文本，基于文本相似性刻画了政策扩散的空间分布规律。

新闻传播研究对比了不同群体、地区的舆情情况。廖海涵等（2018）用8·12天津爆炸事件相关的微博文本，对比了发布者和评论者的主题内容、在不同阶段的主题特征等。

金融学研究用投资者间的差异建构了分歧指数。如安特魏勒和弗兰克（Antweiler & Frank，2004）用金融论坛的文本计算帖子的情绪，进而用帖子情绪的标准差构建分歧指数，用于验证“投资者分歧促进交易”的理论（Harris & Raviv，1993）。

公共卫生研究对比了不同群体的健康信息需求。盛姝等（2021）用医享网直肠癌圈的帖子文本，分析了不同性别、年龄、角色的用户的健康信息需求差异，发现36～60岁中年群体的信息需求高于其他用户，且最为关注治疗方案。

六、讨论和反思

本文回顾了从文本中获得社会知识的思想基础、文本分析方法、方法在具体学科的应用思路及进展，尝试呈现将文本转换为社会知识的路径和基于文本的社会科学研究的图景。

但方法并不是全能、万能的，这些方法仍然存在许多局限性。例如计算文本分析技术无法完整呈现或分析文本复杂的含义，也很难实现文本以外的联想，不可能替代深度阅读（Grimmer & Stewart, 2013)，导致文本分析的结果始终与社会事实存在距离。目前没有很好的应对方式，但有三项方法使用原则：一是问题导向，即明确方法只是工具，目标在于研究问题；二是灵活使用方法，大胆想象新的应用思路，并混合使用多种方法，充分挖掘方法的潜力和发挥方法的优势；三是注重稳健性分析，为了得到更准确、合理的模型和解释，应再三验证研究结论，尽可能地保证研究结果的稳定性和可复制性。研究议题方面，要么提高已有议题的分析水平，要么提出新的研究议题；同时，加强与传统研究的对话，关注以往研究中的悖论或受数据、方法所限无法研究的议题，可提出有意义的研究议题。从数据丰富程度出发，笔者认为目前存在较好对话基础的研究领域有：社会变迁研究、政策文本研究、社会网络研究、文化社会学、历史社会学等。

文本分析技术不断发展，从文本中获取社会知识的能力也在不断提升，我们充满期待的同时也应理性面对这一趋势。

参考文献

安璐、杜廷尧、李纲、余传明，2018，《突发公共卫生事件利益相关者在社交媒体中的关注点及演化模式》，《情报学报》 第37卷第4期。

曹树金、岳文玉，2020，《突发公共卫生事件微博舆情主题挖掘与演化分析》，

《信息资源管理学报》第10卷第6期。

陈华珊，2015，《虚拟社区是否增进社区在线参与？一个基于日常观测数据的社会网络分析案例》，《社会》第35卷第5期。

陈原，1983，《社会语言学》，上海：学林出版社。

陈云松，2015，《大数据中的百年社会学——基于百万书籍的文化影响力研究》，《社会学研究》第1期。

陈运森、谢德仁，2012，《董事网络、独立董事治理与高管激励》，《金融研究》第2期。

单晓红、庞世红、刘晓燕等，2019，《基于事理图谱的网络舆情演化路径分析——以医疗舆情为例》，《情报理论与实践》第42卷第9期。

邓胜利、刘瑾，2016，《基于文本挖掘的问答社区健康信息行为研究——以"百度知道"为例》，《信息资源管理学报》第6卷第3期。

段江娇、刘红忠、曾剑平，2017，《中国股票网络论坛的信息含量分析》，《金融研究》第10期。

龚为纲、朱萌、张赛等，2019，《媒介霸权，文化圈群与东方主义话语的全球传播——以舆情大数据GDELT中的涉华舆情为例》，《社会学研究》第5期。

龚为纲、朱萌，2018，《社会情绪的结构性分布特征及其逻辑——基于互联网大数据GDELT的分析》，《政治学研究》第4期。

郭台辉、周浥莽，2020，《历史社会学能化解学科之争吗?——基于西方学术史的结构主题模型分析》，《社会学研究》第35卷第3期。

韩珂珂、邢子瑶、刘哲等，2021，《重大公共卫生事件中的舆情分析方法研究——以新冠肺炎疫情为例》，《地球信息科学学报》第23卷第2期。

黄萃、任弢、张剑，2015，《政策文献量化研究:公共政策研究的新方向》，《公共管理学报》第2期。

黄光国，2006，《社会科学的理路》，北京：中国人民大学出版社。

黄荣贵，2017，《网络场域，文化认同与劳工关注社群: 基于话题模型与社群侦测的大数据分析》，《社会》第37卷第2期。

郎玫，2018，《大数据视野下中央与地方政府职能演变中的匹配度研究——基于甘肃省14市(州)政策文本主题模型(LDA)》，《情报杂志》第37卷第9期。

李娜、姜恩波、朱一真、刘婷,2021，《政策工具自动识别方法与实证研究》，《图书情报工作》第65卷第7期。

廖海涵、王曰芬、关鹏，2018，《微博舆情传播周期中不同传播者的主题挖掘与观点识别》，《图书情报工作》第62卷第19期。

刘挺，《从知识图谱到事理图谱》，2017中国计算机大会.
刘丛、谢耘耕、万旋傲，2015，《微博情绪与微博传播力的关系研究——基于24起公共事件相关微博的实证分析》，《新闻与传播研究》第22卷第9期。
刘河庆、梁玉成，2021，《政策内容再生产的影响机制——基于涉农政策文本的研究》，《社会学研究》第36卷第1期。
刘河庆，2020，《文件治理中的政策采纳及其影响因素研究 基于国家和省级政府政策文本（2008—2018）数据》，《社会》第40卷第4期。
刘若涵，2019，《社交媒体平台的国家形象研究》，北京：北京交通大学。
刘涛雄、徐晓飞，2015，《互联网搜索行为能帮助我们预测宏观经济吗?》，《经济研究》第50卷第12期。
卢延鑫、姚旭峰，2013，《基于文本挖掘的流行病学致病因素的提取》，《北京生物医学工程》第2期。
迈克尔·麦克马洪、席睿德、李想，2019，《中国的货币政策沟通:框架、影响和建议》，《中国经济报告》第3期。
丘心颖、郑小翠、邓可斌，2016，《分析师能有效发挥专业解读信息的作用吗?——基于汉字年报复杂性指标的研究》，《经济学(季刊)》第15卷第4期。
任中杰、张鹏、兰月新等，2019，《面向突发事件的网络用户画像情感分析——以天津“8·12”事故为例》，《情报杂志》第38卷第11期。
沈艳，陈赟，黄卓，2019，《文本大数据分析在经济学和金融学中的应用: 一个文献综述》，《经济学 (季刊)》第18卷第4期。
盛姝、黄奇、郑姝雅等，2021，《在线健康社区中用户画像及主题特征分布下信息需求研究——以医享网结直肠癌圈数据为例》，《情报学报》第40卷第3期。
石静、厉臣璐、钱宇星等，2019，《国内外健康问答社区用户信息需求对比研究——基于主题和时间视角的实证分析》，《数据分析与知识发现》第3卷第5期。
汪昌云、武佳薇，2015，《媒体语气、投资者情绪与IPO定价》，《金融研究》第9期。
王戈、王国华、方付建，2017，《网络社会思潮领袖的群体特征——以近年来20件意识形态领域热点事件为例》，《情报杂志》第36卷第4期。
王靖一、黄益平，2018，《金融科技媒体情绪的刻画与对网贷市场的影响》，《经济学 (季刊)》第17卷第4期。
维特根斯坦，1996，《逻辑哲学论》，北京：商务印书馆。
魏伟、郭崇慧、陈静锋，2018，《国务院政府工作报告(1954—2017)文本挖掘及社会变迁研究》，《情报学报》第37卷第4期。

吴军，2014，《数学之美》，北京：人民邮电出版社。

徐国冲，霍龙霞，2020，《食品安全合作监管的生成逻辑——基于2000—2017年政策文本的实证分析》，《公共管理学报》第17卷第1期。

许鑫、张雯雯、侯仕军，2013，《基于 WordScore 的区域合作交流政策价值评价研究——以沪浙两地为例》，《西南民族大学学报：人文社会科学版》第4期。

杨晓兰、沈翰彬、祝宇，2016，《本地偏好、投资者情绪与股票收益率：来自网络论坛的经验证据》，《金融研究》第12期。

郁建兴，2019，《最多跑一次"改革：浙江经验，中国方案》，北京：中国人民大学出版社。

张崇、吕本富、彭赓等，2012，《网络搜索数据与 CPI 的相关性研究》，《管理科学学报》第15卷第7期。

张海波、陶志刚，2021，《公共卫生事件应急管理中政府部门间合作网络的变化》，《武汉大学学报(哲学社会科学版)》第74卷第4期。

张敏、夏宇、刘晓彤，2016，《重大医疗伤害事件网络舆情能量传播过程分析——以"魏则西事件"为例》，《情报杂志》第35卷第12期。

钟智锦、林淑金、温仪等，2017，《内地网民情绪记忆中的香港澳门回归》，《新闻与传播研究》第24卷第1期。

周开国、应千伟、钟畅，2016，《媒体监督能够起到外部治理的作用吗？——来自中国上市公司违规的证据》，《金融研究》第6期。

Singhal, A. 2012, *Introducing the Knowledge Graph: things, not strings*. Official Google Blog, May 2012. https://blog. google/products/search/introducing-knowledge-graph-things-not/.

Alizadeh, M., J. N. Shapiro & C. Buntain, J. A. Tucker 2020, "Content-based features predict social media influence operations." *Science advances* 6(30).

Allcott, H. & M. Gentzkow 2017, "Social media and fake news in the 2016 election." *Journal of economic perspectives* 31(2).

Antweiler, W. & M. Z. Frank 2004, "Is all that talk just noise? The information content of internet stock message boards." *The journal of finance* 59(3).

Atalay, E., P. Phongthiengtham, S. Sotelo & D. Tannenbaum 2017, "The evolving US occupational structure." *Washington Center for Equitable Growth Working Paper*, 12052017.

Bail, C. A. 2016, "Cultural carrying capacity: Organ donation advocacy, discursive framing, and social media engagement." *Social Science & Medicine* 165.

Baker, S. R., N. Bloom & S. J. Davis 2016, "Measuring economic policy uncertainty." *The quarterly journal of economics* 131(4).

Baker, Scott R. & Andrey Fradkin 2017, "Baker S R, Fradkin A. The impact of unemployment insurance on job search: Evidence from Google search data." *Review of Economics and Statistics* 99(5).

Bakshy, E., S. Messing & L. A. Adamic 2015, "Exposure to ideologically diverse news and opinion on Facebook." *Science* 348(6239).

Barberá, P. & G. Rivero 2015, "Understanding the political representativeness of Twitter users." *Social Science Computer Review* 33(6).

Berger, J., A. Humphreys, S. Ludwig, W. W. Moe & O. Netzer 2020, "Uniting the tribes: Using text for marketing insight." *Journal of Marketing* 84(1).

Bernstein, B. 2003, *Class, codes and control: Applied studies towards a sociology of language*. Psychology Press.

Bernstein, B. 1960, "Language and social class." *The British journal of sociology* 11(3).

Biemann, C., L. Krumov, S. Roos & K. Weihe 2016, "Network motifs are a powerful tool for semantic distinction." *Towards a Theoretical Framework for Analyzing Complex Linguistic Networks*. Springer, Berlin, Heidelberg.

Bilgin, M. & İ. F. Şentürk 2017, "Sentiment analysis on Twitter data with semi-supervised Doc2Vec." 2017 international conference on computer science and engineering (UBMK). Ieee: 661-666.

Blei, D.M., A. Y. Ng & M. I. Jordan 2003, " Latent dirichlet allocation." *Journal of machine Learning research* 3.

Bramsen, P., M. Escobar-Molano, A. Patel & R. Alonso 2011, "Extracting social power relationships from natural language." *Proceedings of the 49th Annual Meeting of the Association for Computational Linguistics: Human Language Technologies*: 773-782.

Bruch, E. E. & M. E. J. Newman 2018, "Aspirational pursuit of mates in online dating markets." *Science Advances* 4(8).

Caliskan, A., J. J. Bryson & A. Narayanan 2017, "Semantics derived automatically from language corpora contain human-like biases." *Science* 356(6334).

Cao, L., H. Zhang & L. Feng 2020, "Building and using personal knowledge graph to improve suicidal ideation detection on social media." *IEEE Transactions on Multimedia*.

Catalinac, A. 2016, *Electoral reform and national security in Japan: From pork to foreign policy*. Cambridge University Press.

Chen, L., G. Feng, C. W. Leong, B. Lehman, M. Marin-Raugh, H. Kell, C. M. Lee & S. Y. Yoon 2016, "Automated scoring of interview videos using Doc2Vec multimodal feature extraction paradigm." *Proceedings of the 18th ACM International Conference on Multimodal Interaction*: 161-168.

Chen, Q. & M. Sokolova 2018, "Word2vec and doc2vec in unsupervised sentiment analysis of clinical discharge summaries." *arXiv preprint arXiv:1805.00352*.

Corman, S.R., T. Kuhn, R. D. McPhee & K. J. Dooley 2002, "Studying complex discursive systems. Centering resonance analysis of communication." *Human communication research* 28(2).

Da, Z., J. Engelberg & P. Gao 2011, "In search of attention." *The journal of finance* 66(5).

Danescu-Niculescu-Mizil, C., M. Sudhof, D. Jurafsky & C. Potts 2013, "A computational approach to politeness with application to social factors." *arXiv preprint arXiv:1306.6078*.

Deerwester, S., S. Dumais, T. Landauer, G. Furnas & R. Harshman 1990, "Indexing by latent semantic analysis." *Journal of the American society for information science* 41(6).

Devlin, J., M. W. Chang, K. Lee & K. Toutanova 2018, "Bert: Pre-training of deep bidirectional transformers for language understanding." *arXiv preprint arXiv:1810.04805*.

Ding, X., Z. Y. Li, T. Liu & K. Liao 2019, "ELG: an event logic graph." *arXiv:1907.08015*

Doyle, G., D. Yurovsky & M. C. Frank 2016, "A robust framework for estimating linguistic alignment in twitter conversations." *Proceedings of the 25th international conference on world wide web*: 637-648.

Evans, J. A. & P. Aceves 2016, "Machine translation: mining text for social theory." *Annual Review of Sociology* 42.

Fang, L. & J. Peress 2009, "Media coverage and the cross-section of stock returns." *The journal of finance* 64(5).

Farrell, J. 2016, "Corporate funding and ideological polarization about climate change." *Proceedings of the National Academy of Sciences* 113(1).

Farrell, J. 2016, "Network structure and influence of the climate change counter-movement." *Nature Climate Change* 6(4).

Field, A., D. Kliger, S. Wintner, J. Pan, D. Jurafsky & Y. Tsvetkov 2018, "Framing and agenda-setting in russian news: a computational analysis of intricate political strategies." *arXiv preprint arXiv:1808.09386.*

Garfinkel, H. 1967, *Studies in Ethnomethodology*. Cambridge, England: Polity Press.

Garg, N., L. Schiebinger, D. Jurafsky & J. Zou 2018, "Word embeddings quantify 100 years of gender and ethnic stereotypes." *Proceedings of the National Academy of Sciences* 115(16).

Gentzkow, M., B. Kelly & M. Taddy 2019, "Text as data." *Journal of Economic Literature* 57(3).

Gentzkow, M. & J. M. Shapiro 2010, "What drives media slant? Evidence from US daily newspapers." *Econometrica* 78(1).

Goffman, E. 1967, *Interaction Ritual: Essays in Face to Face Behavior* . Garden City, New York.

Golder, S. A., M. W. Macy 2011, "Diurnal and seasonal mood vary with work, sleep, and daylength across diverse cultures." *Science* 333(6051).

Green, J., J. Edgerton, D. Naftel & S. J. Cranmer 2020, "Elusive consensus: Polarization in elite communication on the COVID-19 pandemic." *Science Advances* 6(28).

Greene, D., J. P. Cross 2017, "Exploring the political agenda of the european parliament using a dynamic topic modeling approach." *Political Analysis* 25(1).

Grimmer, J., S. Messing & S. J. Westwood 2012, "How words and money cultivate a personal vote: The effect of legislator credit claiming on constituent credit allocation." *American Political Science Review* 106(4).

Grimmer, J. & B. M. Stewart 2013, "Text as data: The promise and pitfalls of automatic content analysis methods for political texts." *Political analysis* 21(3).

Grimmer, J. 2010, "A Bayesian hierarchical topic model for political texts: Measuring expressed agendas in Senate press releases." *Political Analysis* 18(1).

Grinberg, N., K. Joseph, L. Friedland & D. Lazer 2019, "Fake news on Twitter during the 2016 US presidential election." *Science* 363(6425).

Gulen, H. & M. Ion 2016, "Policy uncertainty and corporate investment." *The Review of Financial Studies* 29(3).

Guo, L. & C. Vargo 2015, "The power of message networks: A big-data analysis of the network agenda setting model and issue ownership." *Mass Communication and*

Society 18(5).

Hahn, M., D. Jurafsky & R. Futrell 2020, "Universals of word order reflect optimization of grammars for efficient communication." *Proceedings of the National Academy of Sciences* 117(5).

Hansen, S. & M. McMahon 2016, "Shocking language: Understanding the macroeconomic effects of central bank communication." *Journal of International Economics*, 99: S114–S133.

Harris, M. & A. Raviv 1993, "Differences of opinion make a horse race." *The Review of Financial Studies* 6(3).

He, Q., B. P. Veldkamp, C. A. W. Glas & T. de Vries 2017, "Automated assessment of patients' self-narratives for posttraumatic stress disorder screening using natural language processing and text mining." *Assessment* 24(2).

Heidegger, M. 1946, "Brief uber den Humanismus." *Wegmarken.*

Hillert, A., H. Jacobs & S. Müller 2014, "Media makes momentum." *The Review of Financial Studies* 27(12).

Hoberg, G. & G. Phillips 2016, "Text-based network industries and endogenous product differentiation." *Journal of Political Economy* 124(5).

Hofmann, T. 1999, "Probabilistic latent semantic indexing." *Proceedings of the 22nd annual international ACM SIGIR conference on Research and development in information retrieval*: 50–57.

Hollibaugh, G. E. 2019, "The use of text as data methods in public administration: A review and an application to agency priorities." *Journal of Public Administration Research and Theory* 29(3).

Humphreys, A. & R. J. H. Wang 2018, "Automated text analysis for consumer research." *Journal of Consumer Research* 44(6).

Huppertz, J. W., P. Otto 2018, "Predicting HCAHPS scores from hospitals' social media pages: a sentiment analysis." *Health care management review* 43(4).

Jackson, J. C., J. Watts, T. R. Henry, J. M. List, R. Forkel, P. Mucha, S. J. Greenhill, R. D. Gray & K. A. Lindquist 2019, "Emotion semantics show both cultural variation and universal structure." *Science* 366(6472).

Jiang, J., T. Meng & Q. Zhang 2019, "From Internet to social safety net: The policy consequences of online participation in China." *Governance* 32(3).

Jordan, K.N., J. Sterling, J. W. Pennebaker & R. L. Boyd 2019, "Examining long-term trends in politics and culture through language of political leaders and cultural institutions." *Proceedings of the National Academy of Sciences* 116(9).

Kozlowski, A.C., M. Taddy & J. A. Evans 2019, "The geometry of culture: Analyzing the meanings of class through word embeddings." *American Sociological Review* 84(5).

Labov, W. 2006, *The social stratification of English in New York city*. Cambridge University Press.

Laver, M., K. Benoit & J. Garry 2003, "Extracting policy positions from political texts using words as data." *American political science review* 97(2).

Lazard, A. J., G. B. Wilcox, H. M. Tuttle, E. M. Glowacki & J. Pikowski 2017, "Public reactions to e-cigarette regulations on Twitter: a text mining analysis." *Tobacco control* 26(e2).

Le, Q. & T. Mikolov 2014, "Distributed representations of sentences and documents." *International conference on machine learning*. PMLR: 1188-1196.

Li, F. 2008, "Annual report readability, current earnings, and earnings persistence." *Journal of Accounting and economics* 45(2-3).

Li, Q., H. Peng, J. Li, C. Xia, R. Yang, L. Sun, P. S. Yu & L. He 2020, "A survey on text classification: From shallow to deep learning." *arXiv preprint arXiv: 2008.00364.*

Luo, Y. & H. Shi 2019, "Using lda2vec Topic Modeling to Identify Latent Topics in Aviation Safety Reports." *2019 IEEE/ACIS 18th International Conference on Computer and Information Science (ICIS). IEEE*: 518-523.

Manela, A. & A. Moreira 2017, "News implied volatility and disaster concerns." *Journal of Financial Economics* 123(1).

Michel, J. B., Y. K. Shen & A. P. Aiden 2011, "Quantitative analysis of culture using millions of digitized books." *Science* 331(6014).

Mikolov, T., I. Sutskever, K. Chen, G. Corrado & J. Dean 2013, "Distributed representations of words and phrases and their compositionality." *Advances in neural information processing systems*: 3111-3119.

Mohr, J. W., R. Wagner-Pacifici, R. L. Breiger & P. Bogdanov 2013, "Graphing the grammar of motives in National Security Strategies: Cultural interpretation, automated text analysis and the drama of global politics." *Poetics* 41(6).

Moody, C. E. 2016, "Mixing dirichlet topic models and word embeddings to make lda2vec." *arXiv preprint arXiv:1605.02019.*

Mooijman, M., J. Hoover, Y. Lin & H. Ji & M. Dehghani 2018, "Moralization in social networks and the emergence of violence during protests." *Nature human behaviour* 2(6).

Nelson, L. K. 2020, "Computational grounded theory: A methodological framework." *Sociological Methods & Research* 49(1).

Padó, S., A. Blessing, N. Blokker, E. Dayanik, S. Haunss & J. Kuhn 2019, "Who sides with whom? towards computational construction of discourse networks for political debates." *Proceedings of the 57th Annual Meeting of the Association for Computational Linguistics*: 2841–2847.

Pan, J., R. Bhardwaj, W. Lu, H. L. Chieu, X. Pan & N. Y. Puay 2019, "Twitter homophily: Network based prediction of user's occupation." *Proceedings of the 57th Annual Meeting of the Association for Computational Linguistics*: 2633–2638.

Pástor, Ľ & P. Veronesi 2013, "Political uncertainty and risk premia." *Journal of financial Economics* 110(3).

Pennebaker, J. W., M. E. Francis & R. J. Booth 2001, "Linguistic inquiry and word count: LIWC 2001." *Mahway: Lawrence Erlbaum Associates* 71(2001).

Pennington, J., R. Socher & C. D. Manning 2014, "Glove: Global vectors for word representation." *Proceedings of the 2014 conference on empirical methods in natural language processing (EMNLP)*: 1532–1543.

Peters, M. E., M. Neumann, M. Iyyer, M. Gardner, C. Clark, K. Lee & L. Zettlemoyer 2018, "Deep contextualized word representations." *arXiv preprint arXiv: 1802.05365.*

Preotiuc–Pietro, D., V. Lampos & N. Aletras 2015, "An analysis of the user occupational class through Twitter content." *Proceedings of the 53rd Annual Meeting of the Association for Computational Linguistics.*

Proksch, S. O. & J. B. Slapin 2009, "How to avoid pitfalls in statistical analysis of political texts: The case of Germany." *German Politics*, 18(3).

Qin, J. 2015, "Hero on Twitter, traitor on news: How social media and legacy news frame Snowden." *The international journal of press/politics* 20(2).

Quinn, K. M., B. L. Monroe, M. Colaresi, M. H. Crespin & D. R. Radev 2010, "How to analyze political attention with minimal assumptions and costs." *American Journal of Political Science* 54(1).

Reis, J. C. S., A. Correia, F. Murai, A. Veloso, F. Benevenuto & E. Cambria 2019, "Supervised learning for fake news detection." *IEEE Intelligent Systems* 34(2).

Roberts, M. E., B. M. Stewart, D. Tingley & C. Lucas, J. Leder–Luis, S. K. Gadarian,

B. Albertson & D. G. Rand 2014, "Structural topic models for open-ended survey responses." *American Journal of Political Science*, 58(4): 1064–1082.

Rule, A., J. P. Cointet & P. S. Bearman 2015, "Lexical shifts, substantive changes, and continuity in State of the Union discourse, 1790–2014." *Proceedings of the National Academy of Sciences* 112(35).

Sachan, M., D. Contractor, T. A. Faruquie & L. V. Subramaniam 2012, "Using content and interactions for discovering communities in social networks." *Proceedings of the 21st international conference on World Wide Web*.

Sachdeva, S., S. McCaffrey & D. Locke 2017, "Social media approaches to modeling wildfire smoke dispersion: spatiotemporal and social scientific investigations." *Information, Communication & Society* 20(8).

Saiz, A. & U. Simonsohn 2013, "Proxying for unobservable variables with internet document–frequency." *Journal of the European Economic Association* 11(1).

Saxena, A., M. Prasad, A. Gupta, N. Bharill, O. P. Patel, A. Tiwari, E. M. Joo, D. Weiping & L. Chin–Teng 2017, "A review of clustering techniques and developments." *Neurocomputing* 267.

Schmidt, T. S., & S. Sewerin 2019, "Measuring the temporal dynamics of policy mixes–An empirical analysis of renewable energy policy mixes' balance and design features in nine countries." *Research Policy* 48(10).

Scott, S. L. & H. R. Varian 2015, *Bayesian Variable Selection for Nowcasting Economic Time Series*. University of Chicago Press.

Senter, R. J. & E. A. Smith 1967, *Automated readability index*. CINCINNATI UNIV OH.

Shapiro, A. H., M. Sudhof & D. J. Wilson 2020, "Measuring news sentiment." *Journal of Econometrics*.

Sheshadri, K. & M. P. Singh 2019, "The public and legislative impact of hyperconcentrated topic news." *Science advances* 5(8).

Sivak, E. & I. Smirnov 2019, "Parents mention sons more often than daughters on social media." *Proceedings of the National Academy of Sciences* 116(6).

Slapin, J. B. & S. O. Proksch 2008, "A scaling model for estimating time-series party positions from texts." *American Journal of Political Science* 52(3).

Tang, J., S. Wu, B. Gao & Y. Wan, 2011, "Topic–level social network search." *Proceedings of the 17th ACM SIGKDD international conference on Knowledge discovery and data mining*: 769–772.

Thorsrud, L. A. 2020, “Words are the new numbers: A newsy coincident index of the business cycle.” *Journal of Business & Economic Statistics* 38(2).

Tsukioka, Y., J. Yanagi & T. Takada 2018, “Investor sentiment extracted from internet stock message boards and IPO puzzles.” *International Review of Economics & Finance* 56.

van Bommel, K. 2014, “Towards a legitimate compromise? An exploration of integrated reporting in the Netherlands.” *Accounting, Auditing & Accountability Journal*.

Vargo, C. J., L. Guo, M. McCombs & D. L. Shaw 2014, “Network issue agendas on Twitter during the 2012 US presidential election.” *Journal of Communication* 64(2).

Wallner, F. 1994, “Constructive Realism Aspects of a New Epistemological Movement.” *Varieties of Scientific Realism*.

Wang, X. & X. Zhu 2017, “A Corpus-based Study on Language Style and Authorship Identification: Statistical Characteristics of Mo Yan's and Jia Pingwa's Works.” *3rd International Symposium on Social Science (ISSS 2017)*. Atlantis Press: 483-486.

Wild,F.2007, “An LSA package for R.” *Proceedings of the 1st International Conference on Latent Semantic Analysis in Technology Enhanced Learning (LSA-TEL'07)*: 11-12.

Wolfson, N. & E. Judd 1983, *Sociolinguistics and Language Acquisition*. Newbury House Publishers, Inc, Rowley, MA 01969.

Xu, G. & M. Ren 2018, “Comparing China's Self-image and Western Media Projected Image: From the Perspective of Davos Forum.” *KDIR*: 396-404.

Young, S. D., C. Rivers & B. Lewis 2014, “Methods of using real-time social media technologies for detection and remote monitoring of HIV outcomes.” *Preventive medicine* 63.

Zhenni, N. & Q. Yuxing 2020, “The Status, Hot Topics in the Field of Electronic Health Records: A Literature Review Based on Lda2vec.” *Proceedings of the ACM/IEEE Joint Conference on Digital Libraries in 2020*: 479-480.

Zhong, L. J. Cao. Q. Sheng, J. Guo & Z. Wang 2020, “Integrating Semantic and Structural Information with Graph Convolutional Network for Controversy Detection.” *arXiv preprint arXiv:2005.07886*.

附录1：文本分析方法总结

方法类型	方法层次	具体方法	含义	主要分析技术	主要用途	例子
作为语言符号的文本方法	词语层面	**指代对象**	词义所指代的具有意义的对象，例如人、事件、工作名称、性别等	命名实体识别、计算词频	将指代对象组合起来做统计分析	Elizaveta Sivaka and Ivan Smirnov（2018）
		语义场	通过不同词语间基本语义单位——义素的共性和差异性来呈现语义空间中的结构	义素分析法，网络分析法	呈现语义空间中的结构	Joshua Conrad Jackson et al.（2019）
		词类	根据语法特征（包括句法功能和形态变化）为主要依据、兼顾词汇意义对词进行划分的结果，例如名词、动词、语气词等	词性标注法	构建指标/概念	Kayla N. Jordan et al.（2019）
		词组	由两个或多个词组成的语言片段，相较词语本身有更丰富的信息	n-gram	构建指标/概念	龚为纲等（2019）
	句子层面	**句法分析**	从句子层面对词语的语法功能进行分析	句法结构（如主谓宾结构），词汇间的依存关系（如并列、从属等），句法语序	构建指标/概念	Cristian Danescu-Niculescu-Mizil et al.（2013）；Philip Bramsen et al.（2011）；Michael Hahn（2020）
		句子功能和语气	以意义为基础、以语气为标准进行的句子分类，可呈现句子背后的逻辑认知和情感态度	语气词识别、分类算法等	计算占比	Xiaoying Wang and Xiaonan Zhu（2017）
		会话分析	研究语言的交际互动，分析对象包括日常生活会话和机构会话，后者包括医患会话、法庭控辩双方会话等	根据文本特征建模	分析互动特征	Gabriel Doyle et al.（2016）

续表

方法类型	方法层次	具体方法	含义	主要分析技术	主要用途	例子
作为数学表示的文本方法	数值特征类	频数	某对象在文本中出现的频数，对象可以是特定属性的词语、特定词类（如名词）等，相对频数则是该对象频数占文本词语总数的比例，用于描述属性或词类等对应社会特征的基本情况	计算词频或相对频数	一是社会特征随时间的变化；二是使用字典，计算文本中每一类词汇的出现次数，从而获得文本不同类别的得分	Jean-Baptiste Michel et al.（2011）；陈云松（2015）；Elizabeth E Bruch and MEJ Newman（2018）、Scott A Golder and Michael W Macy（2011）和Karthik Sheshadri and Munindar P Singh（2019）；Koen van Bommel（2014）；
		特殊指标	根据特定计算方法获得的指标	词语得分（wordscores）和词语缩放（wordfish）；建构可读性指标	测量政策立场、可读性，或构建的其他指标	许鑫等（2013）；Sven-Oliver Proksc and Jonathan B. Slapin（2009）；Gentzkow and Shapiro（2010）；Gunning（1952）；John S. Caylor and Thomas G.. Sticht（1973）
		文本表示	将文本转换成计算机可理解的表达，单篇文档表示为向量，整个语料库表示为矩阵	独热表示（one-hot）、词袋表示（bag of words，BOW）、n-gram表示、标准化频率表示和特征权重表示等	较少直接用来分析问题，而是作为其他分析方法（分类/聚类算法、主题模型、神经网络等）的基础	
	分类/聚类	分类	根据给定文本的类别标签推断其他文本的类别，核心方法思想是提取分类数据的特征，然后选择最优匹配实现分类	浅层学习模型和深度学习模型	用分类和聚类方法获得文本类别，然后进一步对每一类别做描述性分析，或者作为分类变量使用等；也可以用来识别情绪和政治立场类别	Eytan Bakshy et al.（2015）；Meysam Alizadeh et al.（2020）；Marlon Mooijman et al.（2018）
		聚类	在预先不知道类别的情况下，对比若干文本的相似度，最后将相似度高的归为一类，其本质是以无监督的方式基于一定规则获得文本的类别	基于划分（partition）的聚类算法、基于层次（hierarchy）的聚类算法、基于密度（density）的聚类算法、基于网格（grid）的聚类算法、基于图论（graph theory）的聚类算法和基于模糊（fuzzy）的聚类算法等		Hoberg and Phillips（2016）

续表

方法类型	方法层次		具体方法	含义	主要分析技术	主要用途	例子
作为数学表示的文本方法	基于网络的方法	网络类型	基于词类、句法等的网络	通过分析句子成分间的关系建构起来	词性标注、命名实体识别、依存句法分析和指代消解等	从细粒度的信息分析社会知识	John W. Mohr et al.（2013）
			一模或多模网络	一种或多种类型的节点形成的网络	共现分析等	主题网络、人-主题网络等	Alix Rule et al.（2015）；王戈等（2017）
			知识图谱和事理图谱	分别用事件和实体概念的网络呈现社会世界的事件知识和概念知识，直接刻画社会的知识网络	命名实体识别、实体关系抽取等	呈现知识关联和事件间的逻辑关系	单晓红等（2019）；Lei Cao et al.（2020）
		网络分析	基于节点/边的分析	研究文本各类型网络的统计指标属性，包括节点、边、网络整体三个方面	网络分析	分析网络中心性等	Steven R. Corman et al.（2002）；陈华珊（2015）
			基于子图的分析	基于社区（community）和基于模体（motif）两种类型，前者指从文本网络中识别出社区，后者指网络结构的基本单位	社区探测、统计模体数目	分析网络基本结构等	Chris Biemann et al.（2016）
	基于矩阵/向量空间的方法		主题模型及其扩展模型	发现文档隐含的语义结构的统计模型	LSA、pLSA、LDA、DMM、EAM、STM	呈现主题内容，及各文本的主题分布概率，扩展模型考虑动态变化、人的分配和协变量的影响等	Justin Farrell（2016）；黄荣贵（2017）；Derek Greene and James P. Cross（2017）；Grimmer（2012）；Christopher A. Bail（2016）
			词嵌入	将自然语言的词投射到向量空间中，语义相近的词会有相似的向量表示	Word2Vec、GloVe、ELMo、Bert；lda2vec、doc2vec	测量观念，反映人们对特定事物的认知和不同事物间的认知差异	Aylin Caliskan et al.（2017）；Nikhil Garg et al.（2018）；Austin C. Kozlowski et al.（2019）；王靖一和黄益平（2018）；Lei Chen et al.（2016）、Metin Bilgin and İzzet Fatih Şentürk（2017）、Qufei Chen and Marina Sokolova（2018）

续表

分析任务＼学科	社会学	政治学	公共管理	新闻传播	经济学	金融学	公共卫生
获得主题	微博或论坛文本中特定群体的观点或关注的议题	政治议程设置，即用政治类文本分析议题分布	公共政策的注意力或工作分配，即主题分布，以及公共事件的舆论内容分析	新闻框架，或媒体中的国家形象			公众对药物、疫情、卫生相关政策等的意见、态度和需求，或医疗相关的舆情内容
测量概念/指标	预测数值型变量（失业率或员工流动概率等），或测量偏见/歧视	政治、媒体、微博等文本中的政党立场或意识形态，腐败指数等	测量政策工具的组合特征、公共管理议题的关注度和政府的回应强度等	媒体报道偏差指数	测量经济政策不确定性指数，或预测宏观经济变量	金融市场的不确定性指数、投资者和媒体的关注度、年报的可读性等	监测和预测疾病发生率
测量情绪	分析特定群体对特定社会现象的情绪状态、情感倾向	公众对某一政治主张或选民对某一候选人的情绪指数，作为立场倾向的测量	公众对某些公共事件或社会重大议题的情感倾向	舆情中的公众情绪，舆情内容多与公共管理相关		媒体对金融议题的情绪，以及管理层和投资者的情绪	构建卫生服务评价指数
生成分类变量/组别	划分不同的群体，或根据一定理论预设得到分类变量，例如年龄、性别、职业等	预测党派立场分类	实现政策工具分类	识别是否谣言、假新闻，有无争议等	行业分类，相对实时观测到行业类型的变化		建立文本特征预测是否患病的模型，用于识别可能的潜在患者，实现疾病风险预测
呈现/分析网络结构	根据讨论主题、互动关系等构建社会互动网络，还可进一步发现有影响力的节点和社区等	政治辩论中的话语网络	府际关系和治理网络	社交媒体和新闻媒体等文本的话语网络，用于了解媒体塑造特定对象的方式，有时也称为媒体框架		董事网络及其影响	健康问答社区里的主题网络和用户网络等
计算相关/回归	群体属性与行为间的关系，或分析网络的影响因素	社交媒体、制度改革等对政治立场、选举等的影响，或线上行为与立场倾向间的关系	管理行为的影响因素		媒体情绪和经济状态之间的关系，经济政策不确定性指数（EPU）与其他经济变量间的关系，以及央行政策内容对市场的影响	关注度、情绪、经济政策不确定性指数（EPU）、投资者分歧等对金融市场的影响	健康状态的影响因素，以及卫生机构议题如何受政策变化影响
考虑时间	社会现象的变迁，也包括学科变迁	议员议题的变化，及其与特定外部事件的联系	析政府工作内容的变化、和政策体系的变迁路径	舆情的演化或国家媒体形象的演变	度量和预测经济周期	用每月的新闻隐含波动率指数，来测量金融市场的不确定性	相关舆情的议题演化，为政府提供公共卫生舆情的信息支持
比较相似性/组别差异	不同群体的行为状态、或不同时期的社会现象逻辑等	对比不同党派、性别群体的政治讨论参与差异	用政策相似度分析政策扩散现象	对比不同群体、地区的舆情情况		用投资者间的差异建构分歧指数	对比不同群体的健康信息需求

贾小双．社会科学中的因果分析——潜在结果模型、因果网络模型与 ABM[M/OL]//赵联飞，赵锋．社会研究方法评论：第 1 卷．重庆：重庆大学出版社．

社会科学中的因果分析
——潜在结果模型、因果网络模型与 ABM

贾小双[①]

摘要： 因果问题是社会科学的核心问题。在因果研究中采取反事实的因果定义已在各学科中达成共识。在这一前提下，当前社会科学的因果分析主要在三大方法论框架下展开：潜在结果模型、因果网络模型和 ABM。本文对这三大方法论框架的核心思想及其主要模型和方法进行了回顾，首先按照数据类型和混淆变量的可观测性对倾向值匹配、加权、工具变量、断点回归、双重差分法等传统的模型进行了梳理，并介绍了与机器学习结合的最新进展；接着对因果网络模型的来源及其主要方法——贝叶斯因果图——进行了介绍，并简单阐述了贝叶斯因果图对于揭示横向因果机制的作用；最后对 ABM 的模型原理进行了介绍，分析了其在识别因果关系上的限制及其用于分析纵向因果机制的前提条件、优势与局限。本文希望通过系统性的梳理来为社会科学研究者了解因果分析方法体系及其前沿进展提供参考。

关键词： 因果推理；反事实；潜在结果模型；因果网络模型；ABM

①作者简介：贾小双，中山大学社会学与人类学学院博士生，研究方向主要为计算社会学、社会分层，联系方式：jiaxsh@mail2.sysu.edu.cn。

Abstract: Causality is a core issue in social science research. The counterfactual definition of causality has reached a consensus in different research fields. Therefore, current causal studies of social sciences are mostly carried out under three frameworks: the Potential Outcomes Models, Structural Causal Models (SCM), and Agent-Based Modeling (ABM). This paper reviewed the core concepts of these three methodological frameworks and their main models and methods. We started from reviewing the classical statistical models under the potential outcome framework such as PSM, IPTW, IV, RDD, DID, etc., we classified them by the type of data and the observability of the confounders and then introduced their up to date progress in machine learning. Then we turned to the SCM, after a brief introduction of its history, we reviewed the Casual Bayesian Network, which is one of the most important models under this framework. Further, we introduced ABM and assessed its limitations when doing causal inference and its pre-conditions, strengths and weaknesses when revealing vertical causal mechanism. By systematically reviewing the three framework above, we hope to provide a clear clue for social scientists and help them to keep up with the state-of-the-art methods of causal inference by this.

Key words: Causal Inference; Counterfactual Framework; Potential Outcome Models; Structural Causal Models; Agent-Based Modeling

一、引言

寻求事物之间的因果关系是各学科研究的终极目标，而且各学科对因果的定义和因果分析方法已有大量的理论与科学方法论的探讨。随着因果推理方法的发展，研究者越来越强调相关关系和因果关系的差别，并致力于探讨如何在更严格的因果定义下进行因果推理（王天夫，2006；彭玉生，2011；孟天广，2017；Abbott，1998；Doreian，1999；Goldthorpe，2001；Winship & Sobel，2004）。统计学家、图灵奖得主珀尔针对大数据时代人工智能的发展现状提出因果关系的三级阶梯：相关（association）、干预（intervention）和反事实（conterfactuals）。这一组概念很好地阐释了相关关系与因果关系的区别。珀尔指出，当前的大数据分析和人工智能的因果推理大多数停留在相关性的层面，处于因果之梯的最底端，因为研究者仅仅基于概率上的联合分布来回答“是什么”（what is）的问题（例如：如果观察到某种症状，则有多大可能是因为患了某种疾病?）；而干预性研究则更进一步，可以通过干预来回答“如果采取某种策略将会怎么样”（what if）的问题（例如：如果吃了药，病情将会发生什么样的改变?）；但相关性和干预性研究都不能对因果关系作出推断，而只有在二者的基础上更进一步，能够回答“如果采取相反的策略，结果会有什么不同（what if I had acted differently）”的反事实的问题时，才能推断该策略是否是这一结果的原因（Pearl，2018）。以上这种因果推理的严格定义被称为因果推理的“反事实框架”(Conterfactul Framework)。[①] 目前，在反事实框架下进行因果推理已成为各学科研究者的普遍共识。

统计学领域的因果推断主要采用两类模型：潜在结果模型(Potential Outcome Model)和因果网络模型(Causal Graph)。前者通过给出反事实框架下因果效应的数学定义，并通过统计模型量化估计原因对结果的因果效应；而后者是在贝叶斯网络上进行外部干预，既能估计因果效应，也能通过确定多个变量之间的因果关系来反映因果作用机制(苗旺等，2018；Morgan & Winship，2014，2015)。社会科学研究者普遍使用潜在结果模型来进行因果推断，而很少使用因果网络模型。社会科学研究中常见的用于分析截面数据的倾向值匹配(Propensity Score Matching，PSM)、逆概率加权估计(Inverse Probability Weighted Estimation，IPWE)、工具变量(Instrumental Variable，IV)、断点回归(Regression Discontinuity Design，RDD)等方法，用于分析面板数据的双重差分(Difference-in-Difference，DID)等方法以及随机实验研究，从方法上来看都属于统计学中潜在结果模型的范畴。

近年来，随着计算社会科学的发展，其两大研究范式——社会模拟(social simulation)和大数据分析——也为社会科学中的因果问题研究提供了新思路。一方面，计算机模拟技术在社会科学中的普及使得学者对因果机制的研究在方法上取得新的突破：基于自主行动者建模(Agent-Based Modeling，ABM)的方法逐渐被运用于模拟社会互动与社会现象产生的过程，成为研究社会现象产生的因

①对于一个事物我们一次只能观察到采取了某种策略的结果，而观察不到假如不采取这种策略会是什么结果，因此，我们能够观察到的结果被称为事实，而观察不到的被称为“反事实”，

果机制的重要方法（Epstein，1999，2006；Bianchi & Squazzoni，2015；Bruch & Atwell，2015；Hedström，2005；Hedström & Ylikoski 2010；Hedström et al.，2009）；另一方面，机器学习等大数据分析技术的发展也使得传统因果推断的统计模型得到进一步丰富和改善（李文钊，2018；Athey & Imbens，2017；Athey et al.，2018）。同时，机器学习领域对图模型（graphical model）的广泛运用也使长期被社会科学家忽略的因果网络模型得以进入社会科学研究者的视野（Morgan & Winship，2014，2015）。

本文尝试对上述社会科学中因果分析的三大方法论体系——潜在结果模型、因果网络模型和ABM——进行系统梳理，希望能够通过回顾其代表性的方法及应用为社会科学研究者选取适当的方法进行因果推断和因果机制分析提供一些参考。

二、潜在结果模型

（一）因果推断的反事实框架与潜在结果模型

社会科学的因果推断需要采用反事实的框架在定量研究中展开。最早使用“反事实”的术语来定义因果关系的是哲学家休谟（Hume，1748）。哲学家密尔的因果推论逻辑中的差异法也暗含反事实的思想（Mill，1843；Mackie，1973，1980；Goodman，1947；Lyon，1967）。这些零碎的思想最终在刘易斯的著作中被整合，形成了哲学上的反事实因果关系理论（counterfactual theories of causation）（Lewis，1973，1986）。哲学上的反事实因果分析框架主要是对一般性的因果关系进行讨论；在这一思想的基础上，统计学和社会科学发展出了对特定因果关系进行推理的反事实框架（Neyman，

1923；Rubin，1974；Fisher，1935，1971；Morgan & Winship，2014；Winship & Morgan，1999）。

在社会科学的反事实框架中，“事实”是指在采取某种特定的干预或处理（treatment）T的情况下观测到的Y的状态或结果；而“反事实”是指采取与T相反的干预或处理（通常是不处理）时Y的状态或结果。反事实框架下因果作用的定义是：在其他因素保持不变的情况下，接受处理和未接受处理在结果上的被观测到的净差异（net difference）在多大程度上可归因于该处理（蒋建忠，2017），即处理效应（treatment effect）。但由于人不能两次踏入同一条河流，对于同一个个体，我们只能观察到事实，而观察不到反事实。例如，当我们研究上大学对于收入的效应时，我们只能观察到上大学的人上了大学后的收入，而观察不到假如这些人不上大学的收入。反事实无法观测的问题使得我们难以对因果作用作出推断。

统计学家内曼（Neyman，1990/1923，1935）使用潜在结果（potential outcome）的概念提出了实验研究（experimental studies）中反事实因果作用的形式化定义；鲁宾（Rubin，1974，1977，1978，1980a，1981，1986，1990）将这一定义推广到观察性研究中（observational studies），形成了统计学中因果推断的潜在结果框架（Potential Outcome Framework，也常被称为Neyman-Rubin Causal Model）。① 潜在结果模型解决了因果推断中反事实无法观测的问题，成为统计学、社会科学因果推断最主要的方法，因此，社会科

①潜在结果框架在后期的发展中吸收了各学科思想，包括来自统计学的费雪（Fisher，1935，1971）的随机实验，来自计量心理学的瑟斯通（Thurstone，1930）和经济学的哈维默（Haavelmo，1943）、罗伊（Roy，1951）和科万特（Quandt，1958，1972）的思想。关于潜在结果框架的发展历史性回顾可参见Holland，1986；Sobel，1996；Winship & Morgan，1999。

学中“因果推断的反事实框架”通常将“潜在结果模型”称为“因果推断的反事实框架”（李文钊，2018）[①]。

潜在结果模型的核心思想是，假设我们要研究某种干预 $Wi\in\{0,1\}$的处理效应，W=1表示接受处理，W=0表示未接受处理，个体i在这两种处理状态下有两个潜在的结果：接受处理后的结果Yi(1)和不接受处理的结果Yi(0)，我们观察到的结果可以表示为 $Yiobs=Yi(Wi)=Wi\cdot Yi(1)-(1-Wi)\cdot Yi(0)$；个体i的处理效应可以表示为 $Ti=Yi(1)-Yi(0)$。由于对于同一个人只能接受一种处理（Wi=1或Wi=0），我们只能观察到一种处理状态下的结果，而反事实的结果我们是观察不到的，是一个缺失值（missing value），因此个体的处理效应是无法被直接计算的。而统计学和社会科学关注的是总体层面的特征和规律，我们可以利用潜在结果来定义总体平均处理效应T（Average Treatment Effect，ATE）：

$$T=E[Yi(1)—Yi(0)]=E[Y_i(1)]—E[Y_i(0)]$$

潜在结果模型有一个重要假设——个体处理值稳定假设（Stable Unit Treatment Value Assumption，SUTVA），SUTVA假设是指任意一个个体的潜在结果不随其他个体是否接受处理而改变；并且无论干预分配机制如何，对每一个个体和每一种处理只有一个潜在结果。[②]也就是说，张三上大学后的收入与李四上不上大学没有关系，且无论张三是怎么上了大学的，他接受“上大学”这个处理只

①李文钊（2018）在一篇潜在结果模型的综述《潜在结果模型：起源、逻辑与意蕴》中，对哲学和统计学、社会科学中的反事实框架以及潜在结果模型进行了梳理，详细地介绍了三者的发展脉络与核心思想，并阐明了三者之间的关系。他指出，统计学、社会科学中虽然使用了反事实的框架的术语，但其核心内容是依据潜在结果模型来构造的。

②SUTVA只是一个先验的假设，即无论用什么机制将处理T分配给单位U，无论其他单位接受什么处理，单位U的Y值都是一样的。参见Rubin，1986：961。

会有一个收入值，反之亦然。这一假设为我们填补反事实的缺失值提供了可能：假设所有人的收入只受他上不上大学的影响而不考虑其他因素，那么所有上了大学的人的收入都相同，为Y(1)，所有没上大学的人的收入也相同，为Y(0)；在这种情况下，Y(1)和Y(0)的取值恒定，不受是否接受处理（Wi取值）的影响，即满足Yi⊥Wi；在这种情况下，根据SUTVA假设，我们便可以通过观察到的Yj(0)来补充缺失的Yi(1)（即用没上大学的人的收入来填补上大学的人没上大学的收入），从而得到个体i在上大学Wi=1和没上大学Wi=0两种情况下的潜在结果。

然而在现实中，这一理想情况不可能得到满足，因为除了是否上大学外，一个人的收入还与一系列其他因素X（如性别、政治面貌、社会网络资源、个人能力、勤奋程度等）有关，并且这些因素不仅影响观测到的结果Yiobs（个体i的收入），也对处理的分配机制（个体i是否上大学）产生影响，被称为混杂因素（confounders，也常被称作混淆变量）。处理的分配机制（assignment mechanism）是潜在结果模型的一个重要内容，分配机制直接决定哪些研究对象接受干预，哪些不接受干预（作为控制），也就直接决定了我们所观察到的潜在结果；而SUTVA假设要求潜在结果不受处理分配机制的影响，因此，鲁宾提出了潜在结果模型的另一个重要假设——干预分配机制可忽略性假设（Ignorable Treatment Assignment Assumption），可忽略的干预分配机制也被称为非混淆分配机制（Unconfounded Assignment）（Rubin，1973）。由于分配机制受到混杂因素X的影响，因此我们需要混杂因素加以控制，使得接受处理和不接受处理的潜在结果不受是否接受处理的分配机制的影响，即Yi⊥Wi | Xi，从而构造潜在结果框架来计算平均因果效应。

随机实验（random experiment）是构造潜在结果框架的有效模式：在理想的随机实验中，我们把研究对象随机地（例如使用抛硬币的方式）分配到两组中，其中实验组（experiment group）接受处理（W=1），而控制组（control group）不接受处理（W=0），这样就构成了一组潜在结果（Y(0)，Y(1)）。由于分组是完全随机的，个体究竟被分在哪一组（或得到多大的实验处理水平）与个体的特征和其他可能影响实验的结果的因素是完全独立的，这样我们就可以把两组的平均结果进行比较，其差异便是这种处理的处理效应（Fisher，1935；蒋建忠，2017；孟天广，2017）。

由于社会科学研究很难进行随机实验，[①] 研究者通常使用调查数据、普查数据、行政管理档案、互联网上的记录等观察数据进行研究，而观察数据不是通过随机实验得来，无法保证处理分配机制的随机性，如果忽略影响处理分配机制的混杂因素直接进行因果推断，对因果效应的估计就会产生偏差，即产生社会科学所说的“内生性”问题。统计学、社会科学的诸多学者对如何识别混杂因素以及如何解决混杂因素所带来的内生性问题进行了讨论，并通过对干预分配机制可忽略性假设成立的前提条件进行设定，发展出了丰富的基于非混淆机制假设的潜在结果模型，使得我们可以在观察数据中进行因果推断。下面我们将对常见的用于观察研究的潜在结果模型进行介绍。

①政治学和公共管理、政策研究中使用实验方法进行因果推理的趋势正在加强，体现在实验政治科学（Experimental Political Science）的兴起和基于因果推理、实验方法和研究设计的政策评估研究领域的形成（Druckman et al.，2011；Shadish et al.，2002；李文钊，2018；孟天广，2017）。

（二）观察研究中的潜在结果模型

目前已有不少文献对使用观察数据进行因果推断的潜在结果模型进行了综述：温希普和摩根（Winship & Morgan，1999）按照是否包含多个不同时间（时期或时点）的观测值将观察数据分为截面数据（cross-sectional data）和纵向数据（longitudinal data），并分别介绍了针对截面数据的断点回归、倾向值分析、Heckman选择模型（selection models）、工具变量方法和纵向数据的间断时间序列设计（Interrupted Time Series Design）等潜在结果模型；陈云松、范晓光（2010）将内生性问题的来源总结为遗漏变量、自选择、样本选择和联立四种偏误，并梳理了解决每一种偏误的模型和方法；胡安宁（2012）对倾向值匹配、工具变量和断点回归这三种常见的因果推论的方法进行对比，突出了倾向值匹配方法的优势；统计学家苗旺等人（2019）介绍了潜在结果模型判别混杂因素的两类准则，并基于混杂因素的可观测性与否分别总结了混杂因素可观测与不可观测两种情况下的潜在结果模型（可观测——倾向性匹配、逆概率加权估计、双稳健估计（Doubly Robust Estimation）方法；不可观测——工具变量方法和阴性对照变量法）。阿西和因本斯（Athey & Imbens，2017）总结了计量经济学中用于政策效果评估的潜在结果框架下的因果识别策略（identification strateges），详细介绍了断点回归、合成控制法、双重差分法、Manski线性均值模型（Linear-in-Means Models）、实验与观察数据结合等方法，并讨论了这些方法的辅助分析（supplementary analyses）策略以及这些方法的最新进展。

在观察数据中进行因果推断的潜在结果模型有两个任务：第

一，基于处理变量将观察数据中的样本分为实验组（treated group）与对照组（untreated group）来构造“准实验”（quasi-experiment）场景，并对影响分配机制的混杂因素进行识别和控制，使得处理分配机制可忽略性假设得到满足（即潜在结果不受处理分配机制的影响）；第二，在此基础上使用回归模型来估计平均处理效应。通过回顾这些模型可以发现，不同模型之间的差异主要体现在模型如何控制混杂因素以保证干预分配机制的随机性。接下来本文将从控制混杂因素的角度来对比分析常见的潜在结果模型的差异（由于这些方法已非常成熟，已有大量文献对其原理及其应用进行了详细且深入的讨论，在此不再赘述，感兴趣可查阅各模型的参考文献）。

1. 倾向值匹配

如表1所示，社会科学中最常使用的倾向值匹配模型是通过对处理组和控制组的样本进行匹配的方式来消除协变量对处理分配机制的影响。倾向值匹配模型的前提假设是所有影响处理分配机制的混淆变量可观测，即认为个体i是否接受处理受到一组可观测的变量X的影响，那么基于Xi可以估计出个体接受处理的概率，即倾向值（Propensity Score）。倾向值匹配是对倾向值相近但实际接受处理不同的样本进行匹配，使得协变量X在处理组和控制组中的分布达到平衡，从而消除混淆变量对处理分配机制的影响，然后再使用配对后的样本来估计平均处理效应（Rosenbaum & Rubin，1983；胡安宁，2012；Morgan & Winship，2015，郭申阳，2012；Abadie & Imbens，2016）。

表 1　对观察数据做因果推断的潜在结果模型

<table>
<tr><th>数据类型</th><th>混杂因素可观测性</th><th colspan="2">如何控制混杂因素</th><th>具体方法</th></tr>
<tr><td rowspan="7">截面数据</td><td rowspan="5">可观测</td><td rowspan="4">匹配</td><td rowspan="2">分层
（对协变量特征空间分层进行匹配）</td><td>精确匹配
（Exact Matching）</td></tr>
<tr><td>粗粒化的精确匹配
（Coarsened Exact Matching）</td></tr>
<tr><td rowspan="2">降维
（通过模型对协变量进行降维来匹配）</td><td>马氏距离匹配
（Mahalanobis Distance Matching，MDM）</td></tr>
<tr><td>倾向值匹配
（Propensity Score Matching，PSM）</td></tr>
<tr><td>加权</td><td>根据倾向值加权</td><td>逆概率加权估计
（Inverse Probability of Treatment Weighting，IPTW）
双稳健估计
（Doubly Robust Estimation）</td></tr>
<tr><td rowspan="2">允许存在不可观测</td><td colspan="2">估计处理变量的回归系数</td><td>工具变量法
（Instrumental Variable，IV）</td></tr>
<tr><td colspan="2">使用参考变量的临界值划分处理组与对照组，断点附近个体特征相似</td><td>断点回归
（Regression Discontinuity Design，RDD）</td></tr>
</table>

续表

数据类型	混杂因素可观测性	如何控制混杂因素	具体方法
纵向数据	允许存在不可观测（不随时间变化）	消除个体不随时间变化的异质性，控制时间的增量	双重差分法（Difference-in-Difference，DID）
	允许存在不可观测（随时间变化）	对控制组个体加权，构造处理组个体的反事实	合成控制法（Synthetic Control Method，SCM）

2. 其他匹配方法

倾向值匹配是匹配方法（matching method）的一种，匹配方法的本质是将在其他特征（混淆变量X）上相似的接受处理和未接受处理的样本进行配对，把未接受处理样本的观测值作为接受处理样本观测值的反事实的潜在结果（Sizemore & Alkurdi，2019）。倾向值匹配是通过使用logistic回归模型估计个体接受处理的概率来作为样本相似性的度量方式，除此之外，也可以使用马氏距离（Mahalanobis Distance）来测量样本的相似性。倾向值匹配和马氏距离匹配（Mahalanobis Distance Matching，MDM）都是通过降维的方法将多维协变量降成一维的相似性度量，二者的差别在于当协变量维度过高时，马氏距离不如倾向性匹配的效果好（Rubin，1973；1980；Rubin，1979；Feng et al.，2019；Leuven & Sianesi，2003）。除降维方式外，也可以使用精确匹配（Exact Matching）的方法在协变量（必须是分类变量）构成的特征空间中一对一匹配；或者使用粗粒化的精确匹配（Coarsened Exact Matching）的方法对协变量的取值进行分层（将连续变量离散化），然后再进行匹配（Iacus et al.，2009；Stuart，2010；Imbens；2015；Morgan & Winship，2015；对匹配方法的全面总结参见Sizemore & Alkurdi，2019）。

3. 倾向值加权

倾向值除了用于匹配外，还可以用来对样本进行加权从而平衡样本在协变量上的分布。个体i的权重Mi为个体倾向值的倒数，计算公式为：$Mi=\frac{Wi}{Ps(Xi)}+\frac{(1-Wi)}{1-Ps(Xi)}$，其中Ps(Xi)为个体i的倾向值。逆概率加权估计（Inverse Probability of Treatment Weighting，IPTW）和双稳健估计（Doubly Robust Estimation）在根据倾向值对样本加权后，使用回归模型来估计平均处理效应（Czajka et al.，1992；Lunceford & Davidian，2004； Hirano et al.，2003；Bang & Robins，2005；Kreif & DiazOrdaz，2019；苗旺，2018；Stuart，2010；Morgan & Winship，2015）。

4. 工具变量

上述匹配和加权的方法都建立在混淆变量可观测的前提假设下，但这一假设在现实中往往无法满足，现实中往往存在一些不可观测的混淆变量对分配机制和潜在结果产生影响。例如影响一个人上大学常常受到智商和努力程度的影响，而人的收入也可能在一定程度上受到智商和努力程度的影响。在这种情况下，匹配和加权模型对上大学对收入的净效应的估计可能是有偏的。工具变量方法可以解决混淆变量U不可观测情况下的因果推断问题。工具变量方法的逻辑是构造一个关于Z→W→Y关系的链条，其中Z是工具变量。工具变量需满足仅与处理变量W相关，且与结果Y不直接相关，还与混淆变量U无关。也就是说工具变量不直接影响结果，Z对结果Y的影响只能通过处理状态W来进行传递，此时如果我们可以验证Z对Y的效应是显著的，就能推断出W对Y的局部平均处理效应（local average treatment effect）（Angrist et al.，1996；Angrist & Krueger，2001；苗旺等，2018）。但工具变量存在一系列前提假设，研究者很难找到一个适当的工具变量，导致工具变量方法在研究中的使用存在很大的限制（陈云松，2013；胡安宁，2012；李超、求文星，2021）。

5. 断点回归

除工具变量外，断点回归（Regression Discontinuity Design，RDD，也被称为回归中断设计）也可以在含有不可观测的混杂因素的情况下进行因果推断。断点回归的关键在于寻找一个参考变量C，这个参考变量的某一个值C=c可以作为决定个体是否接受处理的临界值。若个体的参考变量大于临界值（$C_i > c$）则进入处理组（W=1），反之则进入控制组（当$C_i < c$时W=0），即根据C=c的“一刀切”的方式认为造成了一个“中断”（discontinuity）。而接近断点C=c附近的个体的其他特征是非常相似的，因此这种划分方式使处理组和控制组的分配十分接近随机实验。如果结果Y也在断点处形成中断，我们可以通过处理组与控制组的Y值的差异来估计W对于Y的净效应。断点回归可以分为两类：第一类是精确断点，其临界值是确定的（Sharp），在临界值一侧的所有的个体都接受了处理，反之，在临界值另一侧的所有个体都没有接受处理。此时，接受处理

的概率只有0和1两个取值。第二类是模糊断点，其临界点是模糊的（Fussy），在临界值附近接受处理的概率是单调变化的而非只有0、1两种取值。在一定的假设下无论是哪一类型的断点回归，都可以利用临界值附近样本的系统性变化来研究处理和其他经济变量之间的因果关系。但与工具变量一样，断点回归方法的难点也在于如何寻找一个合适的参考变量（Hahn et al.；2001；Thistlethwaite & Campbell，1960；Imbens & Lemieux，2008；Imbens & Kalyanaraman，2012；Lee & Lemieux，2010；Imbens & Rubin，2015；胡安宁，2012）。

6. 双重差分法与合成控制法

以上这些都是针对截面数据的潜在结果模型，而当使用纵向数据时，时间的信息能够帮助我们在一定程度上消除内生性的影响。经典的双重差分法（Difference-in-Difference，DID）假设处理组与控制组拥有相同的线性趋势，因此总体的平均处理效应可以通过两次差分得到：首先分别对处理组和控制组在处理实施前后平均结果进行差分，求得每个组的结果变量Y组随时间增长的量（$T_{w(1)}=Y_{t(1)w(1)}-Y_{t(0)w(1)}$，$T_{w(0)}=Y_{t(1)w(0)}-Y_{t(0)w(0)}$）；然后再对这两个差值进行差分。由于处理组与控制组拥有共同的线性趋势，因此第二次差分得到的结果便是处理变量的平均处理效应$T=T_{w(1)}-T_{w(0)}$。模型的第一次差分是求自己与自己的差，这样既控制了时间增长的影响，也消除了个体的异质性的影响；而模型对平均因果效应的估计是基于处理组与控制组“增量”的差值，从而避免了个体和时间因素带来的影响，在混杂因素不随时间变化的情况下能够对平均处理效应做出准确的估计（Ashenfelter，1978；周黎安、陈烨，2005；陈林、伍海军，2015；Athey & Imbens，2017）。DID是用于总体的平均因果效应的估计，当研究对象是单个个体时，则可以使用合成控制法（Synthetic Control Method，SCM）进行因果推断。合成控制法的核心思想是使用若干个控制组的样本合成一个在其他特征上与处理组的个体一致的样本，从而构造出处理组个体的反事实来进行因果推断（Abadie & Gardeazabal，2003；Abadie et al.，2010，2014；Athey & Imbens，2017）。

（三）机器学习方法对潜在结果模型的改进

近年来，随着机器学习方法的发展，统计学、计算科学和社会科学的研究者开始使用机器学习方法来助力因果推断（胡安宁，2018）。因果推断在机器学习领域的进展可以归纳为两类：一类是使用机器学习算法来对传统的潜在结果模型进行改进；另一类是在潜在结果框架下结合多种模型的思想发展出新的因果推断的机器学习模型。如前文所述，潜在结果模型进行因果推断可分为两步：控制混杂因素来消除分配机制对潜在结果的影响和对总体平均处理效应进行估计，上文中所介绍的潜在结果模型的这两个部分都可以用机器学习的方法来进行改进。

我们对样本进行匹配和加权是为了平衡协变量在处理组和控制组的分布，机器学习方法通过两种途径来对这一目标进行优化。第一种是提出直接以提高协变量在两组分布的均衡性为目标的匹配算法——遗传匹配（Genetic Matching）[①]（Diamond & Sekhon，2013）和D-AEMR匹配算法（Dynamic Almost-Exact Matching with Replacement）[②]（Dieng et al.，2019）。第二种途径是通过提高对倾向值估计的准确性来间接提高协变量分布的均衡性，目前第二种途径在实际应用中更为普遍。传统PSM和IPTW模型使用logistic回归来估计倾向值，其本质是基于一定特征（协变量X）对个体接受处理的概率进行预测，机器学习模型则十分擅长以预测为目标的任务。理论上所有可用于分类（预测类别）的机器学习模型都可以用来计算倾向值，而且目前已有大量文献使用不同机器学习模型对PS进行预测，并对这些模型的表现进行评估。

斯图尔特（Stuart，2010）、赛兹莫尔和阿尔库迪（Sizemore & Alkurdi，2019）、姚等（Yao，2020）、克赖夫和迪亚佐达斯（Kreif & Diazordaz，2019）都对潜在结果模型中的匹配方法及其机器学习进展进行了综述，详细介绍了各种基于匹配的因果推断的传统和机

①遗传匹配是将处理组与对照组的样本进行配对，然后检验配对后的样本平衡性，在此基础上更新配对，并重复迭代这一过程，直到达到最优的样本平衡性遗传匹配，同时使用观察到的协变量和个体倾向值进行配对，在每一次的迭代中都会产生一个对应的距离度量标准（Distance Metric），这一度量会导致不同的配对产生。这一度量标准在每次的迭代中都会通过赋予协变量不同的权重而产生变化。因此，这种算法能够学习到哪些协变量对达到最好的匹配效果最为重要。算法期初会随机赋予权重，在每一次的迭代过程中，随着权重的改变，算法通过降低损失函数来达到最优平衡性（Diamond & Sekhon，2013）。

②杜克大学的迪昂（Dieng）及其团队提出的D-AEMR算法适用于计算非常高维度的匹配问题。迪昂认为，应该在n维空间（基于加权汉明距离[weighted Hamming distance]得到）中进行配对（而不是一维的倾向值），但应该只选择重要的协变量构建这一空间。D-AEMR使用机器学习的优化算法计算每个协变量的重要性得分，变量的重要性是指变预测Y的能力，而不是预测处理状态的能力。该算法完全优化了每个样本对的加权汉明距离，同时，由于它使用位向量算法（bit-vector）且使用database programming，这种算法非常高效。当匹配质量开始下降时，可以提前结束搜索。

器学习方法。后者在综述的基础上还使用6个模拟数据集对比了遗传匹配与分别使用logitsic回归、RF、Xgboost计算PS值的PSM模型在计算处理组的平均处理效应（Average Treatment Effect on Treated Group，ATT）上的表现结果发现遗传匹配在所有数据集上的表现都很差，传统的基于logistic回归的倾向性匹配模型反而在总体上表现最好。林登和亚诺尔德（Linden & Yarnold，2016）使用实证数据对比了传统logistic回归和支持向量机（Support Vector Machine，SVM）、随机森林和分类树分析（Classification Tree Analysis，CTA）三种机器学习在识别个体是否接受处理（预测倾向值）上的表现，结果发现，CTA使用最简洁的模型达到了最高的预测准确率，且CTA能够提供透明的决策过程，方便研究者阐释研究结果。韦斯特里奇等（Westreich et al.，2010）则从理论上分析了神经网络（Neural Network，NN）、SVM，CART和提升算法（boosting）相比于传统的logistic regression的优缺点，为研究者进行模型选择提供理论上的指导。

李等（Lee，2010）使用模拟数据来评估logistic回归与基于分类回归树（Classification And Regression Tree，CART）模型（包括CART，剪枝的[prune]CART和CART的三种集成学习变种[bagged CART，Random Forest，boosted CART]）在用于逆概率加权估计时的模型表现差别。研究者模拟出3种不同规模，且存在7种不同程度的非累加性和非线性的情境下的数据，然后对比不同模型在协变量平衡性、处理效应估计偏误（SE）、离正确系数差距的比例、落在95%置信区间的比例，以及权重的分布这几个标准上的差别，结果发现，集成方法中的随机森林和boosted CART在任何样本规模、任何情景下都持续表现良好（Lee，2010）。

而提高倾向值估计的准确性使协变量达到平衡是不是就意味模型对平均因果效应的估计会更好呢？濑户口(Setoguchi，2008）分别使用只含有主效应的logistic回归和递归划分算法（Recursive Partitioning)、神经网络等数据挖掘算法来计算倾向值，根据不同模型计算出的倾向值来进行匹配并估计处理效应。在7组模拟数据上的研究结果发现，随着协变量之间的关系的复杂性增加，数据挖掘模型比logist回归模型在估计倾向值上会有更好的表现。这说明数据挖掘模型更擅长寻找协变量之间非线性和非累加性的关系。而对于估计处理效应，logistic回归只适合协变量关系为线性、累加性的情况，当变量之间的关系变得复杂，logistic回归对处理效应的估计的偏误也会增加。而神经网络模型在预测倾向值和估计处理效应的都高出其他模型。目前已有一些研究使用机器学习算法来提高对处理效应估计的准确性（Kreif & Diazordaz，2019；Austin，2012；Athey et al.，2018)，其典型的方法是使用贝叶斯回归来替代传统的回归模型（Hill，2011；Hahn et al.，2017)。

除匹配和加权方法外，机器学习方法也可以与工具变量、断点回归、合成控制法等进行结合。李超、求文星（2021）回顾了机器学习对IV、RDD、SCM等传统潜在结果模型的改进，他们认为机器学习对IV的改进主要体现在对IV估计量的构造；而对RDD的改进主要体现在局部断点机制的识别和回归模拟方面；对RDD的主要改进在于构造了更合理的虚拟控制组来进行反事实推断。工具变量可以与LASSO结合，可以在存在多个可能的工具变量的情况下筛选出对控制内生性和提高结果估计准确性的有重要作用的工具变量(Belloni et al.，2017；Gilchrist & Sands，2016)；工具变量与深度神经网络（deep network）结合，可以解决高维协变量和工具变量情况下人群受到IV的冲击存在异质性的问题[①]（Hartford，2006；Yao et al.，2020）。通过设计自动的统计机器学习算法（automated statistcal machine learning method）可以自动发现局部断点回归机制，并用模拟数据和实证数据验证了这一方法的有效性；此外，断点回归还可以与高斯回归和贝叶斯回归结合来更好地拟合断点两侧的干预组和控制组（Herlands et al.，2018；Branson et al.，2019；李超、求文星，2021）。

机器学习不仅可以对原有的潜在结果模型进行改进，也有学者将机器学习算法和潜在结果框架结合起来，提出新的具备因果推断能力的机器学习方法。其典型代表是将潜在结果框架引入树形模型的算法中，发展出可以计算平均因果效应的因果树（Causal Tree）、因果森林（Causal Forest）和贝叶斯累加回归树（Bayesian Additive Regression Trees，BART）。得益于树模型特殊的结构优势，使用树模型进行因果推断可以估计处理变量在不同的子群体中的异质性因果效应(Athey & Imbens，2015，2016，2019；Wager & Athey，2018；Athey et al.，2019；Kapelner & Bleich，2013；Chipman et al.，2010；Hill et al.，2020；Hahn et al.，2020；关于这两种方法及其应用的介绍参见：胡安宁、吴晓刚、陈云松，2021)。

①哈特福德等人将工具变量法拆解为两个阶段的有监督学习，且将这两个阶段都与深度神经网络结合起来。在第一阶段，将一系列工具变量和协变量“喂”进一个深度神经网络来拟合处理变量W的条件分布。第二阶段，用这个拟合好的条件分布与第二个深度神经网络结合，来优化损失函数，并且用外部效度（out-of-sample causal validation）来调整神经网络的超参数。大多数的工具变量模型只能识别局部平均处理效应（LATE），但是人群是充满异质性的，不同的群体可能受到的工具变量的冲击不同。非参数的IV方法可以解决异质性的问题，但是当协变量和工具变量的数量过多时，计算上难以实现，而这种Deep IV的方法则可以解决这个问题（Hartford，2016）。

三、因果网络模型

（一）因果网络模型的起源

因果网络模型（Causal Diagram Model）是一种概率图模型，其最早的起源可以追溯到哲学家赖兴巴赫(Reichenbach，1959/1923)提出的因果关系的概率论理论（Probablilistic Theories of Causation)。赖兴巴赫试图通过共同原因准则（Principle of Common Cause）来确定因果关系中的方向性问题（Reichenbach，1959/1923；Beebee et al.，2009)。共同原因准则是指：如果A和B同时发生的概率要大于A和B分别出现的概率的乘积，即P(AB)>P(A)P(B)，那么A和B一定存在一个共同原因C将A、C、B连接成一个二叉结构（fork conjunction)。

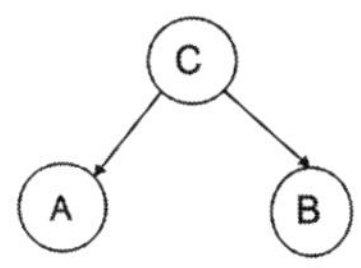

图1　二叉结构

A、B、C满足：给定C的情况下，A和B条件独立，且与C不发生时（C′）相比，C发生时A发生的概率更大，即满足A⊥B | C，P(A|C) > P(A|C′)，P(B|C)>P(B|C′)，这也就意味着，如果C发生，那么A和B都发生的概率要比A和B单独同时发生时的概率更大，通过控制共同原因C使得我们可以发现A和B之间真正的相关关系。赖兴巴赫的核心观点是我们可以用这一共同原因原则来确定因果关系的方向性，进而确定时间上的先后顺序。如果存在一个二叉结构

的A→C←B使得上述这一共同原因准则能够成立，并且没有其他的条件C1也满足于A和B的这一关系，那么我们就认为C是A和B的共同原因，并且C先于A和B。在此基础上赖兴巴赫将这一分析拓展到对因果关系的中间性的分析中，如果存在A、B、C满足(1) $1>P(B|C)>P(B|A)>P(B)>0$；(2) $1>P(A|C)>P(A|B)C>P(A)>0$；(3) $A\perp B \mid C$。我们就认为C在因果上处于A和B之间（C is causally between A and B）。

赖兴巴赫率先使用图（graph）来表示因果关系，这种图被他称为“因果网”（causal net），其中表示事件的因果序列（A→C→B）的被称为因果链（causal chain）。古德对赖兴巴赫提出的因果网的理论进行了发展，提出了测量实际因果关系（actual causation）和潜在因果关系（potential causation）的方法：F对E的潜在因果倾向性（potential causal tendency）的计算公式为$\log(\frac{P(\sim E|\sim FH)}{P(\sim E|FH)})$。即在给定H条件下，F不发生时E不发生的概率除以F发生时E不发生的概率，再对这个商取对数。其中，H包含所有的自然规律和F发生前的背景条件。如果F是E的潜在原因，F和E需要在H存在的情况下在概率上相关。而F对E的真实的因果关系水平（actual causal level）会限制F和E之间的因果网络的强度。在因果网络上，从F到E的连边的强度即为F是E的原因的倾向性，而整个因果网络的强度（strength）即为所有这些连边（包括原因之间的相互作用的连边）的强度的函数（Good，1961； Beebee et al.，2009）。

因果网的突破性进展始于20世纪70年代，当时人工智能的研究者为了在面对不确定性的情况下能够让机器实现自动推理而发展出一些“专家系统”（expert systems），即把人类的专业知识编进计算机以便计算机调用。早期的专家系统是基于规则的系统（rule-based systems），即把专业知识编码成逻辑规则，当计算机读入一组事实（例如患者的症状）时，系统能自动地生成推理。但是这种专家系统的缺陷很快被暴露，因为这些系统的专业知识都只是一般的情况，几乎不包含特例。然而现实的情况总是千奇百怪，存在很多不确定性，但旧的专家系统无法应对这种不确定性。为了应对这些不确定性，一些非概率的形式体系被发明出来，但都没有取得很好的效果。后来，一种用概率来推理和表征且用于推理因果关系的形式体系——贝叶斯网络的形式体系（the formalism of Bayesian network）诞生（Pearl ，1988）。

（二）贝叶斯因果图

贝叶斯因果（网络）图（Casual Bayesian Network）又称信念网络（belief network），它的发展吸收了经济学家戈德伯格(Goldberger）和社会学家邓肯（Duncan）的结构方程模型的思想，结合了纽曼-鲁宾的反事实框架并采纳概率图模型的概率推理方法和表达形式，用有向无环图（directed acyclic graphical，DAG）来表示多个变量之间的因果关系和因果结构，是一种概率图形模型（Morgan & Winship，2014，2015）。因果网络模型是将贝叶斯网络加上外部干预来定义外部干预的因果作用，并描述多个变量之间的因果关系。一般有两种观点认识它：一种是将DAG看成是表示条件独立性的模型；另一种观点则是将其看成是表示数据生成机制的模型。而因果推断中常常使用的DAG是将其看成数据生成机制的模型（苗旺等，2018）。贝叶斯网络中的节点代表变量，节点间的边代表变量之间的直接依赖关系（也可以看成直接因果关系）。因而，贝叶斯

网络图的结构描述了变量之间的独立和相关因果关系。在贝叶斯网络图上，每个节点都附有一个概率分布，根节点没有被任何箭头指向的起点所附的是它的边缘概率分布P(X)，即先验分布，而非根节点X所附的是条件概率分布$P(X|\pi(X))$，即后验分布。

这些条件概率分布即为子节点（结果）对父节点（原因）的依赖关系。贝叶斯网络通过对网络结构和参数的学习来构建变量之间的因果关系。对参数的学习即为计算非根节点的条件概率表，条件概率表的计算使用贝叶斯定理的推导公式：$P(A|B)=\frac{P(A\cap B)}{P(B)}$。首先，我们可以根据数据计算出独立事件AB的联合概率$P(A\cap B)$, 基于贝叶斯定理，已知事件B发生的概率，B发生的情况下A也同时发生的概率P(A|B)就等于AB同时发生的概率除以B单独发生的概率。而对网络结构的学习（即对变量间因果关系的推断），就变成了变量间独立性检验的问题，如图2所示，验证A与B之间的因果关系需要验证P(A,B|C)是否等于P(A|C)*P(B|C)的问题。

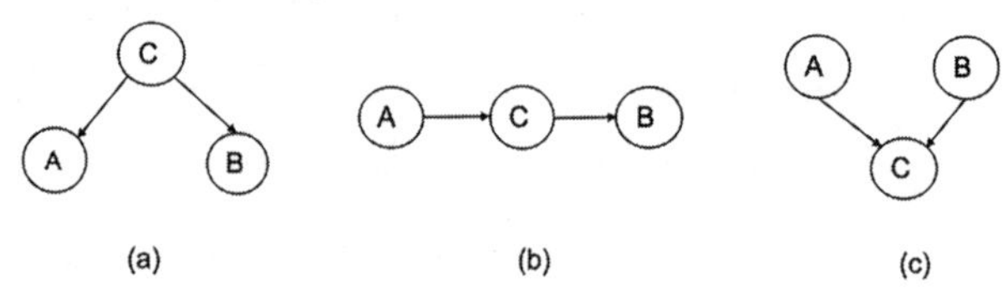

图2　三种常见的因果关系陷阱

图2展示了贝叶斯网络图中的三种常见的变量关系，在这三个子图中，A和B之间没有直接的箭头连接，说明A和B之间不存在因果关系。但在这三种情况下，如果变量C不可观测，那么我们就会对A和B进行错误的因果推论。图2(a)被称为二叉（fork）图。在

(a)中，C分别是A、B的原因，C发生变化，A、B也会随之发生变化，如果我们观察不到C，那么从A、B的数据来看，A、B是不独立的，我们会将A、B之间的这种因为有共同原因C而产生的相关性错误地解读为A、B之间存在因果关系。而当我们能观察到C时就可以避免这种错误的因果推论。图2(b)是链式关系（chain），当我们观察不到C时，A、B之间是相关的，虽然A和B之间没有直接的关系，但A通过中间变量C影响B，如果当我们能观察到C并对C进行控制时A、B条件独立，那么则认为A和B之间不存在因果关系。图2(c)的结构叫作对撞机（collider），A和B都影响C，而当我们能够观察到C并控制C时，A和B由于共同结果的条件作用而变得不独立。

这种用来判断变量是否条件独立的图形化的方法叫作D分割（D-separation）。D分割是贝叶斯网络的基础，根据这一理论，珀尔进一步提出了do算子的概念（Pearl，1995）。do算子是对有向无环图中的变量进行干预，从而能够在反事实的框架下计算父节点对子节点的因果效应。珀尔提出，一个有效的因果模型应该是一个公式体系：Xi=F（Pai, Ui），Xi、Pai、Ui代表所有的变量。Pai是Xi的直接原因，珀尔将其类比为“父母”（Parents），Ui是所有影响X的其他原因的集合。对变量Xi的干预（intervention）是指切断Xi与其“父母”的所有联系，仅仅对某个或某些Xi变量做改变——改变这个或这些Xi的取值或属性——来达到对Xi的干预，并且在这个系统中的其他因果关系并不受影响，也就是网络结构不会发生改变。在贝叶斯网络图中，do(xi)=x′i表示将图中指向xi的连边全部切断，例如切断图(b)中的A→C这一连边，然后将xi (C)的取值固定为常数，再计算干预后整个网络的联合概率分布，即通过干预C来看

C对B的作用（Pearl，1995，2000；2009；2018；Morgan & Winship，2014，2015）。由此可见，do算子是通过人为的对因果网络进行外部干预来探讨数据生产的机制，do算子和D分割结合可以对混杂因素进行识别和控制，从而对变量之间的真实的因果关系进行推断。

苗旺等人（2018）对贝叶斯因果网络进行了总结，认为因果网络模型研究中存在两类问题：一是因果作用的可识别性；识别因果作用的目的与潜在结果的因果模型一致[①]——探讨判断混杂因素的准则并对因果效应进行估计，并且因果网络模型能够更精准地对混杂因素进行判断。二是因果网络的学习，包括网络参数学习和网络结构学习。参数学习是在因果网络结构已知（通常是研究者基于理论对变量之间的因果关系做出假设来设定因果图中的节点和连边）的情况下利用观察数据来估计参数，贝叶斯网络参数估计通常采用最大似然估计或贝叶斯方法，根据因果图中的变量的联合分布来估计条件概率pr(xi |pai)。"在正态随机变量的情形，估计给定父节点变量集合pai下Xi的条件正态分布的参数。"（苗旺、刘春辰、耿直，2018）而网络结构学习则是在网络结构（连边）未知的情况下，以数据驱动从观察数据中学习出网络结构。

从观察数据中对因果网络结构进行学习被称作因果关系发现（causal discovery，简称因果发现）。蔡瑞初等（2017）对基于非时序观察数据的因果关系发现的方法进行了全面的综述，也对从观察数据中学习贝叶斯网络结构的方法进行了总结。从观察数据中学习贝叶斯因果网络大多数采用基于约束（constraint-based）的方法。这一方法是通过变量间的条件独立性来判断度量特定结构是否存

①对do算子与潜在结果模型的关系的分析详见Morgan & Winship，2014，2015。

在，因此也被称为基于条件独立性的算法，最基本的算法有IC（Inductive Causation）算法和PC（Peterand Clark），也有一些研究使用评分或搜索等其他算法（贝叶斯网络结构学习算法详见蔡瑞初、苗旺等人的综述）。值得一提的是，因果发现并不一定是纯数据驱动的，研究者也可以根据已有的理论知识对网络中的局部结构进行定义，从而提高网络结构学习的效率和准确性。由于因果发现仍是统计、计算机等学科的前沿领域，尚未发展出可以直接用来在高维观察数据中进行因果发现的成熟的方法和模型，[①]因此社会科学鲜少使用贝叶斯因果图来对高维观察数据进行研究。当前的研究中对社会科学最有启发性的是将贝叶斯因果网络用于探索调查数据的变量关系（Ticehurst et al.，Craig et al.，2009；范丽珺、游顶云、张旺等，2010）。其中，克雷格等人(Craig et al.，2009）运用美国青少年健康调查（Add Health）数据，通过贝叶斯因果网络进行探索性分析，来研究影响青少年抑郁的影响因素和各影响因素之间的关系（Craig et al.，2009）。

（三）从因果关系到因果机制

潜在结果模型的目的和功能是检验单个自变量对单个因变量的因果关系并估计因果效应，这些方法本身并不能揭示因果关系的作用机制，也不能反映多个变量之间的因果结构。而当前社会科学已经不满足于只探讨两个变量之间的因果关系，越来越多的研究者认为我们对因果问题的研究仅仅推断因果关系是不够的，还需要揭示原因对结果的作用机制（Hedström，2005；Hedström & Ylikoski，

①Tetrad可用于观察数据的因果发现，但不能处理较高维度的数据，对网络结构学习的效果也不太理想。

2010)。“因果概念如果要客观意义，一定要包含对因果机制的解释。”(彭玉生，2011)

因果机制理论分为横向和纵向两种视角（Casini & Manzo，2016)。在横向的因果机制理论视角下，因果机制是指“变量之间的一种非常稳健的关系网络”；是“被反事实的相关关系所联系起来的包含实体的模块化的集合”(Knight & Winship，2013)；是一个“涉及在处理变量和结果之间存在一个或多个中介变量的因果关系”(Morgan & Winship，2014)。也就是说，横向因果机制必须包含因果性和结构性，即在反事实的框架下寻求多个变量之间的因果结构。而因果网络模型既可以推断因果关系、估计因果效应，也可以识别因果的网络结构，因此，使用贝叶斯因果图不仅可以进行推断因果关系，也可以描绘出因果的作用机制（梁玉成、贾小双，2021)。

而纵向因果机制的纵向视角则认为，“机制”是指在一个由个体之间的互动产生系统层面的结果的“复杂系统”中，个体在互动中体现出的稳定的关系；机制性的解释就是探究复杂系统中个体的互动如何涌现出宏观现象。纵向因果机制强调生成性，即原因导致结果产生的过程（Machamer，2000；Bechtel & Abrahamsen，2005；Glennan，2002；Hedström & Swedberg，1998；Hedström，2005；Hedström & Ylikoski，2010；Hedström et al.，2009)。因此，基于自主行动者建模（Agent-Based Modeling，ABM）是分析纵向因果机制的不二之选（Casini，2016；梁玉成、贾小双，2021)。

四、ABM与因果机制分析

ABM，是一种通过自下而上（bottom up）的方式来研究复杂社会系统的方法（Wooldridge，2009；Axtell，Epstein & Young，2006）。其方法的特点在于，“ABM是通过无中心的、局部的、异质性的自主行动个体，来研究社会规律如何出现”（Epstein，1999，2006）。ABM通过在计算机中设定大量自主行动者，它们是具有认知、决策判断和行动能力的个体。在研究中，研究者根据所要研究的现象，在模型中设置不同的行动者，并根据需要设定不同的角色，赋予其特定的认知能力、先赋的资源禀赋，以及判断流程和行动模式。然后足够数量的自主行动者被放置在一个人工建构的世界中，随着时间的进程，各自不断地重复“外部认知、策略判断、展开行动”的过程，从而通过行动者之间，以及行动者和世界之间的不断互动，进而涌现出宏观社会现象。简单来说，ABM是在一个研究者模拟出的世界中来看自主行动者在什么样的规则的作用下、如何演化出特定的宏观现象（Epstein，1999，2006；Bianchi & Squazzoni，2015；Bruch & Atwell，2015）。在模拟中研究者可以开启“上帝视角”来改变行动者行动和互动的规则，创造各种（包括反事实）的情境来研究“原因”引起（bring about）“结果”的过程。

ABM发展的早期是从概念模型开始的，研究者的ABM模型设置和检验往往都属于理论或经验。在进行模型的参数设置时，学者们通常对模型参数（如行动者的性别、年龄、行动偏好等）的初始值进行随机设置（由不同的随机数种子而随机进行的），在同样的参数设置下模型每次运行也都会出现差别化的结果。通过这类模型研究因果关系的做法遭到了猛烈的批判：因为ABM研究中有一个非常重要的特点——模拟复杂系统的模型的初始设置和互动的规则设置，往往会影响甚至决定模型模拟的结果。复杂系统的初始条件决定行动者的空间分布，决定行动者所处的环境，甚至有时候决定着行动者的行为模式，因此复杂系统模型的初始化设置和规则设置若不符合现实状况，便很难模拟出真实的社会现象。其次，如果这些设置的假设无法从现实中得到经验数据的验证，如何证明模型的真实性（Prietula，Carley & Gasser，1998；Boero & Squazzoni，2005）？

面对这一批判，学者们开始对这一模型进行改进，发展出数据驱动ABM（Data-Driven ABM），提倡用实证数据来进行模型的校准（model calibration）和模型的校验（model validation），从而确保模型的稳健性和准确性的一种社会模拟方法（Zhang et al.，2015；Oreskes，Shrader-Frechette & Belitz，1994）。哈桑等人提出将实证数据引入ABM的5个步骤：（1）研究者需要从现实社会中收集实证数据；（2）根据实证数据（如方程、一般化和类型化的社会事实、专家提供的定性数据）、相关理论及研究者的研究假设来设计ABM模型；（3）根据社会调查、人口普查等实证数据来初始化模型；（4）运行模型，输出结果；（5）对模型进行检验，将模型输出的数据与实证数据进行比较。需要注意的是，为了保证模型检验和模型设计相互独立，我们在进行模型检验时应避免使用模型设计和初始化过程中所使用的相同的数据（Hassan，Pavon & Gilbert，2008；Squazzoni，2012；Smith & Conrey，2007）。

卡西尼对ABM的类型做了详细的分类：根据是否有理论来源，

是否使用现实数据初始化模型，模型是否通过现实数据校验这三个条件，他将目前的ABM分为处于思维实验—数据驱动的ABM之间的8种类型，并详细论证了在什么情况下模型具有识别因果关系和发现因果机制的能力。显然，当这三个条件完全满足时，模型具有因果推论能力（Casini，2016）。然而现实中ABM很难满足这些条件，尤其是对模型的校准（calibration）的要求，因为我们校准模型用的数据主要来自抽样调查数据和实验数据，而基于这些数据，我们一般只能用函数的方式（大多数是回归）来模拟行动者不同特征之间的规则，但真实的数据生成机制很可能是非线性的（Hedström & Manzo，2015）。

除此之外，ABM还面临着一些其他的争议，一方面，ABM模拟的真实性与模型的复杂性之间的trade-off难以平衡（Boero et al.,2005）；另一方面，能够涌现出同样宏观现象的规则可能不止一个，我们无法保证通过ABM得出的因果机制是真实的因果机制（Casini，2016）。ABM的诸多限制及其在因果推论上面临的质疑使得社会科学研究者较少使用这一方法来进行因果推断。但由于ABM具备能够反映出宏观现象的涌现过程的独特优势，虽然不能进行因果推断，但也能基于一些既定的因果关系作出一些机制性的解释。我们可以先采用潜在结果模型或因果网络模型对因果作用进行推断，然后再将实证数据注入来设置ABM模型参数，从而对因果作用的过程提供一个可能的机制性的解释（梁玉成、贾小双，2021）。

五、结论

本文基于反事实框架对社会科学中因果分析的潜在结果模型、

因果网络模型和ABM三大方法论体系进行了梳理，回顾了每个方法论的核心概念和思想，并对主要的模型进行了回顾。其中，潜在结果模型的方法论体系更为完善，其模型和方法更为成熟，实际应用相对其他方法而言也更加可行。因此，本文对社会科学中常见的潜在结果模型——包括针对混淆变量可观测的截面数据的倾向值与其他匹配方法、加权方法；针对存在不可观测混淆变量的时序观察数据的工具变量法、断点回归；以及针对存在不可观测变量的纵向数据的双重差分法与合成控制法——的核心思想进行了回顾，并介绍了这些方法与机器学习结合的最新进展。而由于因果网络模型尚未发展成熟，ABM的使用及其因果推断能力存在限制，社会科学研究中使用这两种方法进行因果推断的研究较少。但身处大数据时代，随着方法和技术的不断发展，因果推断领域将持续被更多的学者关注，在解决因果问题上取得更丰富的进展。

参考文献

蔡瑞初、陈薇、张坤等，2017，《基于非时序观察数据的因果关系发现综述》，《计算机学报》第40卷第6期。

陈林、伍海军，2015，《国内双重差分法的研究现状与潜在问题》，《数量经济技术经济研究》第7期。

陈云松、范晓光，2010，《社会学定量分析中的内生性问题测估社会互动的因果效应研究综述》，《社会》第30卷第4期。

陈云松，2012，《逻辑、想象和诠释：工具变量在社会科学因果推断中的应用》，《社会学研究》第6期。

郭申阳，2012，《倾向值分析：统计方法与应用.倾向值分析：统计方法与应用》，重庆：重庆大学出版社。

胡安宁、吴晓刚、陈云松，2021，《处理效应异质性分析——机器学习方法带来的机遇与挑战》，《社会学研究》第1期。

胡安宁，2012，《倾向值匹配与因果推论:方法论述评》，《社会学研究》第1期。

胡安宁，2018，《以机器学习方法助力因果推断》，《中国社会科学报》8月22日。

蒋建忠，2017，《匹配与社会科学因果推论》，《实证社会科学》(第四卷)。

李超、求文星，2021，《基于机器学习的因果推断方法研究进展》，《统计与决策》第37卷第11期。

李文钊，2018，《因果推理中的潜在结果模型:起源,逻辑与意蕴》，《公共行政评论》。

梁玉成、贾小双，2021，《横向因果与纵向因果——计算社会科学的范式探讨》，《天津社会科学》第1期。

孟天广，2017，《从因果效应到因果机制:实验政治学的中国路径》，《探索》第5期。

孟天广，2018，《政治科学视角下的大数据方法与因果推论》，《政治学研究》第140卷第3期。

苗旺、刘春辰、耿直，2018，《因果推断的统计方法》，《中国科学:数学》第48卷第12期。

彭玉生，2011，《社会科学中的因果分析》，《社会学研究》第3期。

王天夫，2006，《社会研究中的因果分析》，《社会学研究》第4期。

周黎安、陈烨，2005，《中国农村税费改革的政策效果:基于双重差分模型的估计》，《经济研究》第8期。

Abadie, A., A. Diamond & J. Hainmueller 2010, "Synthetic control methods for comparative case studies: Estimating the effect of California' s tobacco control program." *Journal of the American statistical association* 105(490).

Abadie, A. & J. Gardeazabal 2003, "The economic costs of conflict: A case study of the Basque Country." *American economic review* 93(1).

Abadie, A. & G. W. Imbens 2016, "Matching on the estimated propensity score." *Econometrica* 84 (2).

Abbott, A. 1998, "The Causal Devolution." *Sociological Methods and Research* 27(2).

Angrist, J. D., G. W. Imbens & D. B. Rubin 1996, "Identification of causal effects using instrumental variables." *Journal of the American Statistical Association* 91(434).

Angrist, J. D. & A. B. Krueger 2001, "Instrumental Variables and the Search for Identification: From Supply and Demand to Natural Experiments." *Journal of Economic Perspectives* 15(4).

Ashenfelter, O. 1978, "Estimating the effect of training programs on earnings." *The Review of Economics and Statistics*.

Athey, S., M. Bayati, G. Imbens & Z. Qu 2019, "Ensemble methods for causal effects in panel data settings." *AEA Papers and Proceedings* 109.

Athey, S., G. W. Imbens & S. Wager 2018. "Approximate residual balancing: debiased inference of average treatment effects in high dimensions." *Journal of the Royal Statistical Society: Series B (Statistical Methodology)* 80(4).

Athey, S. & G. W. Imbens 2015, "Machine learning methods for estimating heterogeneous causal effects." *stat* 1050(5).

—2016, "Recursive partitioning for heterogeneous causal effects." *Proceedings of the National Academy of Sciences* 113(27).

—2017, "The State of Applied Econometrics: Causality and Policy Evaluation." *JEP* 31 (2).

Austin, P. C. 2012, "Using ensemble-based methods for directly estimating causal effects: an investigation of tree-based G-computation." *Multivariate behavioral research* 47(1).

Axtell, R. L, J. M. Epstein & H. P. Young 2012, *The emergence of classes in a multi-agent bargaining model*. Princeton University Press.

Bang, H. & J. M. Robins 2005, "Doubly robust estimation in missing data and causal inference models." *Biometrics* 61(4).

Bechtel, W. & A. Abrahamsen 2005, "Explanation: A mechanist alternative." *Studies in History and Philosophy of Science Part C: Studies in History and Philosophy of Biological and Biomedical Sciences* 36(2).

Beebee, H., C. Hitchcock & P. Menzies 2009, *The Oxford Handbook of Causation*. Oxford University Press.

Belloni, A., V. Chernozhukov, I. Fernάndez-Val & C. Hansen 2017 "2017 Program Evaluation and Inference With High-dimensional Data ." *Econometrica* 85(1).

Bianchi, F. & F. Squazzoni 2015. "Agent-based Models in Sociology." *Computational Statistics* 7(4).

Boero, R. & F. Squazzoni 2005, "Does empirical embeddedness matter? Methodological issues on agent-based models for analytical social science." *Journal of artifi-*

cial societies and social simulation 8(4).

Bruch, E. & J. Atwell 2015, "Agent-Based Models in Empirical Social Research." *Sociological Methods and Research* 44(2).

Casini, L. & G. Manzo 2016, "Agent-based models and causality: a methodological appraisal."

Chipman, H. A, E. I. George & R. E. McCulloch 2010, "BART: Bayesian additive regression trees." *The Annals of Applied Statistics* 4(1).

Craig, C. D. & G. Sprang 2009, "Exploratory and Confirmatory Analysis of the Trauma Practices Questionnaire." *Research on Social Work Practice* 19(2).

Czajka, J. L., S. M. Hirabayashi, R. J. A. Little & D. B. Rubin 1992, "Projecting from advance data using propensity modeling: An application to income and tax statistics." *Journal of Business & Economic Statistics* 10(2).

Dieng, A., Y. Liu, S. Roy, C. Rudin & A. Volfovsky 2019, "Interpretable almost-exact matching for causal inference." *In The 22nd International Conference on Artificial Intelligence and Statistics* (pp. 2445–2453). PMLR.

Epstein, J. M. & R. Axtell 1996, *Growing artificial societies: social science from the bottom up*. Brookings Institution Press.

Epstein, J. M. 1999, "Agent-Based Computational Models and Generative Social Science." *Complexity* 4(5).

—2006, *Generative Social Science: Studies in Agent-Based Computational Modeling.* Princeton: Princeton University Press.

Feng, G., J. G. Quirk & P. M. Djurić 2019, "Detecting Causality using Deep Gaussian Processes." *In 2019 53rd Asilomar Conference on Signals, Systems, and Computers* (pp. 472–476). IEEE.

Fisher, R. A. 1935, "The Design of Experiments." *Oliver and Boyd.*

Gilchrist, D. S. & E. G. Sands 2016, "Something to talk about: Social spillovers in movie consumption." *Journal of Political Economy* 124(5).

Glennan, S. S. 1996, "Mechanisms and the nature of causation." *Erkenntnis* 44(1).

Goldthorpe, J. H. 2001, "Causation, Statistics and Sociology." *European Sociological Review* 17(1).

Good, I. J. 1961, "A causal calculus (I)." *The British journal for the philosophy of science* 11(44).

Hahn, J., P. Todd & W. Van der Klaauw 2001, "Identification and estimation of treatment effects with a regression-discontinuity design." *Econometrica* 69(1).

Hahn, P. R., J. S. Murray & C. M. Carvalho 2020, "Bayesian regression tree models for causal inference: Regularization, confounding, and heterogeneous effects (with discussion)." *Bayesian Analysis* 15(3).

Hahn, P. R., J. S.Murray & C.M.Carvalho 2017, "Bayesian regression tree models for causal inference: regularization, confounding, and heterogeneous effects." *arXiv: 1706.09523*

Hartford, J., G. Lewis, K. Leyton-Brown & M. Taddy 2017, "Deep IV: A flexible approach for counterfactual prediction." *International Conference on Machine Learning*. PMLR: 1414-1423.

Hassan, S., J. Pavón, L. Antunes & N. Gilbert, 2010, "Injecting Data into Agent-Based Simulation." In Takadama, K., Deffuant, G., and Cioffi-Revilla, C., editors, *Simulating Interacting Agents and Social Phenomena: The Second World Congress*, Springer, Tokyo (2010), volume 7 of Springer Series on Agent Based Social Systems, pages 179-191. Tokyo: Springer.

Hedström, P. 2005, *Dissecting the Social. On the Principles of Analytical Sociology*. Cambridge: Cambridge University Press.

Hedström, P. & G. Manzo 2015, "Recent trends in agent-based computational research: A brief introduction." *Sociological Methods & Research* 44(2).

Hedström, P. & P. Bearman 2009, *The Oxford Handbook of Analytical Sociology*. Oxford: Oxford University Press.

Hedström, P. & P. Ylikoski 2010, "Causal mechanisms in the social sciences." *Annual review of sociology*, 36.

Hedström, P. & R. Swedberg 1998, "Social mechanisms: An introductory essay." *Social mechanisms: An analytical approach to social theory*.

Hill, J. L. 2011, "Bayesian nonparametric modeling for causal inference." *Journal of Computational and Graphical Statistics* 20(1).

Hirano, K., G. W. Imbens & G. Ridder 2003, "Efficient estimation of average treatment effects using the estimated propensity score." *Econometrica* 71(4).

Holland, P. W. 1986, "Statistics and causal inference." *Journal of the American statistical Association* 81.

Iacus, S., M. Blackwell, G. King & G. Porro 2009, "Cem: Coarsened exact matching in Stata." *The Stata Journal* 9(4).

Imbens, G. W. 2008, "Matching Methods in Practice: Three Examples." *Journal of Human Resources* 50(2).

Imbens, G. W. & D. B. Rubin 2015, *Causal inference in statistics, social, and biomedical sciences.* Cambridge University Press.

Imbens, G. W. & K. Kalyanaraman 2012, "Optimal bandwidth choice for the regression discontinuity estimator." *The review of economic studies* 79(3).

Imbens, G. W. & T. Lemieux 2008, "Regression discontinuity designs: A guide to practice." *Journal of econometrics* 142(2).

Kapelner, A. & J. Bleich 2013, "Bartmachine: A powerful tool for machine learning." *Stat* 1050.

Kreif, N. & K. Diaz Ordaz 2019, "Machine learning in policy evaluation: new tools for causal inference."*arXiv preprint arXiv:1903.00402.*

Lee, B. K., J. Lessler & E. A. Stuart 2010, "Improving propensity score weighting using machine learning." *Stat Med* 29(3).

Lee, D. S. & T. Lemieux 2010, "Regression discontinuity designs in economics." *Journal of economic literature* 48(2).

Leuven, E. & B. Sianesi 2003, PSMATCH2: Stata module to perform full Mahalanobis and propensity score matching, common support graphing, and covariate imbalance testing. *Version 3.0.0.*

Lewis, D. 1986, *Philosophical Papers II.* Oxford University Press.

—2001, *Counterfactuals.* Blackwell.

Linden, A. & P. R. Yarnold 2016, "Using machine learning to assess covariate balance in matching studies." *Journal of Evaluation in Clinical Practice* 22.

Lunceford, J. K. & M. Davidian 2004, "Stratification and weighting via the propensity score in estimation of causal treatment effects: a comparative study." *Statistics in medicine* 23(19).

Machamer, P., L. Darden & C. F. Craver 2000, "Thinking about mechanisms." *Philosophy of science* 67(1).

Mill, J. S. 2011, *A System of Logic*. eBooks@Adelaide.

Neyman, J. & K. Iwaszkiewicz 1935, "Statistical problems in agricultural experimentation." *Supplement to the Journal of the Royal Statistical Society* 2(2).

Neyman, J. S. 1923, "On the application of probability theory to agricultural experiments. essay on principles." *Annals of Agricultural Sciences*, 10, 1–51.

Oreskes, N., K. Shrader-Frechette & K. Belitz 1994, "Verification, validation, and confirmation of numerical models in the earth sciences." *Science* 263(5147).

Pearl, J. 1995, "Causal diagrams for empirical research."*Biometrika* 82(4).

—1988, *Probabilistic reasoning in intelligent systems: networks of plausible inference*. Morgan kaufmann.

—2009, *Causality: Models, Reasoning, and Inference*. Cambridge University Press, New York. 2nd edition. MR1744773

Pearl, J. & D. Mackenzie 2018, *The Book of Why: The New Science of Cause and Effect (1st ed.)*. Basic Books, Inc., New York, NY, USA.

Prietula, M., K. Carley & L. Gasser 1998, "Simulating organizations: Computational models of institutions and groups. "The MIT Press.

Reichenbach, H. 1959, Modern philosophy of science: Selected essays, cited in *The Oxford handbook of causation*. Oxford University Press, 2009.

Rosenbaum, P. R. & D. B. Rubin 1983, "The central role of the propensity score in observational studies for causal effects." *Biometrika* 70(1).

Rubin, D. B. 1974, "Estimating Causal Effects of Treatments in Randomized and Non-randomized Studies." *Journal of Educational Psychology* 66(5).

—1977, "Assignment to Treatment Group on the Basis of a Covariate." *Journal of Educational Statistics* 2.

—1978, "Bayesian Inference for Causal Effects: The Role of Randomization." *Annals of Statistics* 6.

—1980a, "Bias Reduction Using Mahalanobis-Metric Matching." *Biometrics* 36.

—1980b, "Comment on 'Randomization Analysis of Experimental Data in the Fisher Randomization Test' by Basu." Journal of the American Statistical Association 75.

—1981, "Estimation in Parallel Randomized Experiments." *Journal of Educational Statistics* 6.

—1986, "Which Ifs Have Causal Answers (Comment on 'Statistics and Causal Inference' by Paul W. Holland)." *Journal of the American Statistical Association* 81.

—1990, "Formal Modes of Statistical Inference for Causal Effects." *Journal of Statistical Planning and Inference* 25.

—2005, "Causal Inference Using Potential Outcomes: Design, Modeling, Decisions." *Journal of the American Statistical Association* 100.

Setoguchi, S., S. Schneeweiss, M. A. Brookhart, R. J. Glynn & E. F. Cook 200, "Evaluating uses of data mining techniques in propensity score estimation: a simulation study." *Pharmacoepidemiol Drug Saf* 17.

Smith, E. R. & F. R. Conrey 2007, "Agent-based modeling: A new approach for theory building in social psychology." *Personality and social psychology review* 11(1).

Sizemore, S. & R. Alkurdi 2019, *Matching Methods for Causal Inference: A Machine Learning Update*.

Sobel, Michael, E. 1996, "An introduction to causal inference." *Sociological Methods & Research* 24, no. 3.

Squazzoni, F. 2012, *Agent-based computational sociology*. John Wiley & Sons.

Stuart, E. A. 2010, "Matching methods for causal inference: A review and a look forward." *Statistical science: a review journal of the Institute of Mathematical Statistics* 25(1).

Thistlethwaite, D. L. & D. T. Campbell 1960, "Regression-discontinuity analysis: An alternative to the ex post facto experiment." *Journal of Educational psychology* 51(6).

Ticehurst, B. J., A. Curtis & W. Merritt *Can Bayesian Networks aid analysis of survey data: A case study of a landholder survey in the Wimmera, Victoria.*

Wager, S. & S. Athey 2018, "Estimation and inference of heterogeneous treatment effects using random forests." *Journal of the American Statistical Association* 113(523).

Westreich, D., J. Lessler & M. J. Funk 2010, "Propensity score estimation: neural networks, support vector machines, decision trees (CART), and meta- classifiers as alternatives to logistic regression." *J Clin.Epidemiol* 63(8).

Winship, C. & S. L. Morgan1999, "The Estimation of Causal Effects from Observational Data." *Annualreview of sociology* 25(1).

Winship, C. & M. Sobel 2004, "Causal Inference in Sociological Studies." In Hardy, M.& Bryman, A., editors, *A Handbook of Data Analysis*, pages 480 - 504. London: Sage Publications.

Wooldridge, M. *An introduction to multiagent systems*. John wiley & sons, 2009.

Yao, L., Z. Chu, S. Li, Y. Li, J. Gao & A. Zhang 2020, A survey on causal inference. arXiv preprint arXiv: 2002.02770.

Zhang, H., Y. Vorobeychik & J. Letchford & K. Lakkaraju 2015, "Data-driven agent-based modeling, with application to rooftop solar adoption." *Autonomous Agents and Multi-Agent Systems* 30(6).

杨宇琦．中国公正感研究方法的跨学科比较与方法论反思[M/OL]//赵联飞，赵锋．社会研究方法评论:第 1 卷．重庆:重庆大学出版社，2022.

中国公正感研究方法的跨学科比较与方法论反思①

杨宇琦②

摘要：不同学科研究公正感时选用的理论与工具有明显区隔，并在组织公正、社会公正与其他公正研究范畴下呈现渐变性。研究对象上，组织公正感研究理论系统，社会公正感研究范畴广泛，其他公正感研究对象分散。研究方法上，国内公正感研究有问卷调查、实验研究与非量化研究三种常见方法。问卷调查方法包含公正感量表、公正世界信念量表、非结构性调查问卷三类工具；实验研究方法包含情境启动与博弈实验两类方式；非量化研究包含质性研究与理论分析两类途径。研究者对理论、方法、工具的选择折射出公正感研究的非系统性以及诠释公正感概念的多维性。研究者需从认识论体系（结构论、整体论、经验论、特质论）与视角体系（角色视角、时间视角、空间视角）来完善未来研究。

关键词：公正感；研究方法；认识论体系；视角体系；多学科研究

---

①本文为西南民族大学中央高校基本科研业务费专项“报复公正的社会心理学理论建构”(2020SQN15)的阶段性成果。

②作者简介：杨宇琦，博士，西南民族大学民族学与社会学学院讲师，研究方向主要为社会公正和社会心理。联系方式：yangyuqi1002@sina.com。

Abstract: Studies on perceived justice (PJ) reflect that the theories and tools chosen by researchers from various disciplines have distinct segregation and show gradualness between studies on organizational justice, social justice and other types of justice. In terms of research subjects, studies on organizational justice are systematic; studies on social justice are extensive, while other studies on justice are scattered. Given to research method, there are three main methods adopted: survey, experiment, and non-quantitative methods. Specifically, different Chinese or indigenized versions of Justice Scale and Belief in a Just World Scale are applied in survey, and questionnaires serving general or especial aims are also used; experimental paradigms include two kinds, heuristic experiment and Game; non-quantitative studies include empirical qualitative studies and studies by theoretical analyses. The selected theories, methods and tools reflect the unsystematicness of PJ researches and multi-dimension of interpreting the concept of PJ. Thus, researchers need to systematically complete future studies on epistemological system (structural approach, holistic approach, empirical approach, and trait approach) and perspective system (role, temporal and spatial perspectives).

Key words: Perceived Justice; Research Method; Epistemological System; Perspective System; Multidisciplinary Research

公正是社会成员与社会科学研究者关注的经典议题之一。中文语境下，公正有公平、正义、平等、平均等多个相关概念，研究者在界定研究议题时往往未加以细致的区分。虽然公正、公平、正义内涵特征有些许差异，但三个概念都指向同一本质（万斌、赵恩国，2014）。考虑到公正含有公平与正义的双重含义，一方面强调对分配结果的客观考量，另一方面还包含对真理良知的主观评价，因此，本研究使用公正作为概念的核心表征。

绝大多数公正研究依赖于公正的心理基础，即公正感。以公正感作为公正研究的载体，说明公正研究本质上是社会心理研究，具有社会学与心理学双重属性。心理学属性表现在作为个体的社会成员，公正感知结果决定着其参与社会生活、采取社会行动、发表社会意见的方式与内容；而社会学属性表现在个体公正感的普遍状态反映着社会的公正现状，社会成员对公正事件的感知内容、对公正经历的评估结果、对公正感知的行为表达，汇聚起来可以勾勒出社会公正的大致轮廓。因此，公正感吸引着来自管理学、心理学、社会学等社会学科的研究者的注意力，这些研究者试图回答个体或集体“如何经历公正事件”“如何形成公正感知”“如何回应公正经历”“如何实现社会公正”等问题，具有重要学术意义和社会价值。

一、我国公正感研究的现状

纵观国内公正感研究，可以发现研究集群涉及众多学科与主题，极大地丰富着、启发着、指引着后来学者的研究视野与方向。总体而言，可以极为粗浅地将其划分为三类：组织公正感研究、社会公正感研究以及其他公正感研究。

（一）“神形合一”的组织公正感研究

第一类以组织公正感作为研究对象。研究往往在组织情境中进行，以公正感的三元或四元论观点作为理论基础。三元论观点认为公正感包含了分配公正感、程序公正感与互动公正感三个下位结构（Bies & Moag，1986），而四元论观点将互动公正感分为人际公正感与信息公正感两个类别（Colquitt，2001）。四元论观点较为普遍，四元论观点分别从分配的现实结果、制度程序、人际互动、信息流通四个维度解释公正感形成的原则与途径。与组织公正感理论同步发展的是组织公正感测量工具，研究者多以科尔基特的组织公正感量表作为测量工具（吕晓俊，2012），使用完整量表或子量表收集数据，进行量化研究。组织公正感研究内容涵盖多种组织情境变量，包括组织信任（赵慧军、王君，2008）、组织公民行为（高启杰、董杲，2016）、工作满意度（金杨华、谢瑶瑶，2015）。总体而言，组织管理领域的公正感研究理论基础较为统一，研究对象较突出，测量工具较一致，不同研究间的学术对话能力较强。

（二）“形散神聚”的社会公正感研究

第二类多在社会公正感框架下展开，其理论基础出现分化。研究者或借用组织公正感理论，以组织公正感的多元框架为基础，选择其中一个或多个方面介入研究议题，例如仅研究分配公正或程序公正；或借用公正世界信念理论，将人对“得其所得，得所应得”的信念强弱作为公正感的载体，认为相信世界公正与否会影响个体对公正事件的评价；又或建立本土的社会公正感理论，例如麻宝斌（2012）认为以分配公正为核心的社会公正包含分配对象、分配客体、分配原则、分配空间和分配时间五个维度。相应地，研究者选用理论的差异直接反映出测量工具的差异性，例如公正世界信念量表、全国性抽样调查数据、自编公正感量表都被作为社会公正感的测量工具。研究者以选用的理论与工具为基础开展关于目标达成（胡小勇、郭永玉、李静等，2016）、政治信任（郑建君，2013）、城镇化与国家治理（郑建君，2016）等内容的研究。同时，研究者还以非量化方法研究社会空间与社会分层中的社会公正问题（李强，2012）、社会公正与社会安全的关系（吴忠民，2012）、社会公正对低社会阶层的影响（郭永玉、周春燕，2014）。社会公正感研究理论更多样，研究对象占据学科重要地位，多种研究议题和研究对象之间具有内在的关联性。虽然研究工具分化趋势明显，但研究间的对话与互动基本可以实现，且研究议题的理论价值关系紧密。

（三）"神形分离"的其他公正感研究

第三类包含教育、司法、传媒等其他社会科学的公正感研究。公正感不再具有学科研究对象的专属性和特异性，并非相关学科研究的核心议题。尽管研究往往表现出一定跨学科特征，但研究者对公正感的操作与处理在本学科内仅占从属地位，与管理学、社会学、心理学等学科话语下的公正感研究相比，稍显薄弱。具体表现在理论基础薄弱，即往往借用公正感概念作为介入到研究中的媒介与手段；研究工具的科学性有待进一步检验，仅采用一个测量项目代替复杂的公正感知问题，将公正感测量过度简化。该类公正感研究多采用非量化非实证方法开展研究，例如教育与公正（蔡春，2010），又如公正、传媒、司法的关系（孙旭培、刘洁，2003）。此类公正感研究不论是理论基础还是研究工具，都难有章可循，研究者所表现的“各有侧重”很难用一个概念框架、议题框架或方法框架进行整合梳理，在本学科内难有理论对话和足够的发展空间，实质性的跨学科交流可能性更小。

诚然，社会科学界对公正感的丰富研究推动了公正感理论发展、促进了不同研究者对公正感的认识、指明了公正感研究未来发展的方向，但是现有研究同时显示出公正感研究在理论基础、方法选择、工具使用上有较明显区隔。从组织公正感研究到社会公正感研究再到其他公正感研究，具有渐变的特点：研究方法从实证方法向理论思辨过渡，研究工具从普适向特异转变，研究焦点从下位概念向上位概念转移。我国公正感研究表现出明显的学科界限，主要表现为在研究方法与工具选择上区隔较大，因此有必要从研究方法的角度对我国公正感研究进行回顾与梳理。这不仅因为研究方法是研究成果质量的保障，还因为其折射出研究者对公正感的认识与解读。在如今各学科公正感研究有所失衡的现状下，回顾和梳理公正感研究方法有助于各学科间公正感研究取长补短与交流融合，为研究者提供借鉴的可能。

二、我国公正感研究的方法

我国现阶段公正感研究方法以实证方法占主流，而其中又以问卷调查方法使用最广。除此之外，还有实验研究方法与非量化研究两种形式。

（一）问卷调查方法

不论是社会学还是心理学研究，问卷调查方法一直占据着重要的地位，而调查工具的合理性与有效性直接影响着研究结果的正确性与准确性。国内的公正感研究的调查问卷大致可以分为三类，第一类是公正感量表，第二类是公正世界信念量表，第三类是非结构性调查问卷[①]。

1. 公正感量表

公正感量表源于组织公正感相关理论，其最大特点是采用结构论的观点构建公正感的各下位维度，将其分解为具有层级结构的测量指标体系。采用结构论观点的研究者通常使用汉化后的组织公正感量表作为测量工具，在分配公正、程序公正、互动公正的理论框架下研究公正感（吕晓俊，2012；赵慧军、王君，2008）。然而国内研究者需权衡自西方语境的测量工具在国内研究的适用问题。在汉化国外量表时，需要注意与国内生活实际经验相比较，例如领导与员工之间的称谓问题、事业单位体制与企业单位组织之间的差异、编制概念与身份对组织内部成员的影响。刘亚、龙立荣和李晔（2003）开发出适用于中国的组织公正感量表，其量表结构与科尔基特（Colquitt，2001）的研究结果结构相似，仅人际公正被替换为领导公正，并被众多研究者应用于组织情境研究中（王宇清、龙立荣、周浩，2012），甚至是非组织情境（郑建君，2013）。

广义地讲，组织公正属社会公正的一部分，但粗暴地将组织公正感量表应用于其他社会情境，难以保证测量工具的效度。社会情境中公正感的影响因素复杂多样，确定参照系时往往可以跨越时间与空间的局限，为个体提供多样化的参照标准。而组织情境相对更

①此处非结构性调查问卷主要指两类：第一类是在大型调查项目中所涉及的公正感知项目，此类调查工具不是以调查公正感知为核心；第二类是在具体研究中，研究者未对调查工具进行系统设计与检验，测量工具的信效度未被呈现于研究之中。

加封闭，不仅表现为组织中的人际圈更封闭，成员相对稳定，还表现为情境中工作内容相对单一。人际圈的封闭使得个体能够选择的参照对象相对稳定，而工作内容的封闭则限制了影响个体公正感知的因素数量。因此，利用组织公正感量表测量社会公正水平，在一定程度上跨越了情境的封闭性，无形中忽略了其他社会情境的公正感影响因素。近期也有学者编制社会公正感量表并应用于研究之中（方学梅、陈松，2016；方学梅，2017），不过尚需更多研究对其进行检验，并建立动态的社会公正感测量体系与研究体系，甚至可开发针对特定领域的公正感量表。

传统的公正感理论都采用结构论观点，建构公正感下位结构，但近年来整体公正感愈发受到关注。整体公正感研究也起源于组织公正领域，整体公正感的支持者认为公正感是整体的、瞬时的感知结果，人在形成公正感的过程中来不及进行细致的认知加工。研究者认为整体公正感测量应包括基于自身经历（如“总体上，我所在的组织能够公正地对待我”）和基于他人经历（如“在绝大多数情况下，组织能够公正地对待他的雇员”）的公正评价，开发出整体公正感测量问卷（Ambrose & Schminke，2009），并在研究中使用（Bobocel，2013；Holtz & Harold，2009）。国内学者将其应用于组织信任与组织自尊的研究中（余璇、陈维政，2016a），而其他整体公正感研究则使用适用于研究情境的整体公正感量表进行测量（Kim & Leung，2007），以研究员工偏离行为（余璇、陈维政，2016b）与情感承诺（周浩、龙立荣、王宇清，2016）。

2. 公正世界信念量表

公正世界信念作为个体认知生活世界整体公正状况的信念，可以看作整体论观点的变式。公正世界信念的核心观点是公正的世界满足“得其所得，得所应得”的运作方式，似于古谚“善恶到头终有报”的观念，任何一个结局都事出有因，例如高公正世界信念个体会合理化受害者受到的伤害（Correia et al.，2015），更容易贬低和责备受害者（Landström et al.，2016；Strömwall et al.，2013），这揭示出公正世界信念对公正感知有举足轻重的作用，一定程度上代表了公正感形成的逻辑与模式。学界已开发出多个公正世界信念量表版本，并被国内学者本土化，其中比较有代表性的为吴胜涛等人（2009）的公正感量表、杜建政等人（2007）的大学生公正世界信念量表、周春燕等人（2015）的成人公正世界信念量表。虽然仅有个别研究依托公正世界信念测量公正感（张莉、申继亮、黄瑞铭等，2011），但公正世界信念对公正感研究者仍有启示。一方面公正世界信念影响，甚至是决定了公正感知与评估的结果，代表了相对稳定的人的影响因素；另一方面，公正感研究本质是社会心理的研究，而公正世界信念恰好在“人的因素”上与公正感的心理学属性相呼应。因此公正世界信念值得研究者在更为宏观的社会背景下给予关注。但研究者需注意，公正世界信念被视为较稳定的个体差异，虽可以被个体用于解释情境，但其本质是脱离情境的，作为一种稳定于人头脑之中的认知与思维方式，其可变动性相对较小。然而公正感却是流动的、扎根的、情境的，两者具有较大差别。公正感研究的复杂性之一表现为，同一个体在不同情境公正感水平不同，不同个体在相同情境公正感水平亦不同，个体因素与情境因素的影响呈双重叠加的景象，而这种影响的双重性也再一次重申人的因素对公正感研究的重要意义。

3. 非结构性调查问卷

所谓非结构性调查问卷主要指没有明确提及公正感测量指标结构、没有明确检验公正感测量工具信效度或仅采用较粗放的单一或少数指标测量某一具体领域内公正感的问卷。非结构性调查问卷包含两类：全国性调查问卷与自编调查问卷。其中研究者最常用的全国性调查数据是中国社会状况综合调查数据（CSS）（赵德雷，2016；朱博文、许伟，2016），与中国综合社会调查数据（CGSS）（龙书芹、风笑天，2015；刘欣、胡安宁，2016）。CSS调查问卷有社会公正板块，2015年问卷包含高考制度、实际享有的政治权利、司法与执法、公共医疗、工作与就业机会、财富与收入分配、养老等社会保障待遇、城乡间的权利待遇等八个对象，以及对社会公平总体状况的评估，采用“非常不公平、不太公平、比较公平、非常不公平、不好说”等选项进行测度①，相较于2006和2008版，2013版略有调整。而2013年CGSS调查问卷中仅有两题直接测量公正程度，分别是“总体来说，您认为当今社会公不公平”，以及“现在有的人挣得多，有的人挣得少，但这是公平的”，前者选项从“完全不公平”到“完全公平”采用李克特五点计分，而后者选项仅分“同意、不同意、不知道”三个，比2010版减少三个相关题目。此外，研究者还会针对性地创造公正感变量（阳义南、章上峰，2016；陈晓东、张卫东，2017）。相较而言，CSS题项设置更系统，各题项均是针对特定测量对象的整体公正水平，便于研究者定位与组合；而CGSS在学术研究应用中更灵活，可以通过多个非直接变量建构公正感变量。虽然，全国性纵向调查数据能够展现出历时的

①调查问卷该部分提问均使用公平一词。

公正感变化，但是出于在题目与选项设置上的变动，可能会给研究者操作造成困难。

最后一类调查问卷是研究者根据需要自行编制的问卷，这类问卷往往过于细节、对话性低、适用性弱、开放性差。例如有研究者将对住房、教育、医疗、收入的公正评估合并成社会公正变量（郑建君，2016），又如研究者同时提问干群收入合理与否、应否向高收入群体多征税帮助穷人、是否政府政策不妥导致贫困来评估不公正感（李婷玉，2013）。在以上两例，研究者并未说明所涉及题目何以代表公正感，也未阐明公正感测量指标建构的理论基础。同时极少量题目难以真实准确反映测量内容，测量工具的信效度往往成谜。然而增加题目数量，明确测量结构（方菲、刘冰，2016；高启杰、董杲，2016），又容易陷入过于细节、难以对话的困境。

（二）实验研究方法

社会科学的实验研究方法包括实验室研究、准实验研究、田野实验等多种形式。但由于社会科学实验研究难以对所有额外变量精确控制，因此实验研究方法往往被用于微观议题的研究。国内公正感的实验研究大致包括两种形式：情境启动方法与博弈实验方法。

1. 情境启动方法

在开展公正感的实验研究时，国内研究者通常使用情境启动的方式激活被试的公正感知，其基本意图在于让被试能够“体验”公正经历，并在意识层面形成公正感知，大致可以分为三种操作方式。第一种是要求被试回忆不公正经历（白福宝，2013），通过回忆不公正经历的细节与场景，激活被试对公正感知的认知加工，最终实现情境启动的目的。第二种是要求被试阅读与公正相关的材料（陈勃、董敏、赖红妃，2013；胡小勇等，2016），研究者分别准备描述公正与不公正现象的阅读材料，例如就业拼爹、高考加分等，唤起被试对自变量操作不同水平的不同公正感知。第三种是让被试处于不公正情境中（周浩、龙立荣、王燕等，2005；王燕、龙立荣、周浩等，2007），该类情境启动通常也是让被试阅读一段材料，但与上一类不同的是，被试被要求代入材料所描述的情境之中，即成为事件或经历的当事人，而非旁观者，通过代入体验的方式实现公正感激活。从研究设计上看，启动对象多为分配公正，少数为程序公正、互动公正。这可能是因为启动分配公正能设计更多种类的材料与场景，对多寡的感知往往更便捷更易操作，研究者能够深入设计的可能更大，同时也便于对分配结果进行量化处理；而对程序公正、互动公正的实验操作只能基于理论进行操作，实验操作的有效性需要研究者进行检验。

2. 博弈实验方法

另一类国内公正感实验研究操作是实施博弈实验。博弈实验来自实验经济学研究，博弈实验的研究结果在一定程度上驳斥了经济学中理性人的自利假说（Forsythe et al.，1994），表现在公正感研究中即是，人们并不总是以平均分配来衡量公正，对公正的感知受到来自多方的多种因素影响，这也是公正感理论从一元论逐渐演化为四元论、研究公正感议题经久不衰的原因。博弈实验所展现出个体非自利的一面为研究者提供了研究公正动机、道德、情绪等非理性因素的新手段，也反映出公正感知本身所具有的感性与直觉的一面。最后通牒游戏与独裁者游戏及其变式使得公正感研究更为复杂

（梁福成、王峥、王俊坤等，2016），然而国内利用博弈实验的公正感研究还较少（方学梅，2009；李小新，2014）。需要研究者注意的是，博弈实验常常是以分配公正感指代公正感，在数量与规则的范畴下实现研究操作，而程序公正感、互动公正感等其他公正感概念很难在博弈实验中被操纵。因此博弈实验更适合在分配公正感范畴中进行解读，而研究结论在迁移至其他类别公正感的过程中，需要保持警醒，考量其适用性问题。

3. 非量化研究方法

国内公正感研究文献中，以非量化研究方法论述公正感议题的文章亦占据了相当大的比例，其中包括质性研究方法与理论分析两类。

（1）理论分析[①]

众多以社会公正为核心的文献中，有相当大一部分属于理论分析，这类文献通常由非实证性文章组成，围绕社会公正进行理论建构或阐述。公正感的理论思辨研究包括概念分析、理论推演、研究综述等多种形式，大致分两类。第一类是围绕公正感相关概念开展的理论回顾，如组织公正感（陈忠卫、潘莎，2012）和整体公正感（王宇清、周浩，2012）的综述类文章，又如公正感形成心理机制的评述（吕晓俊，2010）。综述评述类研究主要集中在心理学、管理学学科范畴，通过梳理相关理论与研究，描绘公正感的概念或机制的学术面貌。第二类是实践应用中公正感运作与影响的理论分析，例如公正感在行政管理（马轶群、陈希晖，2012）、教育领域（丁道勇，2012）、司法实践（郭春镇，2017）等现实社会制度中的

①准确地说，理论分析并非确切的研究方法，但是在文献回顾过程中，以理论建构与分析的公正感研究占有相当大的比例。故将“理论分析”作为一个重要类别归纳于此。

作用。该类研究往往立足理论、着眼实践，发掘公正感的现实意义与社会价值，深刻论述公正感知是如何体现并保障多种社会机制中的公平正义问题。

（2）质性研究方法

国内公正感研究中以质性研究方法开展的案例较少，较常用的方法是访谈，例如阐释公正感、信任、社会发展之间关系的研究（周怡，2015）。还有研究者使用个案研究探索公正感影响个体或集体行为的模式（鞠玉翠、王佳佳，2007）。以质性方法研究公正感可为实证公正感的社会运作模式提供思路，协助研究者发现公正感在社会行为发生发展过程中的机制，及从个体层面出发阐释公正感在制度改革、社会变革过程中的作用。公正感本身具有情境性，充分理解情境之复杂性与情境中个体之复杂性，能最大限度发挥公正感研究在人与社会互动机制中的调和作用。而质性研究方法本身所具有的扎根或诠释特征，恰好能够满足“充分理解”公正感的需求，为深描公正感知、理解公正行为、发现公正心理与行为机制提供依据。所以公正感质性研究具有极大的潜在价值。但就目前公正感研究方法现状看，质性研究方法并未引起研究者的足够重视，仍在量化研究范式框架下为公正感研究寻找出路。研究者在寻找和验证社会机制中公正感作用的过程中，未深入认知世界理解公正感知影响社会机制运行何以可能的问题，因而忽视人的主观能动性在公正感建构过程中的作用，进而不能深刻解读公正感如何能动地影响整个社会的心理与行为反应。

三、我国公正感研究方法的不足

公正感研究具有明显学科区隔，从组织管理领域到社会与心理领域再到其他社会科学领域，选用的理论基础、研究方法与测量工具均有差异，呈渐变特点。众多公正感的跨学科研究尝试中，也表现出难以形成有效对话的适应不良。公正感常常仅被作为一种媒介连接不同学科，尤其是在新闻传播、司法实践、教育资源分配等跨学科研究中，公正感本身的意义并未被完全凸显，仅作为一个变量存在。而学科间的隔阂之后，跨学科的交流与互动只能流于表面。公正感研究的跨学科研究尝试尚未触及公正感知中关于公正的认识论基础，没有从对等、应得等哲学概念出发理解公正感的测量内容，自然不能构建起理论基础强大的概念操作化、数据化的科学方式。从组织管理领域到社会与心理领域再到其他社会科学领域，对公正感的哲学基础之呈现存在愈加薄弱的趋势，这也是在公正感跨学科研究中从理论到方法再到工具存在学科区隔的原因，关键是公正感在跨学科研究中不能实现深层理论逻辑的对话。

公正感研究方法较为单一，实证研究中量化研究方法被广泛使用，其中又以问卷调查为最。诚然社会科学研究中很多变量的获得需要借助问卷，但是将深入理解和研究公正感的希望全然寄托于调查，亦不可取；作为补充，质性研究方法的地位未获得足够的重视，甚至有被非实证理论建构与分析所取代的趋势。公正感的质性研究与量化研究并非对立排斥的，两者在合理的研究设计与分析逻辑指导下能够实现统一，采用质性手段研究公正感是发现与建构测量指标的重要途径，尤其是在某些具体领域内，没有完善且结构化的测量工具，有必要通过质性手段发现该领域内公正感的具体内容，才能科学设计测量工具，进而才有可能将公正感研究推向深入与细节之处。非实证研究方法从理论的高度对公正感与社会机制之间彼此“施力”与“受力”的关系进行分析，为公正感研究提出种种可能，可以丰富实证研究中的“理论想象力”，具有极大学术价值。但从建立理论到实证检验的过程中，国内研究中尚未看到明显联系，处于断裂状态。因此，不同研究方法的使用差异是我国公正感研究失衡的表现之一。

不论问卷调查还是实验启动，都建基于研究对象的公正经验，然而是否成功且正确激活相关公正体验却难以被精确衡量。公正感知的个体差异、认知差异与体验差异被一份统一的调查问卷所掩盖。在社会赞许效应和研究效应的双重作用下，调查问卷的效度被置于黑箱之中。在管理学与心理学研究中，研究者通常使用成熟且被学界承认的测量工具，其信效度问题可由多个研究检验，而其他公正感研究测量工具的信效度常被研究者忽视，个体反应差异与工具系统误差杂糅难辨。因此测量工具的质量对公正感研究相当重要。反观国内研究所使用的测量工具，学问间、学者间、学科间差异较大，甚至有随意化、特异化、自由化的趋势，而理论与工具之间的联系时强时弱。而且，研究工具的分化与差异阻碍了不同研究横向互动与纵向比较的可能，这说明国内公正感研究的系统性仍需提高。

将公正感解构为下位概念是较为普遍的做法，但仍有研究者将异质的上下位概念看作是同质的，或将不同领域的公正感看作是相同的，是研究者在选用概念与理论时未加以细致区分的结果。随着整体论公正感理论的发展，将结构论与整体论观点混淆使用、将经验论与特质论观点完全对立，也影响着研究者对测量工具与研究方法的选择。研究理论基础强弱、研究方法恰当与否、研究工具质量好坏所反映的公正感研究差异，本质上反映的是研究者对公正感的认识差异与视角差异。所以，通过梳理国内公正感研究方法现状，发现的种种失衡现象本质上反映的是公正感认识论与研究视角的非系统性。

四、我国公正感研究方法的反思

公正感作为一个待测量的变量、待诠释的概念、待深掘的议题，研究者如何操作化公正感，反映出公正感研究渐变谱系中的特定侧面。梳理现有文献发现，国内公正感研究处于失衡的状态，主要表现为：第一，对公正感概念的认识论各有侧重；第二，对公正感介入视角较为单一。从公正感认识论体系与视角体系进行反思，有助于公正感研究谱系的完善，补足所忽视的研究取向，丰富被略过的研究议题，巩固多学科的研究交流态势。

（一）公正感研究的认识论体系

1. 结构论还是整体论?

结构论观点认为公正感有多个下位概念，是具有上下层次结构的概念，可将公正感各子概念予以单独研究，亦可研究所有子概念的集合。由于公正感存在分配结果、分配程度、人际互动、信息流通等多个维度，对所有下位概念予以考虑与分析才能真正代表公正感变量。而整体论观点认为公正感是整体的、全局的感知，研究者不能也不应该贸然将公正感概念进行拆解，破坏其整体性，否则将破坏公正判断过程中直觉认知的完整性。学界多采用结构论观点，强调公正的认知加工过程。结构论的优势在于能够理性细致地引导调查对象重温并组建公正经历记忆，对公正感水平进行逐步评估，以量表的形式将其操作化、数据化。而整体论公正感是对公正状况的直觉感受和迅速判断，而非对其进行认知深加工，研究者希望尽可能保持公正感评价的完整性，既为保全公正感评价主体认知过程的完整，也为保全公正感评价客体的完整。整体论的意义在于更接近认知实际，任何公正或不公正的经历都以“投射”的方式，“完整地”参与公正感的判断。然而，结构论与整体论观点绝非全然对立的两种观点，其观点融合值得关注。第一，任何测量工具都需要检验其效度，而整体公正感与结构公正感同时测量能够检验彼此测量的有效性，对于提高测量工具质量、验证测量效果有积极意义。第二，整体公正感是对现状的整体性描述，而结构论观点是将整体裂解为多个方面，多个测量方面可以为整体性测量结果提供更加深入细致的分析依据。例如，组织公正感是一个整体概念，分配公正感在组织领域中占据极为重要的位置；而司法公正感是一个整体概念，程序公正却是保障司法公正的前提条件。

2. 经验论还是特质论?

一般情况下，公正感被认为是个体在具体情境下针对特定事件所形成的公正感知，其特征是具有流动性、情境性、特异性，即公正地感知情境、感知主体、感知客体均具有指向性，在一定程度上能够被还原。不同情境导致不同公正感知是公正感经验论的核心观点，因此公正感的测量也应基于具体情境并指向具体对象。而公正感特质论观点认为，公正感是稳固的、本质的、内在的认知加工的结果，其心理基础是公正世界信念，“得其所得，得其应得”的信念会稳定影响个体的公正感知，“应得”（deserving）的评估结果一定程度上反映出个体的公正感水平。目前经验论公正感测量占学术研究的主流地位，不仅表现在通常使用能指引研究对象再忆公正经历的测量题目，还表现在要求研究对象对特定事项（如教育资源分配状况）在“公正—不公正”维度上进行评估，从问卷调查到实验研究再到个案访谈，大多基于经验再忆的途径实现研究目的。而特质论观点仅被心理学研究者采纳，基于特质论的公正感研究也相对较少，且关注点往往为公正世界信念本身。[①] 这与心理学学科特征有关，但公正世界信念对公正感研究的启示作用不应被研究者所忽视。一方面，公正世界信念本身关注人在认知加工与形成公正感时的连贯性与习惯性，即人在评价公正水平的时候自有一套内在的、心理的、条件反射式的认知路径，与整体公正感强调公正评估过程的整体性与瞬时性联系紧密；另一方面，公正世界信念关系到个体如何解读具体的情境，而对公正情境的认知加工是普遍的经验论研究者所信奉的观念，因此两者联系紧密。特质论与经验论并不是全然对立、互相排斥的理论观点，而是两种基于不同认识论的、有内在联系的观点。尽管公正世界信念与公正感知密切相关，但仍不宜在学理上将两者等同。可从三个方面考虑公正世界信念对公正感研究的促进作用。首先，公正世界信念对公正感研究最大的启示是将人格因素纳入公正感研究。这不仅迫使研究者面对学科壁垒，并尽力破除隔阂，还会深化多学科跨学科公正感研究的理论对话。从长远来看，对公正感学术研究体系的完善大有裨益。第二，从近期理

①尽管心理学界对公正世界信念之研究较多，但是这里指将公正世界信念与公正感联系在一起的研究较少。

论演进与测量工具开发来看，可以考虑将公正世界信念作为公正感测量工具的一个维度或一个补充形式，让两种观点优势互补。第三，从近期研究操作与实践来看，由于公正世界信念被认为是相对稳定的人格因素，故不宜以公正世界信念高低作为具体的、特异的、情境的公正感操作性指标，但可视为稳定的、特质的、普遍的、不可还原的公正感知结果介入研究，即不突出具体某个公正经历或公正情境。

3. 公正感研究方法中的认识论

基于特质论考虑，学界发现公正世界信念与不公正世界信念是相对独立的人格特质（Couch，1998；Dalbert et al.，2001；Loo，2002），这暗示公正感与不公正感可能是相对独立的两种感受，故对公正感与不公正感的研究应适当加以区别，防止公正感与不公正感概念被混淆，并影响最终研究结果。然而，现实中普通人很难将公正与不公正彻底分开，仅凭借直觉在短时间内对事件、现象、经历做出公正与否的判断，而这与整体论观点不谋而合。公正感认识论中经验论与特质论、结构论与整体论之间的差异可以通过测量工具的设计进行一定的调和。第一，特质论与整体论都强调公正感知的整体性与瞬时性，即认识到个体在评估公正感过程中的局限性，不能也不可能将每一次公正感知都建立在认知深加工之上，个体仅能形成大致的、概括的、全局的公正印象，因此可使用一维两极（公正—不公正）的李克特量表进行测量，且可在一定程度上减少测量题目数量，以保证与整体论、特质论的理论逻辑一致。第二，研究所揭示的公正感与不公正感相对独立，推动研究者反思“公正—不公正”一维两极的李克特量表的适用性。在基于情境的公正感测量中，结构论公正感测量往往评估多个具体题目，本质上是协助被调查者逐步建立公正感知，是对公正感认知加工的一种形式，通过回忆再次体验公正或不公正情境以实现公正感知的唤起与激活。因此，结构论与经验论观点在某种程度上达成“默契”，均着眼于公正认知的加工过程与情境特征。在实际测量中，各题目应建立在认同维度而非公正维度之上，即以“对下列说法，您的认同程度是……”的形式承载测量目的。需要注意的是，情境启动实验中以问卷测量并检验公正感时，测量是基于确切情境的，测量题目同样应避免使用公正与否的维度，而对公正的自变量操作应该在实验设计中体现出来。

(二) 公正感研究的视角体系

1. 以角色为视角体系

博弈实验的被试可扮演分配者、接受者、旁观者等角色，或在司法情境中有加害人、受害人、旁观者等角色；此外，公正世界信念也区分自我与他人的视角（Lipkus et al.，1996），可见角色视角问题应该进入公正感研究者视野。问卷被调查者常常处于角色模糊的状态，一般题目指导语会说根据自身情况进行回答，但什么是自身情况？是我自己的亲身经历吗？能否参考亲朋好友的经历？他人的代表性经历，且于我而言有重要意义，那还是否属于自身情况？这种模糊的指导语往往不能给被调查者清晰的指示。情境启动实验中被试根据情境设计而处于不同视角。博弈实验中被试的角色十分明确，而其他实验情境中也可以通过回忆默写经历、观察事件、阅读材料的方式让被试代入特定的角色视角。因此情境启动比问卷调查更容易设计研究对象的角色视角。而在质性研究中，访谈法能获得当事人角色的信息，以网络文本为分析资料，又可根据其来源，分别获得当事人或旁观者的文本数据，进而实现对角色的区分。研究者展开研究时需注意三点。第一，需要给研究对象明确指出是以自己感受做出反应，还是代入到某个对象或角色之中，避免默认让研究对象自主选择角色视角。第二，研究者在系统研究角色与公正感关系时，可以有意识地以多种视角为依托，分别对公正感知进行检视。第三，可以通过开展质性研究来丰富不同角色视角的研究。虽然以往研究中对象的视角基本是确定的，但在未申明的情况下，研究者可能忽略研究对象视角的复杂性，值得研究者在后续研究中加以关注。

2. 以时间为视角体系

公平理论指出公正感形成时，除与他人比较投入产出比外，还以自己过去的投入产出比作为参照，即比较当下与过去之间的差异。这一观点提示研究者处理公正感议题时需要注意时间视角的多样性。首先，个体抓取公正信息和经历时，离不开参照记忆中过往的信息。过去时态的公正经历与事件是人们普遍且默认的时间视角，忽视对过去情境的探索与深度发掘，容易忽略掉生命历程中那些对建构公正感知具有重要意义的生活事件，忽略掉其对个体组织经验世界的重要意义，忽略掉集体社会认知与社会心理在个体组织公正经历、公正事件中所扮演的重要角色。其次，研究公正感的纵向比较具有重要意义。个体通过与他人比较而感知公正时，只能为其提供共时的横向定位，在相似场地、相似情境、相似对象的公正经历中，自己与他人的区别。然而与过去相比能提供历时的纵向定位，使个体察觉伴随时间变化的公正感知转变路径。纵向比较公正感知使得学者从研究时间点变为时间段，同时研究设计可能变得更为复杂。另外，研究未来的公正感也同样重要。公正感具有“应该是怎样”与“实际是怎样”的两面性，比较两者能形成公正感知，而反映在时间维度上就是“现在是怎样”“将来是怎样”两个问题。同时公正感还在时间的维度上具有辩证性，相对于未来时间点，现在公正感是未来公正感的过去取向，而现在公正感是过去公正感的未来取向，从过去到现在再到未来，实际上一直处于回顾过去、评价现在、期待未来的循环往复之中。因此，以回顾过去与展望未来为视角研究公正感具有一定的相似性，但是其中却有细微的差别。公正感的未来取向离不开公正世界信念，未来一切信息未知，不能确定参照系，只能借助公正世界信念来改变个体面向情境的态度与行为，周春燕等人（2015）编制的成人公正世界信念问卷发现未来这一时间维度占有重要地位，这也体现出特质论公正感在未来视角下存在的独特研究价值。时间视角对学者研究方法的启示在于指向过去与指向未来两个方面。对过去视角而言，只有通过深挖深描与公正相关的生活事件，才能深刻理解个体如何组织公正感，而质性研究方法恰好能够作为一种重要手段，捕捉通过问卷与实验不能发现的内在认知。而且，通过深掘经验世界中现实社会的映射格局，可以为完善理论、实证假设提供方向与基础。对未来视角而言，纵向实验研究可以被研究者所利用，学术研究需要也应该具有可验证性，而纵向研究恰可以为研究者提供“真实”的检验机会，研究者的操纵与干预是否成功能够得到历时的检验。考虑到公正世界信念可能具有的重要作用，可将其作为特质论公正感的一种形式纳入未来取向的研究之中。

3. 以空间为视角体系

虚拟空间在社会成员的生活中占据越来越重要的位置，甚至成为“低头一族”不可或缺的一部分，每日花费数小时沉浸其中。人们生活空间从实体社会向虚拟空间兼容的过渡提醒研究者关注公正感的空间视角。在人们普遍参与虚拟空间之前，个体对公正感的组织只能依靠现实世界中的亲身经历或旁人转述，公正感指向实体对象；而虚拟空间前所未有地扩展了人们接触信息的时间广度与空间广度，极大地丰富了个体评估公正感知所能指涉和牵连的信息内容，最大限度地提高了社会成员发表公正言论、参与社会公正事件的有效性与及时性。因此，研究网络生活中的公正感也同样重要，对于完善公正感研究的学术体系具有积极意义。具体而言，虚拟空间中的公正感研究议题可以为研究者带来以下两点启发。第一，从研究资料的质量上看，网络空间的匿名性与及时性为个体提供了真实表达公正感知的渠道，同时为学者提供了更真实更扎根现实的研究材料，为获取高质量的素材给予了便利。然而，虚拟空间中海量的非结构资料如何为研究者所用，不仅考验研究者的能力也考验研究者的创新能力。尽管网络信息体量庞大，但信息真假往往难以逐一细致分辨，给研究者带来困扰。不过需要指出，信息数据符号本身不存在对错，虚拟空间的信息本身并非针对研究目的而刻意发布，从这个角度上看，所谓的研究对象不会受到研究效应的影响。再退一步，即使是网络谣言，也具有其特有的研究价值。对谣言背后的社会隐喻、社会心态、社会意识的发掘与研究，可以探查谣言影响公正感的心理基础与造成社会影响的网络机制，对于舆情事件管理、网络空间治理具有重要实践意义。第二，从理论体系的完善上看，网络空间的开放性和包容性为身在其中的个体“谈天说地”

提供了便利，为研究者从虚拟话语世界中提炼经验世界之理论提供了灵感。客观上讲，虚拟空间中所发生的对话，是不同个体基于自身经验对同一或相似公正事件所自发进行的彼此补充，信息与观点在时间的流逝中趋于饱和。而这对公正感研究的意义在于虚拟空间的公正感被表征的方式、被转译的符码、被传播的形式与现实空间可能存在极大的差异，而这个差异对于理解公正感、理解网络空间、理解社会治理有理论与应用的双重价值。但网络环境的情绪性与非理性，也造就了沉默的螺旋现象，导致信息与观点失衡，需要研究者警惕。如何应用“网络田野”开展公正感研究，仍需研究者深耕，除传统的质性研究方法外，互联网社会科学实验的潜在价值为公正感研究提供了全新途径（郝龙，2018）。

公正感的多学科研究特征使其成为社会科学领域内重要的研究议题，但各学科在研究方法上存在的明显区隔使得学科间的交流互动难以有效实现。对研究方法的回顾有助于弥合公正感研究学科差异，实现对话交流。通过回顾我国公正感研究方法的现状，发现既有研究所体现出的公正感认识论体系与视角体系处于失衡状态，后来研究者需要理解对公正感认识的学科差异，弥补公正感研究中所忽视的视角取向，并进一步实现公正感研究理论与实践的双重价值。

参考文献

白福宝，2013，《不公正感体验与公正感特质对风险水平的影响》，南京师范大学。

蔡春，2010，《分配正义与教育公正》，《教育研究》第10期。
陈勃、董敏、赖红妃，2013，《社会不公信息传播对公正信念影响的实验研究》，《新闻与传播研究》第5期。
陈晓东、张卫东，2017，《机会不平等如何作用于社会公平感——基于CGSS数据的实证分析》，《华中科技大学学报(社会科学版)》第31卷第2期。
陈忠卫、潘莎，2012，《组织公正感的理论研究进展与发展脉络述评》，《现代财经(天津财经大学学报)》第7期。
丁道勇，2012，《基于多元正义原则的教育公平观》，《教育科学》第28卷第3期。
杜建政、祝振兵、李兴琨，2007，《大学生公正世界信念量表的初步编制》，《中国临床心理学杂志》第15卷第3期。
方菲、刘冰，2016，《新农合制度运行中农民公平感知及其满意度的影响——基于湖北省Z村的实证调查》，《华中农业大学学报(社会科学版)》第6期。
方学梅，2009，《基于情绪的公正感研究》，华东师范大学。
—2017，《不平等归因、社会比较对社会公平感的影响》，《华东理工大学学报(社会科学版)》第2期。
方学梅、陈松，2016，《我国公民社会公正感量表的编制及信效度检验》，《华东理工大学学报(社会科学版)》第1期。
高启杰、董杲，2016，《基层农技推广人员的组织公平感知对其组织公民行为的影响研究——以主观幸福感为中介变量》，《中国农业大学学报(社会科学版)》第33卷第2期。
郭春镇，2017，《感知的程序正义——主观程序正义及其建构》，《法制与社会发展》第2期。
郭永玉、周春燕，2014，《公正世界信念对低社会阶层的双重作用》，《西南大学学报(社会科学版)》第1期。
郝龙，2018，《互联网社会科学实验：数字时代行为与社会研究的新方法》，《吉首大学学报(社会科学版)》第39卷第2期。
胡小勇、郭永玉、李静等，2016，《社会公平感对不同阶层目标达成的影响及其过程》，《心理学报》第48卷第3期。
金杨华、谢瑶瑶，2015，《伦理型领导对知识员工公正感和满意度的影响》，《科研管理》第12期。
鞠玉翠、王佳佳，2007，《教育的民间公平观——“两免一补”政策在李村实施中的遭遇》，《全球教育展望》第36卷第1期。

李强，2012，《社会分层与社会空间领域的公平、公正》，《中国人民大学学报》第1期。

李婷玉，2013，《上海农民的政治态度与基层社区治理——基于金山区吕巷镇问卷调查的思考》，《上海行政学院学报》第14卷第2期。

李小新，2014，《不同社会阶层对受不公平对待的威胁敏感性差异研究》，华中师范大学。

梁福成、王峥、王俊坤、唐卫海，2016，《公正感研究述评》，《天津师范大学学报(社会科学版)》第6期。

刘欣、胡安宁，2016，《中国公众的收入公平感：一种新制度主义社会学的解释》，《社会》第36卷第4期。

刘亚、龙立荣、李晔，2003，《组织公平感对组织效果变量的影响》，《管理世界》第3期。

龙书芹、风笑天，2015，《社会结构、参照群体与新生代农民工的不公平感》，《青年研究》第1期。

吕晓俊，2010，《社会公平感形成的心理机制研究述评》，《河南师范大学学报(哲学社会科学版)》，第37卷第3期。

—2012，《愉快的人更易体验公正？——员工的情绪特质对组织公正感的影响研究》，《心理科学》第35卷第5期。

麻宝斌，2012，《社会公正测量的五个维度》，《理论探讨》第1期。

马轶群、陈希晖，2012，《国家审计权威信任与公正感研究》，《中国行政管理》第6期。

孙旭培、刘洁，2003，《传媒与司法统一于社会公正——论舆论监督与司法独立的关系》，《国际新闻界》第2期。

万斌、赵恩国，2014，《公平、公正、正义的政治哲学界定及其内在统一》，《哲学研究》第9期。

王燕、龙立荣、周浩等，2007，《分配不公正下的退缩行为：程序公正和互动公正的影响》，《心理学报》第39卷第2期。

王宇清、龙立荣、周浩，2012，《消极情绪在程序和互动不公正感与员工偏离行为间的中介作用：传统性的调节机制》，《心理学报》第44卷第12期。

王宇清、周浩，2012，《组织公正感研究新趋势——整体公正感研究述评》，《外国经济与管理》第34卷第6期。

吴胜涛、王力、周明洁等，2009，《灾区民众的公正观与主观幸福感及其与非灾区的比较》，《心理科学进展》第17卷第3期。

吴忠民，2012，《以社会公正奠定社会安全的基础》，《社会学研究》第4期。

阳义南、章上峰，2016，《收入不公平感、社会保险与中国国民幸福》，《金融研究》第8期。

余璇、陈维政，2016a，《整体公平感与员工工作场所行为：组织信任和组织自尊的不同作用》，《华东经济管理》第30卷第3期。

—2016b，《整体公平感对员工工作偏离行为的影响研究——一个有调节的中介模型》，《软科学》第30卷第12期。

张莉、申继亮、黄瑞铭等，2011，《不同留守时间下儿童公正感的特点及其与主观幸福感的关系》，《心理发展与教育》第5期。

赵德雷，2016，《信任与公平：青年社会心态的区域比较》，《中国青年研究》第5期。

赵慧军、王君，2008，《员工组织公正感、组织信任和离职意愿的关系》，《经济管理》第30卷第19-20期。

郑建君，2013，《政治信任、社会公正与政治参与的关系：一项基于625名中国被试的实证分析》，《政治学研究》第6期。

—2016，《城镇化与国家治理关系的实证研究——基于社会公平与政策满意度的模型检验》，《东北大学学报(社会科学版)》第18卷第4期。

周春燕、刘筱、黄海等，2015，《成人公正世界信念问卷的编制及信效度检验》，《中国临床心理学杂志》第23卷第4期。

周浩、龙立荣、王宇清，2016，《整体公平感、情感承诺和员工偏离行为：基于多对象视角的分析》，《管理评论》第2卷第11期。

周浩、龙立荣、王燕等，2005，《分配公正、程序公正、互动公正影响效果的差异》，《心理学报》第37卷第5期。

周怡，2015，《信任与公平：发展语境下的两个中国现实》，《江苏社会科学》第3期。

朱博文、许伟，2016，《我国居民社会公平感与普遍信任关系研究——基于CSS2013的实证分析》，《湖北社会科学》第7期。

Ambrose, M. L. & M. Schminke 2009, “The Role of Overall Justice Judgments in Organizational Justice Research: A Test of Mediation.” *Journal of Applied Psychology* 94(2).

Bies, R. J.& J. F. Moag 1986, “Interactional justice: Communication criteria of fairness.” In Lewicki, R. J.. B. H. Sheppard & M. H. Bazerman *Research on negotiations in organizations* (Vol. 1). Greenwich, CT: JAI Press.

Bobocel, D. R. 2013, "Coping with Unfair Events Constructively or Destructively: The Effects of Overall Justice and Self-Other Orientation." *Journal of Applied Psychology*, 98(5):720-731.

Colquitt, J. A. 2001, "On the Dimensionality of Organizational Justice: A Construct Validation of a Measure." *Journal of Applied Psychology* 86(3).

Correia, I., H. Alves & R. Morais & M. R. Ramos 2015, "The Legitimation of Wife Abuse among Women: The Impact of Belief in a Just World and Gender Identification." *Personality and Individual Differences*, 76(5)2.

Couch, J. V. 1998, "Another Psychometric Evaluation of the Just World Scale." *Psychological Reports*, 82.

Dalbert, C., I. Lipkus, H. Sallay & I. Goch 2001, "A Just and an Unjust World: Structure and Validity of Different World Beliefs." *Personality and Individual Differences* 30.

Forsythe, R., J. L. Horowitz, N. E. Savin & M. Sefton 1994, "Fairness in Simple Bargaining Experiments." *Games and Economic Behavior* 6(3).

Holtz, B. & C. M. Harold 2009, "Fair Today, Fair Tomorrow? A Longitudinal Investigation of Overall Justice Perceptions." *Journal of Applied Psychology* 94(5).

Kim, T-Y. & K. Leung 2007, "Forming and Reacting to Overall Fairness: A Cross-Cultural Comparison." *Organizational Behavior and Human Decision Processes* 104(1).

Landström, S., L.A. Strömwall & H. Alfredsson 2016, "Blame Attributions in Sexual Crimes: Effects of Belief in a Just World and Victim Behavior." *Nordic Psychology* 68(1).

Lipkus, I. M., C. Dalbert & I. C. Siegler 1996, "The Importance of Distinguishing the Belief in a Just World for Self versus Others: Implications for Psychological Well-Being." *Personality and Social Psychology Bulletin* 22(7).

Loo, R. 2002, "Belief in a Just World: Support for Independent Just World and Unjust World Dimensions." *Personality and Individual Differences* 33.

Strömwall. L. A., H. Alfredsson & S. Landström 2013, "Blame Attributions and Rape: Effects of Belief in a Just World and Relationship Level." *Legal and Criminological Psychology* 18(2).

高晓雪．质性方法研究空间的潜能与挑战——评《空间研究的质性与视觉方法手册》(海因里希、马尔甘、米利翁、施托尔曼编)[M/OL]//赵联飞，赵锋．社会研究方法评论:第1卷．重庆:重庆大学出版社，2022.

质性方法研究空间的潜能与挑战
——评《空间研究的质性与视觉方法手册》(海因里希、马尔甘、米利翁、施托尔曼编)

高晓雪[①]

摘要：《空间研究的质性与视觉研究方法手册》是第一部试图全面地对跨学科化发展的空间研究质性方法进行概述、提供总览的工具书。本书对当下全球语境中应用于一般性空间现象研究的，在不同认识论指导下发展的基本空间理论、研究问题与方法之间的关系进行了梳理和评述。本书作者通过剖析关键案例，讨论了20余种质性方法在空间研究应用中呈现的潜力和挑战。本书可贵之处在于：1）它将所指“空间”定位为对社会化形态进行分析的形式概念，而非具体的经验或隐喻性概念；2）它超越纯粹方法论，反思空间研究方法在特定文化和时空中的根植性；3）它引介实践领域的空间分析方法，讨论和反思了质性方法和其他方法在空间研究中的混合应用的可能性。

关键词：社会空间；质性研究方法；跨学科混合方法；文化根植性

---

①作者简介：高晓雪，博士，中国社会科学院社会学研究所助理研究员，研究方向主要为城市研究，空间理论，日常空间实践。联系方式：gaoxx@cass.cn.org。

Abstracts: The Handbook of Qualitative and Visual Methods Methods in Spatial Research pioneers in providing a comprehensive overview of qualitative spatial research methods developed across disciplines. The book has discussed how several foundational spatial theories underpinned by different epistemological premises relate to specific research questions and methods in the commonly studied socio-spatial phenomena in global contexts. Following this, illustrated by key case studies, it discusses on the potentials and challenges imposed by more than 20 qualitative socio-spatial research approaches. The book stands out for 1) it distinguishes "space" as a formal analytical conceptualization from an empirical or a metaphorical notion; 2) it goes beyond the technicality of the spatial research methods, and reflects on their rootedness in particular culture and space-time; 3) it bridges analytical methods from practice-oriented fields of space studies with theoretical ones, presents innovative mixed-method applications in socio-spatial research.

Key words: Social Space; Qualitative Research Methods; Interdisciplinary Mixed-Method; Rootedness in Culture

一、关联主义视角下：社会空间概念化与研究方法化的再思考

20世纪60年代以来，经济全球化的加速，地缘政治的巨变，数字化通信技术的高速发展和扩张，人口和物资的流动，推动了社

会和空间秩序的巨变，也引发了学界对空间概念、研究方法的再思考。在德语区的社会学界，空间（Raum）这一基本概念自20世纪90年代西方“空间转向”（spatial turn）范式转换以来，重获多重学术意涵（Läpple，1991；Löw，2018）。空间研究者所建构的一个新的共识是，思考社会变迁不可脱离其空间维度（Knoblauch & Löw，2017）。学者们迫切感到，他们急需发展一套能够从经验上把握层出不穷、具有高度时效性的空间现象的新方法论分析社会-空间问题的复杂性（Baur et al.，2014）。基于此背景，《空间研究的质性与视觉研究方法手册》共呈现和讨论20余种空间的质性研究方法，是第一部试图全面地对跨学科化发展的方法进行概述，提供总览的工具书。

空间和时间是一般社会的基本结构。因此，空间理论既是理解、解释现代社会的必要背景，也是进一步分析社会发展的工具。杜克海姆（Emil Durkheim）、哈布瓦克斯（Morris Halbwachs）、戈夫曼（Erving Goffman）和舒茨（Alfred Schütz）都试图通过行动、互动或交流等概念来分析、理解空间和物质性要素在构成社会时所起的作用。本书编者认为，尽管许多社会学经典理论已经详尽地讨论了物质对象在空间中的关系、安排，但这些学者仍认为空间概念的重要性远远小于时间或意义。本书认为，这种情况正在发生改变，新的关联主义空间理论①的视角使学者得以更加深入和系统地关注、分析共时放置的物质元素及其之间的关联性所构成的（社会）空间，探索主体对空间的（社会性）体验。本书作者之一休

①在认识论层面，关联主义空间视角并没有形成一个统一的范式。但是，学者普遍认为，关联主义视角有别于绝对主义和相对主义视角，强调空间形成的过程性、空间样态的多元性、人与物空间实践的建构性、人物关联属性的（部分）内生性、突现性等。

伯特·诺布洛克（Knoblauch，2017：294）曾写道："有了空间[……]学者自然会回到一个基本社会理论层面，即交往行动（kommunikative Handeln）。"在德语区社会学界，本书另一作者马丁娜·利昂的"空间社会学"（Raumsoziologie）理论影响非常广泛，她将（社会）空间界定为"社会性物体和社会性身体（人和动物）的关联安排"（Löw，2001: 159）。也就是说，空间不再被视为一个被动的、被填满了东西的容器，而是从属于某些"社会物"和"生命体"，并从这些元素被行动者感知、安排的关系中产生。在此理论视野下，学者对任何社会空间形态（如客厅、家庭或民族国家）形成过程的研究，涉及相关主体认为什么是空间的构成要素，及其在这些要素之间建立了何种意义、关系，并在时间过程中改变的问题。利昂认为，一般来说，空间构成是在主体的社会实践的过程中实现的（Löw，2001: 161）。社会空间现象产生于相关主体所实施的特定结构化社会实践。与此同时，空间现象也被实践主体以结构化的方式所感知和认知。因此，社会空间为主体提供了一个外部于自身的、客观化了的实践结构，使主体适应其中，并在其中实施感知和行动。然而，因为社会学的研究对象通常不能有意识地用话语阐明其空间实践的形态及其意义，这对学者研究社会空间现象来说意味着一件事，即研究人员常常需要投入诠释式的重建工作，以使社会空间构成过程研究对于读者可见。

二、空间研究跨学科、质性方法的讨论与反思

本书作者因此认为，对社会-空间现象的研究迫切需要，也适合跨学科合作。作为德国科学基金会（DFG）重大基础性合作研究

框架所支持的致力于发展空间基本理论的课题组[①]的重要成果之一，本手册汇编28篇来自不同的学科作者的文章，包含18位子领域有别的社会学家、3位人类学家、2位建筑理论研究与实践者、9位规划理论研究与实践者、4位地理学家、2位艺术理论家和3位传播学研究专家。有别于既有的涉及社会–空间质性研究方法的手册[②]，本手册的首要特点是融入了偏实践类学科的空间研究方法，尤其强调视觉数据的收集和分析。第二，这本手册中不仅介绍如何将方法（比如“访谈”）作为技术工具来操作，还反思访谈作为空间研究工具的适应性，评述相关的挑战。此外，本手册摒弃方法手册的经典的结构，即：设计、调查、数据采集、分析、阐释、评估及结果报告。全书五章将来自不同学科的方法进行混合布局，对特定或者综合方法在空间议题上的应用通过“关键例证”加以呈现和讨论。第一章题为探索空间（Raum Erforschen），总体讨论质性空间研究的方法大类，及与其关联的空间基本理论。第二章至五章分别题为，言说与讲述（Spreschen & Erzählen），观察与体验（Beobach-

①该课题名为《空间重构》(Re-Figuration von Räumen)，是在德国科学基金会（DFG）重大基础性合作研究项目框架（Sonderforschungsbereich ）资助下展开的。该课题旨在依托多个基于全球南北的空间现象的经验研究，继续推动社会空间理论的发展。它将在12年的周期内展开，由柏林工业大学的两位社会学家马丁娜·利昂（Martina Löw）和休伯特·诺布洛克（Hubert Knoblauch）教授牵头主持，由来自社会学、地理学、城市规划、设计、建筑学、视觉艺术等学科的学者合作开展。

②本节提到的其他三本从工具技术性角度介绍社会空间质性研究方法（德文）书籍分别是：1）Glasze, Georg & Mattissek, Annika (Hg.) (2009): *Handbuch Diskurs und Raum: Theorien und Methoden für die Humangeographie sowie die sozial- und kulturwissenschaftliche Raumforschung*. Bielefeld: transcript.《空间与话语手册：人文地理、设以及文化领域空间研究理论及方法》；2）Rothfuß, Eberhard & Thomas Dörfler (Hg.) (2013): *Raumbezogene qualitative Sozialforschung*. Wiesbaden: Springer VS.《空间相关的质性社会研究》；3）Wintzer, Jeannine (Hg.) (2018): *Sozialraum erforschen. Qualitative Methoden in der Geographie*. Berlin: Springer Spektrum.《研究社会空间：地理学中的质性方法》。

tung & Erleben)，描绘与视觉化（Zeichnen & Visualisieren)，阅读与接受（Lesen & Rezipieren)。因数据采集、分析和呈现在空间研究的综合性方法，诸如制图（mapping）中是反复交织的，故这种结构对于讨论和反思具有明显优势。

（一）探索空间

本书第一章首先呈现了两篇对空间研究中的社会理论定位问题进行讨论的文章。利昂在与两位编者对谈中，探讨了在空间现象研究中，社会性理论、不同认识论指导下发展的基本空间理论和研究问题、方法之间的一般性关系。她写道，不同于美国的社会理论（Social Theory）领域，在德语区的社会学界，社会化理论（Sozialtheorie）和社会理论（Gesellschaftstheorie）被加以区分，代表社会科学理论化的两个分支方向。“社会化理论”关注的是社会形成的可能条件，目标在于发展社会和人文科学的基本概念，而“社会理论”则侧重于描述概括、分析形态具体的社会。“社会理论”一般在“社会化理论”奠定的概念基础上开展工作，努力描述具体社会（通常是当代社会）的形式和内容，或解释其运作模式。“社会理论”的研究结果又对“社会化理论”提出了挑战。即使在细节上经常失败，社会化理论力图设计可以应用于不同时代、社会形态（如社会主义和资本主义、早期现代和现代社会）的分析性概念，如社会行动、传播、空间的概念。举例来说，齐美尔（Georg Simmel）在他的《空间社会学》(*Soziologie des Raumes*）一文中从社会化的维度来定义空间，而在他的论文《大都市与精神生活》(*Die Großstädte und das Geistesleben*）中则从社会的维度出发来分析空间。

利昂认为，学界需要社会化视角的空间理论，以便分析不同类型社会中的空间秩序、逻辑以及与之相关的权力关系，比如呈现晚期现代性的欧洲社会。在她看来，如列斐伏尔或哈维等理论家及其追随者的操作那样，仅仅把社会空间理论作为反驳资本主义、晚期现代性等议题的工具（特别是如果这个社会形态下，空间形制是在剥削和殖民化的基础上被生产的）是不够的。因此，越来越多的学者开始审视建立在不同认识论基础上的社会化的理论假设和命题（如本书出现的沟通构建论、实践论、后人类论等），并由此发展空间理论。基于此，他们不仅发展了不同的研究兴趣，更对空间、城市和建筑作为共同生活的物质化形式提出了更深刻的洞见。利昂认为，空间理论可以独立于社会理论，提供关于秩序的多重视角，进而使得社会性与物质性的要素被联系起来加以观察与分析。这也解答了，为何社会化的而非社会的空间理论有助于学者理解和比较形式迥异的社会类型，避免把未经审视反思的，来自西方的社会理论的预设转移到东方的问题。

随后是人类学家伊格纳西奥·法里亚斯（Ignacio Farías）和朱利奥·保罗斯(Julio Paulos）讨论的关于行动者网络理论（ANT）中蕴含的空间议题的文章。在对 ANT 理论的发展和应用进行了周期性划分（前 ANT、后 ANT、近 ANT）后，作者展示了 ANT 与空间之间隐含但密切的关系。两位学者认为，前ANT时代的社会空间理论是把城市作为其他议题的案例来研究。而后，学者基于ANT对社会能动的重新定义，对不可知论、一般对称性和自由联结原则的反思开始广泛借用“网络”这一空间隐喻，将城市和城市化作为实证的、现实的和内生的过程来研究，探索空间被创造的手段，以及形式的多样性。作者认为，后ANT时代空间理论化的标志是拓扑学转向（Topologische Wende)，学者主要关注对象和网络的转译、气氛和形式的多重性。学界此时对多重性的理解不再是简单地认识到任何一个整体是由同时存在的多元个体构成，而是这个整体在任意时刻可能呈现“小于多（所有个体所能够呈现属性的总量）而多于一（它们作为整体在某时所呈现的属性）的能动性”（Mol，2002）。关于近ANT时期空间研究的发展，作者指涉拉图尔（Latour，2017）最新的，通过推测性图学研究“关键区域”（kritischen Zone）的尝试，即关注不同类型的行为者（人类和非人类）之间的多重复杂的互动，并对其所建构空间的变形和拓扑形式进行实验、再现。

接下来是几篇关于方法论总体性问题的贡献：首先，空间规划师桑德拉·胡宁（Sandra Huning）致力于探索定性空间研究的同性/女性主义观点。她邀请学者从情景化的知识解构行构空间的基本概念、阐明研究立场等方面来对如何处理知识生产中的性别偏见进行反思，并通过她自己的工作对反思的操作和过程进行了有益的举例。关于空间研究中的视觉化方法，文化地理学家吉利恩·罗丝（Gillian Rose）提请学者注意，在生产空间社会学知识时，“视觉研究方法”和研究者所置身其中的“当代视觉文化”之间的关系。罗丝认为，“视觉研究方法”的使用既无法呈现经由文化媒介化的图像表达的“社会”，也没有揭示“研究参与者”使用这些图像的社会化的能力。相反，罗丝认为“视觉文化”和“视觉研究方法”的交集应该被定位在其共同使用图像的方式上，因为图像往往更多地被作为交流工具而不是文本来部署。社会学家尼娜·鲍尔（Nina Baur）和加芙列拉·克里斯特曼（Gabriela Christmann）的关于研究设计的两篇文章，首先系统地界定了案例（Fall）、语境（Kontext）和文化（Kultur）之间的关系，继而阐明了案例选择（Fallauswahl）中需要考虑的（空间性的）挑战，尤其是和跨文化比较项目相伴的具体机会和困难。最后，空间规划师安娜·朱利安娜·海因里希（Anna Juliane Heinrich）分析了在各种研究背景下视觉和语言数据之间的关系，根据它们的关联程度，总结了数据整合的几种不同模式。

本文最后将这一论点置于最近关于在更广泛的社会领域生产社会学知识的讨论中。

（二）言说与讲述

第二章呈现了几类访谈方法在社会空间研究中获得创新发展的讨论。在德国，将传记叙事访谈作为数据收集方法，也作为分析的工具的传统可以追溯到弗里茨·舒茨(Schütze，1977)。尽管空间概念、符号在传记中无所不在，但是正如在大多数社会学思想领域的内容一样，它们在早期传记研究（Biografieforschung）的议程中是被忽视的对象。前两篇文章讨论了传记式的叙事访谈（Biografisch-narrative Interviews）和空间社会学系统性结合的两种方法。社会学家冈特·魏登豪斯（Gunter Weidenhaus）以及玛利亚·诺尔库斯(Maria Norkus）首先综述了空间概念化和传记研究发展的历程。接着，从强调二者在方法上的结合点出发，他们讨论了贝克尔（Becker，2017）对传记所呈现的人物生活本地化（Verortung）和生活空间重建的分析方法——在人物主观自我呈现的“讲叙的生活”（erzähltes Leben）与客观化建构的“经历的生活”（erlebtes Leben）的层面上展开。作者讨论了魏登豪斯（Weidenhaus，2015）通过传记叙事访谈，重构人物的“生活空间”（Lebensräume）的拓扑形态和意义的方法。该方法被应用于对当代德国社会中不同社会阶层生活空间构成形态的理想类型（孤岛型、同心圆型、网格型）

的分析和提炼。菲利克斯·本特林（Felix Bentlin）与萨拉·克莱普（Sarah Klepp）讨论了传记分析何以与民族志和其他定性研究方法共同使用进行研究设计，如将主观经验置于分析的中心，加以其他形式的数据支撑。他们认为，传记也可以成为量化研究的起点，引领对大群体生活史的模式和结构的研究。本章最后两篇文章提出了具体的访谈诱导技术，即以激发式的、强调空间问题的访谈方法来弥补话语访谈的局限。社会学家维维恩·萨默（Vivien Sommer）和曼迪·托普（Mandy Töppel）解释了随行采访（go-along-interviews）方法的价值，即与受访者一起移动如何有助于在叙述中特别关注建筑和环境信息。地理学家雅尼娜·多布拉斯金（Janina Dobrusskin）、伊尔丝·赫尔布雷什特（Ilse Helbrecht）和安东尼·米罗·博恩（Anthony Miro Born）与人类学家卡罗莱娜·根茨（Carolin Genz）一起，提出了基于图像的访谈方法。在他们的介绍中，我们可以清楚地看到照片激发（Elizitation）的方法是如何促进研究者对主体空间想象数据的采集和分析。

（三）观察与体验

在第三章中，作者们集中讨论了应用于空间研究中的核心观察方法。社会学家休伯特·诺布洛克和勒内·图马（René Tuma）专注于阐明录像分析（Videographiescher Untersuchung）所提供的可知的空间维度。他们介绍了空间摄像的方法论和方法学基础，并就如何使主观的、具身的空间知识在分析和解释中进行意义呈现等问题进行了反思。在地方概念的范畴下，社会学家迈克尔·韦策尔斯（Michael Wetzels）以他对集体情感的地方化过程（verorteten kollektiven Emotionen）的研究为例，进一步发展了焦点民族志（Fokusierte Ethnographie）的方法。社会学家埃里克·雷特科曼（Eric Lettkemann）认为，主体空间实践构成过程被可移动的地理参考数字信息部分决定，已经成了不争的事实。当人们的行为先是被智能手机使用某些应用程序所塑造时，传统的观察方法则错失了观察空间行构的重要维度。通过Webnography 2.0，他发展了一种可用于研究混合空间（hybride Räume）的方法学组合。

（四）描绘与视觉化

在第四章，作者们更多地讨论了跨学科的、综合的空间研究方法。首先，城市规划学者和规划、设计实践者安杰拉·米利翁（Angela Million）讨论了心智地图（mental maps）和叙述性地图（narrative Landkarten）对主观空间数据收集的作用。她认为，当与主线访谈（Leitfadeninterviews）结合使用时，这两个方法对收集主观空间知识、空间感知和开展相关性的归因（Relevanzzuschreibungen）尤为有效。城市设计师菲利克斯·本特林详细阐述了“城市空间的分层分析法”（Städtebauliche Schichtenanalyse）的原理和在设计和规划学科中分析和生成城市的空间规划序列的应用。他特别强调，非规划背景的学者应理解，这是一种城市设计师对可能的调查空间对象进行图形化还原的方法和原则，指导和组织他们对空间结构分层、分级别呈现和思考的操作。在城市分层分析的基础上，规划社会学学者埃米莉·克林（Emily Kelling）和建筑师达格玛·佩尔格（Dagmar Pelger）、尤戈·施托尔曼（Jörg Stollmann）进一步发展了多尺度制图方法（Multiskalares Mapping）。他们在对城市空间的分析中，捕捉了构成城市空间和被城市空间所构成的生活形式。该方法将行动空间在不同的尺度上以图形的方式综合表示，以叙述作为补充，从而使其相互依存关系变得可见。类似地，社会学家赛芙琳·马尔甘（Séverine Marguin）和建筑师尤戈·施托尔曼、达格玛·佩尔格的文章对混合方法（Mixed-Methods）做出了进一步的发展。基于联合显示（Joint Displays）的方法，他们展示了制图本身可以在多大程度上实现对异质空间数据的整合和综合，以及为此必须考虑哪些方法步骤。

（五）阅读与接受

在第五章中，社会学家扬尼斯·赫格泽尔（Jannis Hergesell）首先阐明了空间研究对历史性或时间性考虑的特殊要求。他认为历程（Dauer）、进展形式（Verlaufsformen）和周期化（periodisierung），是以过程为导向的空间研究方法的核心时间维度，并阐释了如何在此基础上分析空间现象。建筑和城市研究者伊格纳西奥·卡斯蒂略·乌略亚（Ignacio Castillo Ulloa）与社会学家约娜·施韦雷尔（Jona Schwerer）随后提出了一个进行定性元分析（Qualitative Meta-Analyse）的程序来解决，可以将大量材料综合起来，用以阐明空间研究提出的新问题。另一个综合分析程序是由社会学家维维恩·萨默和卡米尔·本布尼斯塔（Kamil Bembnista）提出的多模态话语分析（Multimodale Diskursanalyse）。通过此方法，他们对参与建构空间的话语-实践进行分析。此方法不局限于应用于分析（书面）语言，而强调将不同类型的、媒介化的语言（如图像或人工制品）纳入分析之中。最后，计量传播学学者达妮埃拉·施托尔滕贝格（Daniela Stoltenberg）、芭芭拉·皮费奇（Barbara Pfetsch）和安妮·瓦尔德赫尔（Annie Waldherr）概述了自动地理编码的方法，并指出它们在混合方法研究中的可能应用，强调地理定位下的数字数据对空间研究的贡献。作者以地理空间定位化的Twitter网络研究呈现了他们所讨论的两种方法的分析效力。

三、评论与讨论

众所周知，空间研究方法的学科来源繁多，扎根并发展于哲学上的、理论上的和概念上的不同领域。面对社会世界中几乎无限多的空间样态，本书的可贵之处在于，清楚而准确地辨析并限定其所指“（社会）空间”概念之于研究的关系：本书将空间视为社会化概念，即形式上的分析性概念而存在，而非包罗万象的隐喻，抑或具体而微的经验性实体的形式。本书所讨论的空间概念在认识论层面是关联性（relational）的。这种基于关联主义发展的空间概念，及其衍生的方法可以帮助在社会行动层面分析、重构由社会化主体参与的、社会性空间的构成过程，同时使主体所认知与感知到的空间实践的意义被更好地关注和理解。

相较而言，方法类书籍多强调其技术性面向，力图在超越特定时空情境的纯粹意味上讨论方法论。而本书以过程性的、社会化的“空间”概念为对象，其旨趣恰在要超越这种纯粹方法论，追问其技艺的正当性和局限性。本书多篇文章将反思的重点嵌入到特定文化和时空中，反思空间研究方法的根植性面向（如罗丝[Rose]分析研究者身处视觉文化环境与视觉分析方法的关联；哈尔曼[Haarmann]对于艺术实践中空间建构的后验研究法的反思等）。

本书的另一大贡献是引入偏重实践类的学科领域对收集、分析空间主观、客观维度信息所发展的既有工具，对混合方法在社会空间研究中的应用进行讨论和反思（如鲍尔[Baur]和克里斯特曼

[Christmann]关于案例选择；菲林[Fülling]、赫林[Hering]和库尔克[Kulke]关于多尺度图谱工具；马尔甘[Marguin]、达格玛[Dagmar]、佩尔格[Pelger]、斯托尔曼古[Stollmanngu]关于空间联合显示工具；施托尔滕贝格[Stoltenberg]、皮费奇[Pfetsch]、瓦尔德赫尔[Waldherr]对数字数据的地理定位方法的讨论），呈现了不同方法的结合所具有的潜力。正如海因里希在她关于视觉和语言数据结合的文章中所展示的那样，多模态方法对于空间研究是有广阔前途的。在此方向下，本书指出了进一步发展质性空间研究方法所面临的挑战，例如，如何使不同类型的数据的整合变得富有成效？最后，除了质性、定量方面的讨论，学界对于空间相关数据的媒介性的讨论尚少，仍有待发展。

参考文献

Baur, Nina, Linda Hering, Anna L. Raschke & Cornelia Thierbach 2014, "Theory and Methods in Spatial Analysis: Towards Integrating Qualitative, Quantitative and Cartographic Approaches in the Social Sciences and Humanities." *Historical Social Research* 39(2).

Becker, Johannes 2017, *Verortungen in der Jerusalemer Altstadt: Lebensgeschichten und Alltag in einem engen urbanen Raum*. Bielefeld: transcript.

Heinrich, Anna Juliane, Séverine Marguin, Angela Million & Jörg Stollmann 2023, *Handbook of Qualitative and Visual Methods in Spatial Research*. Buch, Ausbildung.

Knoblauch, Hubert & Martina Löw 2017, "On the Spatial Re-Figuration of the Social World." In: *Sociologica*, Jg. XI, Nr. 2, S. 1-26. (2020): The Re-Figuration of Spaces and Refigured Modernity-Concept and Diagnosis. In: *Historical Social Research*, Jg. 45, Nr. 2, S. 263-292.

Latour, Bruno 2017, *Kampf um Gaia: Acht Vortäge über das neue Klimaregime*. Berlin: Suhrkamp.

Läpple, Dieter 1991, Essay über den Raum. Für ein gesellschaftswissenschaftliches Raumkonzept. In: Häusermann, Hartmut/Ipsen, Detlev/Krämer-Badoni, Thomas/Läpple, Dieter/Rodenstein, Marianne/Siebel, Walter: Stadt und Raum: Soziologische Analysen. Pfaffenweiler: Centaurus-Verlagsgesellschaft, S. 157-207.

Schütze, Fritz 1977, "Die Technik des narrativen Interviews in Interaktionsfeldstudien-dargestellt an einem Projekt zur Erforschung von kommunalen Machtstrukturen." *Arbeitsberichte und Forschungsmaterialien*, Nr. 1. Bielefeld: Fakultät für Soziologie/Universität Bielefeld.

Löw, Martina 2001, *Raumsoziologie*.Frankfurt a.M.:Suhrkamp.

—2018, *Vom Raum aus die Stadt denken. Grundlagen einer raumtheoretischen Stadtsoziologie*. Bielefeld: transcript.

Mol, Annemarie 2002, *The Body Multiple. Ontology in Medical Practice*. Durham, NC: Duke University Press.

Weidenhaus, Gunter 2015, *Soziale Raumzeit*. Berlin: Suhrkamp.

《社会研究方法评论》征稿启事

《社会研究方法评论》是以集刊方式创办的专业学术交流出版物，由中国社会科学院社会学研究所社会调查与方法研究室社会调查与数据处理研究中心负责编辑，每年2~4期，采用电子书形式，并委托重庆大学出版社、重庆大学出版社出版。目前，刊物开设“论文”“方法前言”“调查报告”“田野与课堂”“铸器坊”“新知与书评”等栏目，热诚欢迎国内外学者投稿。投稿注意事项如下：

1.《社会研究方法评论》（srmr@cass.org.cn）为本刊唯一投稿渠道，编辑部不接受邮寄纸质投稿。

2.本刊刊登以社会研究方法为主题的各类学术论文和研究述评等，不刊登国内外已公开发表的文章（含电子网络版）。学术论文以15000~20000字为宜，其余稿件以3000~30000字为宜。

3.稿件第一页应包括以下信息：（1）文章标题；（2）作者姓名、身份证号码、单位、联系电话、通信地址、E-mail等。

4.稿件第二页应包括以下信息：（1）文章标题；（2）中文提要（不超过200字）；（3）3~5个中文关键词；（4）文章的英文标题、作者姓名的汉语拼音（或英文）；（5）英文提要（不超过200个单词）。

5.投稿文责一律自负，凡采用他人成说务必加注说明。在引文后加括号注明作者、出版年份及页码，详细文献出处作为参考文献列于文后，以作者、出版年份、书名（或文章名）、译者、出版地点、出版单位（或期刊名）排序。文献按作者姓氏的第一个字母依A-Z顺序分中、外文两部分排列，中文文献在前，外文文献在后，外文文献中的书名及期刊名用斜体，论文题目写入“ ”内。作者本人的说明性文字均采用当页脚注。

6. 文章正文的文内标题、表格、图、公式以及脚注应分别连续编号。一级标题用编号一、二、三……二级标题用（一）、（二）、（三）……三级标题用1.、2.、3.……四级标题用（1）、（2）、（3）一级标题居中，二级标题左对齐，三级标题左缩进两格。

7. 每张表格、图均应达到出版印制要求，并置于文中恰当位置。

8. 本刊取舍稿件唯以学术为标尺，实行匿名评审稿件制度，未来将实行三审定稿制。

9. 文章一经发表，版权及著作使用权即归《社会研究方法评论》编辑部。凡涉及国内外版权及著作使用权问题，均遵照《中华人民共和国著作权法》及有关国际法规执行。本刊刊登的所有文章如需转载或翻译，须经《社会研究方法评论》编辑部书面授权。

10. 本刊刊登的所有文章的网络版版权及著作使用权归《社会研究方法评论》编辑部所有。

11. 请勿一稿数投。投稿3个月未收到刊用通知者请自行处理。来稿一经采用，即奉稿酬和当期刊物电子版。

12. 本刊热诚欢迎国内外学者将已刊行或出版的学术论文或专著赠予本刊编辑部，亦热诚欢迎国内外学者或机构将社会方法研究领域的重要学术信息及时通报给我们，以期将《社会方法研究评论》建设成学术交流的平台。

13. 本刊不收取任何版面费，如发现违规行为可拨打举报电话：010-85195567。